SOFT SKILLS

- LIDERANÇA
- FLEXIBILIDADE
- ENGAJAMENTO
- OLHAR VISIONÁRIO
- ATITUDE DE CRESCIMENTO

Idealização
Lucedile Antunes

Coordenação editorial
Lucedile Antunes e Marcel Spadoto

LIDERANÇA
FLEXIBILIDADE
ENGAJAMENTO
OLHAR VISIONÁRIO
ATITUDE DE CRESCIMENTO

SOFT SKILLS

Habilidades do futuro para
o profissional do agora
vol. 2

Literare Books
INTERNATIONAL
BRASIL · EUROPA · USA · JAPÃO

© LITERARE BOOKS INTERNATIONAL LTDA, 2021.
Todos os direitos desta edição são reservados à Literare Books International Ltda.

PRESIDENTE
Mauricio Sita

VICE-PRESIDENTE
Alessandra Ksenhuck

DIRETORA EXECUTIVA
Julyana Rosa

DIRETORA DE PROJETOS
Gleide Santos

RELACIONAMENTO COM O CLIENTE
Claudia Pires

IDEALIZAÇÃO
Lucedile Antunes

ILUSTRAÇÕES
Marcio Reiff

EDITOR
Enrico Giglio de Oliveira

ASSISTENTE EDITORIAL
Luis Gustavo da Silva Barboza

REVISORA
Ivani Rezende

CAPA
Victor Prado

DESIGNER EDITORIAL
Lucas Yamauchi

IMPRESSÃO
Gráfica Paym

Dados Internacionais de Catalogação na Publicação (CIP)
(eDOC BRASIL, Belo Horizonte/MG)

S681   Soft Skills vol. 2 : habilidades do futuro para o profissional
       do agora / Coordenadores Lucedile Antunes, Marcel
       Spadoto. - São Paulo, SP: Literare Books Internacional, 2021.

       Inclui bibliografia
       ISBN 978-65-5922-184-4

       1. Carreira. 2. Liderança. 3. Produtividade. I. Antunes, Lucedile.
       II. Spadoto, Marcel.
                                                    CDD 658.3125

Elaborado por Maurício Amormino Júnior – CRB6/2422

LITERARE BOOKS INTERNATIONAL LTDA.
Rua Antônio Augusto Covello, 472
Vila Mariana — São Paulo, SP. CEP 01550-060
+55 11 2659-0968 | www.literarebooks.com.br
contato@literarebooks.com.br

SUMÁRIO

9   AGREDICIMENTOS
    Lucedile Antunes

11 PREFÁCIO
    Carlos Alberto Júlio

13 INTRODUÇÃO
    Mariana Dias

21 ATITUDE DE CRESCIMENTO
    Lucedile Antunes

29 OLHAR VISIONÁRIO
    Gustavo Henrique Bolognesi Donato

37 LIDERANÇA ANTROPOLÓGICA
    Lucas Silveira

45 VISÃO INTEGRAL
    Luciano Alves Meira

53 PERDÃO
    Mauro Moraes de Souza

61 EXCELÊNCIA
    Izabela Mioto

69 ORGANIZAÇÃO & PLANEJAMENTO
    Luciana Nardini

77 RACIOCÍNIO E IDEAÇÃO
    Ana Clara Bittencourt

85 PENSAMENTO VISUAL
    Marcio Reiff

97	ATENÇÃO AOS DETALHES	

97   ATENÇÃO AOS DETALHES
David Fratel

105   *STORYTELLING*
André Santos

115   TOMADA DE DECISÃO
Cesar Caminha

123   FLEXIBILIDADE
Daniely Alves da Costa Martins

131   ALIANÇAS E CONEXÕES
Miryam Tolotto

139   AGILIDADE EMOCIONAL
Flávia Gonet S. Nóbrega Lima

147   EQUILÍBRIO
Cláudia Danienne Marchi

155   VULNERABILIDADE E CORAGEM
Julianna Costa Lima

163   ACREDITAR
Adriana Moreira da Cunha

171   ENTUSIASMO
Sergio Povoa

179   AUTOCONFIANÇA
Uilson Fernandes

187   ADAPTAÇÃO CULTURAL
Cris Lanzoti

195   COMPAIXÃO
Silene Rodrigues

203   PRESENÇA
Wellington Nogueira

211   MENTALIDADE DIGITAL
Alejandra Cortés Díaz

219   VIVENDO A TECNOLOGIA
Wallace Rodrigues

227   GESTÃO DA EXPERIÊNCIA
Bruno Andrade

235   ENCANTAMENTO
Juliana Oliveira

243   ENGAJAMENTO
Marcel Spadoto

253   CONSTRUINDO SEU POSICIONAMENTO DIGITAL
Carolina Martins

261   EPILOGO
Lucedile Antunes e Marcel Spadoto

AGRADECIMENTOS

O primeiro volume de *Soft Skills – Competências essenciais para os novos tempos* foi um sonho que virou uma realidade. Receber o reconhecimento da revista *Veja* como um *best-seller*, estar na lista dos mais vendidos na Amazon e em diversos outros meios de comunicação, nos trouxe a certeza de que esta coletânea estava ajudando muitas pessoas a se desenvolverem.

Receber o carinho e o depoimento dos leitores nos encheu de inspiração para idealizar o volume 2.

Neste livro, convidei Marcel Spadoto, que teve uma participação destacável no volume 1 por sua garra, determinação e um enorme engajamento com o propósito deste projeto, para atuar comigo na coordenação editorial.

Sempre digo que quando a gente viaja juntos é mais gostoso. Quero agradecer, então, ao Marcel, por conduzir ao meu lado a coordenação editorial deste volume 2, que preparamos com muito carinho numa parceria genuína.

Nosso trabalho em equipe foi uma experiência incrível e o meu agradecimento especial vai para cada um de vocês, autores desta linda obra, que construímos juntos. Muito obrigada pelos conhecimentos e experiências compartilhados aqui e que irão, com absoluta certeza, gerar muitas transformações na vida dos leitores.

Ao querido Marcio Reiff que, com tanta criatividade e sensibilidade, ilustrou todos os capítulos deste livro.

E, por fim, o meu agradecimento vai para as nossas famílias, que são a nossa base e que, por muitas vezes, deixaram de ter a nossa presença, a fim de que pudéssemos concretizar este sonho.

Muito obrigada,

Lucedile Antunes

PREFÁCIO

O ser humano é lento e inteligente, as máquinas são rápidas e burras. A inteligência do ser humano aliada à rapidez das máquinas está transformando o mundo e desenhando o futuro.

Imaginemos duas cidades no meio oeste americano, em meados do século 19. Essas cidades eram separadas uma da outra por 24 horas no dorso de um cavalo ou numa carroça. O empreendedorismo humano constrói ali uma ferrovia entre elas e, no exato momento em que é inaugurada a ferrovia, essas cidades se aproximam na razão de 4 horas a bordo de um trem. Ora, para as pessoas dessas duas cidades, o mundo acaba de ficar 6 vezes mais rápido!

Começamos aí a entender o conceito mitológico dos dois deuses do tempo, Kronos e Kairós, o tempo do relógio *versus* o tempo da presença. O nosso tempo interno nos dá a impressão de que o tempo do relógio pode ser lento ou rápido demais.

Quem nunca passou pela experiência de estar na antessala do centro cirúrgico enquanto alguém muito querido está lá dentro passando por um procedimento. Quanto tempo tem aquele tempo da espera, da ansiedade, do medo? Mas também, quem de nós nunca olhou no relógio e indagou: "Nossa já são 3 da manhã? Pois a festa está boa, a música e as companhias". Esse é o conflito entre Kronos e Kairós, que nos pressionam a fazer cada vez mais em menos tempo e aí ficamos impotentes achando que não damos conta.

Porém, outro impacto significativo, é o desafio de liderar, aprender, produzir, capacitar-se a todo tempo, admitir que o *lifelong learning* não é modismo, é como manteremos nossa empregabilidade e nossa capacidade de estar inserido no mundo do trabalho. Ufa que mudança!

Mas não parou por aí, com o advento da 4ª. Revolução Industrial, aquela da exponencialidade, do encontro dos saberes, do digital, da robótica, da genética, da inteligência artificial, o esforço todo daqui pra frente é para dar às burras máquinas, a inteligência humana para decidir. Se você acha que estamos longe, não estamos.

O *machine learning* do seu WhatsApp é prova disso. Quando você corrige pela terceira vez uma palavra errada considerando-a como correta, ele, o aplicativo, já não a corrige mais pois ele acabou de aprender que a palavra está certa. Os processadores de voz, a Siri e a Alexa, já fazem muita companhia as pessoas. Sim, já chegou. Elas ainda não sentem mas já pensam e decidem. Elas são pura competência de *hard skills* e daí a importância cada vez maior de abraçarmos, como pessoas e como profissionais, as *soft skills* que nos diferenciam.

É nesse contexto que percebemos que o que nos coloca no jogo é o que sabemos e aprendemos usando nossa capacidade cognitiva, mas o que nele nos mantém é como resgatamos a nossa própria humanidade. Nossa capacidade de se relacionar, entender o outro – seja um colega, um colaborador, o fornecedor ou ainda um cliente. Liderar pelo exemplo, comunicar com franqueza, colaborar em rede e muitas outras habilidades e competências que passavam longe dos bons cursos de administração.

A descoberta da importância das chamadas *soft skills* e, mais ainda, que muitas delas não são inatas, podem e devem ser aprendidas, praticadas e usadas à favor do seu crescimento profissional e pessoal, sem duvida farão toda a diferença no seu desenvolvimento pessoal e profissional.

No primeiro volume de *Soft Skills*, que se você ainda não leu, eu fortemente recomendo que o faça, Luciano Alves Meira nos dá um presente precioso logo na introdução, uma visão clara e precisa da evolução dos conceitos de *hard* e *soft skills*.

Portanto, os volumes 1 e 2 da série *Soft Skills*, são uma leitura prática e obrigatória se você quer ser um profissional de destaque.

Boa Leitura.

Carlos Alberto Júlio

INTRODUÇÃO

Nunca as *soft skills* foram tão valorizadas e relevantes para impulsionar a reinvenção necessária do nosso presente. O que antes era algo importante, rapidamente passou a ser fundamental e saber identificá-las, desenvolvê-las e gerenciá-las, é uma das maiores vantagens competitivas dos profissionais.

MARIANA DIAS

Mariana Dias

Mariana Dias é CEO e *Co-Founder* da Gupy, empresa líder em tecnologia para Recursos Humanos no Brasil. Mariana é formada em Administração pela Universidade de São Paulo e possui especialização em Empreendedorismo e Inovação pela Universidade de Stanford. A executiva possui mais de 10 anos de experiência e passou por empresas como Unilever e Ambev, nas quais atuou como *trainee* e ocupou o cargo de *Business Partner* para a América Latina. Foi premiada pela ANEFAC como Profissional do Ano 2020 e finalista do prêmio Mulheres que Transformam, da XP.inc., além de ser investidora anjo de *startups* fundadas por mulheres, incentivando o empreendedorismo feminino no Brasil.

Contatos
www.gupy.io
LinkedIn: https://www.linkedin.com/in/marigupy/
Instagram: @maridias0
Clubhouse: @maridias

Soft skills e o futuro do trabalho

A era da informação

Desde o início da terceira revolução industrial, ou a chamada era da informação, um dos principais impulsionadores de mudanças foram os comportamentos das pessoas, o maior interesse e acesso ao ensino superior e a publicação de livros em grande escala, além da própria internet, claro. Naquele momento, as indústrias já estavam automatizando alguns processos, mas com a tecnologia tudo se intensificou.

Os avanços tecnológicos e suas automatizações eram vistos como uma ameaça por sua capacidade de substituir a mão de obra humana em algumas tarefas, pensamento que perdura até hoje, mas com o tempo essa perspectiva mudou consideravelmente e ficou cada vez mais claro o papel que o ser humano precisa desempenhar: de protagonista da transformação digital, utilizando as tecnologias como recursos-chave no aperfeiçoamento do nosso trabalho.

Quando pensamos no futuro do trabalho, a primeira coisa que nos vem à mente é que ninguém pode ficar para trás. Por isso, eu acredito que um dos grandes desafios que acompanham o desenvolvimento tecnológico é o *reskilling*, ou seja, a requalificação dos profissionais no mercado de trabalho. No contexto atual, em que tudo muda constantemente, isso também implica uma adoção ao *lifelong learning* (aprendizado contínuo), para que os profissionais continuem desenvolvendo as novas habilidades que as empresas necessitam para enfrentar o mundo VUCA, isto é, volátil, incerto, complexo e ambíguo em que vivemos. Mas com tanto conhecimento acessível para todos a qualquer momento na internet, novos negócios surgindo e startups evoluindo de maneira acelerada, será que o *reskilling* de *hard skills* (habilidades técnicas) é suficiente?

A pandemia da COVID-19 e a aceleração de tendências

No começo da pandemia da COVID 19, no primeiro trimestre de 2020, as empresas levaram milhões de profissionais ao **trabalho remoto** e passaram a utilizar **ferramentas digitais de trabalho e comunicação**. No segundo mês de isolamento, o *mindset* (mentalidade) já era outro: quais são as **adaptações** necessárias para continuar as atividades da empresa de maneira remota? Como ter uma boa gestão de equipes remotas e ao mesmo tempo cuidar dos colaboradores que precisavam ir à empresa (no caso de trabalhadores da indústria, por exemplo)?

Ainda neste contexto, houve outro grande desafio: a redução do quadro de funcionários e/ou a redução temporária de salários. Por um lado, os líderes das empresas precisavam de um grande esforço para manter ou até aumentar a produtividade dos seus colaboradores, apesar do contexto pandêmico; por outro lado, foram obrigados a demitir pessoas ou reduzir salários desses mesmos colaboradores dos quais estavam pedindo ajuda. Não é à toa que uma das palavras mais repetidas durante a pandemia foi **empatia**.

No meio de todo esse turbilhão de acontecimentos, sem poder sair de casa e passando cada vez mais tempo consumindo informação na internet, foi impossível não ter a nossa **saúde mental** afetada. Segundo a pesquisa do Instituto Ipsos, encomendada pelo Fórum Econômico Mundial, 53% dos brasileiros declararam que seu bem-estar mental piorou em 2020.

Mundo BANI e a sociedade de risco

O mundo BANI (*Brittle, Anxious, Nonlinear and Incomprehensible* — Frágil, Ansioso, Não linear e Incompreensível), assim como o conceito de mundo VUCA, explica bem o contexto em que vivemos desde o início da pandemia. Foi criado por Jamais Cascio, antropólogo norte-americano, e se popularizou em 2020. Esse acrônimo resume bem o que estamos vivendo: estamos mais frágeis e propensos a incidentes de várias naturezas; estar frágil nos deixa mais ansiosos, o que afeta a nossa saúde mental; a não linearidade dos acontecimentos, como a rápida disseminação do corona vírus, faz com que seja mais difícil nos prepararmos para o que está por vir; e a incompreensibilidade é a consequência de tudo isso, somada ao excesso de informações.

Outro conceito que explica o momento em que vivemos é a "Sociedade de Risco", do sociólogo alemão Ulrich Beck, que é uma consequência dos avanços tecnológicos. Esse termo é utilizado para descrever as mudanças que nos levam à modernidade e que também induzem riscos, com os quais precisamos aprender a lidar e que demandam muito das nossas *soft skills* para conseguirmos gerir possíveis crises. Essa linha tênue entre modernidade e risco é vista dentro das empresas atualmente, como na gestão de grandes volumes de dados, armazenados e manipulados graças à tecnologia, mas que precisam ser fortemente protegidos contra vazamentos.

Seja VUCA ou BANI, é impossível estar totalmente pronto para as várias inovações, mudanças ou até calamidades que podem ocorrer, e é neste contexto que praticar o *lifelong learning* das *soft skills* se torna tão importante, já que mudanças e novos contextos também geram a necessidade de novas habilidades humanas para lidar com elas. Porém desenvolver essas habilidades comportamentais é bem mais desafiador, visto que você precisa primeiro querer melhorar, e para isso é necessário se autoconhecer e se desafiar a sair da zona de conforto.

As empresas já entenderam a importância das soft skills

Segundo a pesquisa Global Talent Trends 2019, do LinkedIn, 80% dos profissionais de RH de 35 países consideram as *soft skills* importantes para o sucesso de uma organização. No Brasil, esse número sobe para 95%. Outro dado interessante, de um estudo do site de recrutamento *CareerBuilder*, é que 77% das empresas acreditam que as *soft skills* são tão importantes quanto as *hard skills* no dia a dia de trabalho. Os dados mostram que as competências comportamentais já são valorizadas pelas empresas, mas com a chegada da pandemia, essas habilidades adquiriram um protagonismo ainda maior.

Em abril de 2021, realizamos um levantamento de dados internos da Gupy para entender um pouco mais sobre o peso das *soft skills* nos processos de recrutamento e seleção das empresas que utilizaram a nossa plataforma, nos últimos 12 meses, e nós descobrimos que:

• 60,7% das empresas usam testes comportamentais em seus processos seletivos para descobrir as *soft skills* dos candidatos;
• A falta de alinhamento comportamental e cultural é um dos principais motivos de reprovação de pessoas candidatas nos processos seletivos.

Você se lembra daquelas dinâmicas em grupo que faziam parte de processos seletivos presenciais? Os testes comportamentais realizados por meio de plataformas que utilizam a inteligência artificial como recurso, conseguem obter resultados semelhantes, mas de maneira on-line e individual. O objetivo destes testes é descobrir o *"fit cultural"* da pessoa candidata com a empresa. Segundo os nossos dados, as *soft skills* mais buscadas pelas empresas hoje, são:

1. Atitude de crescimento
2. Resiliência
3. Tomada de decisão
4. Agilidade emocional
5. Equilíbrio

Essas habilidades citadas, e diversas outras, estão abordadas neste livro, e também no volume 1.

Tendências do futuro do trabalho

O mundo inteiro ainda está tentando entender como tudo será depois da pandemia, se o trabalho remoto veio mesmo para ficar, ou como serão os escritórios depois desta experiência global de trabalho remoto. Nos últimos tempos conseguimos enxergar algumas tendências com base nas atividades dos nossos clientes na através da plataforma:

1. O trabalho será remoto ou híbrido

Desde o início da pandemia, tivemos um aumento de 900% nas contratações para trabalho remoto, e mais de 45 mil vagas já foram publicadas na plataforma da Gupy destacando o *Home Office* como benefício. Depois da pandemia, muitas empresas continuarão oferecendo alguns dias de trabalho remoto toda semana ou deixarão os escritórios para serem empresas adeptas ao trabalho remoto.

Essa mudança na maneira de trabalhar traz consigo a necessidade de desenvolver novas *soft skills*. As pessoas terão mais liberdade, flexibilidade e autonomia para trabalhar já que é praticamente impossível ter uma boa liderança remota tentando controlar os seus colaboradores à distância, mas precisarão aprender a lidar com isso. Por exemplo, começar a trabalhar sem conhecer a equipe pessoalmente, sem a convivência do escritório, faz com que os profissionais precisem ser muito mais pró-ativos para entender a dinâmica do time e da empresa, ter feeling para entender como e por que as coisas acontecem, a fim de aprender boas práticas com o time e conseguir realizar o trabalho da melhor forma possível.

2. O mercado de trabalho será global

Com a possibilidade de trabalhar remotamente, as empresas poderão passar a contratar os melhores talentos independentemente de sua geolocalização.

3. As empresas deverão proporcionar ambientes que promovam o autodesenvolvimento

Como citei antes, continuaremos vendo avanços tecnológicos, novas soluções de *startups*, e as consequências positivas e negativas de tudo isso (sociedade de risco). Por isso, será cada vez mais importante para os profissionais buscarem empresas com uma cultura corporativa alinhada ao seu perfil. Um bom *fit* (alinhamento) da pessoa candidata com a vaga e com a cultura se refletirá na felicidade e satisfação do colaborador, o que consequentemente impactará em sua produtividade e abertura para mudanças e novos aprendizados, facilitando assim o desenvolvimento de *soft skills* como a adaptabilidade. Segundo Shawn Achor, professor e pesquisador da Universidade de Harvard, quando o cérebro está em "modo positivo" com uma mentalidade de crescimento, a produtividade aumenta 31%; as vendas, 37%.

4. A tecnologia será a sua aliada

Muitas empresas já estão utilizando plataformas ATS (*Applicant Tracking System*) como a Gupy para realizar o recrutamento e seleção de candidatos. Já é uma grande tendência utilizar a Inteligência Artificial - IA combinada com outras tecnologias para fazer o processamento e compreensão de linguagem natural, isto é, a que as pessoas falam, diferente do código de computador. A IA analisa campos de experiências, formação, habilidades e certificações, idiomas, entre outros. Além disso, olha os resultados de testes objetivos (técnicos) e de perfil comportamental (*soft skills*). Todas essas informações são levadas em consideração em conjunto e uma pontuação final é calculada a partir disso, o que chamamos de "score de afinidade". Além disso, a IA não leva em consideração características pessoais como gênero, raça, etnia, entre outras, o que ajuda a aumentar a diversidade nos processos seletivos.

5. As *soft skills* serão impulsionadoras do seu potencial

Você pode ter as melhores habilidades técnicas e ser formado nas melhores universidades, mas se não tiver a perspicácia de compreender o público-alvo para o qual você está desenvolvendo um produto ou criando um conteúdo, por exemplo, o resultado não será o melhor possível. Segundo o Future of Jobs Report 2020, do *World Economic Forum*, a demanda por *soft skills* crescerá até 2030, em 19% nos Estados Unidos e em 14% na Europa; já a demanda por habilidades básicas de processamento e entrada de dados (*hard skills*) cairá 19% nos Estados Unidos e 23% na Europa.

ste livro, você terá acesso às *soft skills* necessárias para o futuro do trabalho neste mundo VUCA (ou BANI) em que vivemos, e que está em constante evolução, empurrado pela tecnologia. Isso é imparável. Neste momento, precisamos arregaçar as mangas e usar as nossas habilidades humanas de maneira estratégica para enfrentar os desafios desse mundo volátil, incerto, complexo e ambíguo, e não esqueça: foram mudanças que nos levaram a precisar das novas *soft skills* trazidas neste livro e, assim como você precisa delas atualmente, precisará de outras em um futuro não muito distante, para enfrentar desafios e acontecimentos não lineares e incompreensíveis.

Referências

BAIA, Carlos. *Inteligência artificial no recrutamento e seleção: saiba mais.* Disponível em: <https://www.gupy.io/blog/inteligencia-artificial-no-recrutamento-e-selecao>. Acesso em: 20 out. de 2021.

BECK, Ulrick. *A sociedade de risco: rumo a uma outra modernidade*. São Paulo: Editora 34, 1986.

CAREERBUILDER. *Seventy-One Percent of Employers Say They Value Emotional Intelligence over IQ, According to CareerBuilder Survey*. Disponível em: <https://www.careerbuilder.ca/share/aboutus/pressreleasesdetail.aspx?id=pr652&sd=8%2f18%2f2011&ed=8%2f18%2f2099>. Acesso em: 20 out. de 2021.

LINKEDIN CORPORATION. *LinkedIn Releases 2019 Global Talent Trends Report*. Disponível em: <https://news.linkedin.com/2019/January/linkedin-releases--2019-global-talent-trends-report>. Acesso em: 20 out. de 2021.

WORLD ECONOMIC FORUM. *The Future of Jobs Report 2020*. Disponível em: <https://www.weforum.org/reports/the-future-of-jobs-report-2020>. Acesso em: 20 out. de 2021.

1

ATITUDE DE CRESCIMENTO

Nossa postura perante a vida, nossa busca pela felicidade e pelo êxito na carreira, nosso contato com os amigos, enfim, tudo o que nos cerca são escolhas que fazemos. Desenvolver atitudes de crescimento para o sucesso também pode ser uma opção. Sejam quais forem as suas, elas moldam quem você é. Aceite desafios, aprenda com os erros e tenha firmeza de propósito. Vencer pode tornar-se um hábito.

LUCEDILE ANTUNES

Palestrante e fundadora da L. Antunes Consultoria & Coaching, idealizada com a missão de desenvolver pessoas e empresas, visando potencializar os resultados pessoais e profissionais. **Apaixonada pela evolução das pessoas.** Mãe da Julia e do Raphael, mentora e *coach* credenciada internacionalmente pelo ICF (International Coach Federation) e especialista no desenvolvimento de *soft skills*. Coautora de diversos livros e artigos sobre desenvolvimento humano e organizacional. Idealizadora do livro *Soft Skills: competências essenciais para os novos tempos*, publicado pela Literare Books Internacional, reconhecido como **best-seller** em 2020 pela revista Veja.

Lucedile Antunes

Contatos
www.lantunesconsultoria.com.br
lucedile@lantunesconsultoria.com.br
LinkedIn: https://www.linkedin.com/in/lucedile-antunes/
Instagram: @lucedileantunes
11 98424 9669

Pesquisas recentes realizadas pela Gupy – empresa líder em tecnologia para Recursos Humanos no Brasil, que utiliza a Inteligência Artificial para a análise das soft skills no processo de recrutamento e seleção – apontam que a **atitude de crescimento** é uma das habilidades mais buscadas pelas empresas nos candidatos a uma vaga, independentemente do nível hierárquico e do segmento.

A atitude de crescimento

Também conhecida como **mentalidade de crescimento** ou *growth mindset*, consiste na maneira como você pensa, se comporta, age ou reage, perante as situações, resultando em padrões de comportamentos que formam o seu modelo mental.

A ideia foi apresentada no livro *A nova psicologia do sucesso*, por Carol Dweck, psicóloga norte-americana e renomada pesquisadora da Universidade de Stanford, em 2017.

Segundo ela, existem dois tipos de mentalidades: a fixa e a de crescimento. Ambas podem levar o indivíduo a evoluir ou ficar estagnado. Mas por que e como a mentalidade de estagnação se instala? Isso ocorre, pois pessoas com esse *mindset* acabam, muitas vezes, acreditando que não possuem habilidades inatas necessárias para o crescimento. Além disso, acham que o sucesso é para poucos privilegiados. Entretanto, os estudos de Dweck comprovam que isso não é verdade.

Provavelmente essa mentalidade tenha sido gerada por experiências e traumas significativos ou, então, pelo simples fato de essas pessoas terem sido muito criticadas e vistas de uma forma muito redutiva, tendo como consequência o desenvolvimento de crenças limitantes.

Nós somos resultado das nossas crenças, pensamentos, valores e experiências vividas. Então, como é possível dar uma virada e cultivar a mentalidade de crescimento?

O autoconhecimento é o seu primeiro passo

Todos nós buscamos, de alguma forma, a superação e o reconhecimento em busca do êxito pessoal ou profissional. Isso ocorre, pois a avaliação que esperamos receber do outro é uma maneira de entendermos mais sobre nós mesmos e nos reconectarmos com o que somos e quais são nossas maiores potencialidades.

Nem sempre temos a dimensão de nossos talentos e, muitas vezes, a fala do outro nos desperta a percepção de que podemos ir muito além. Portanto, aprender cada vez mais sobre nós mesmos é o passo inicial para superarmos esses obstáculos internos e visarmos a nossa evolução.

Dweck relata que "a opinião que você adota a respeito de si mesmo(a) afeta profundamente a maneira pela qual você leva a vida".

Se você acredita que não é capaz, provavelmente desenvolverá uma atitude de fracasso e estagnação.

De acordo com a Antroposofia, idealizada pelo filósofo austríaco Rudolf Steiner (1861-1925), cuja base é o estudo do ser humano de forma mais ampla e integral, a vida é composta por fases que são chamadas de setênios, representadas por ciclos de 7 anos em 7 anos, que nos trazem desafios de maturidade e desenvolvimento humano.

Quando chegamos a este mundo, somos como um livro com páginas em branco, e o nosso primeiro período formativo, que vai do nascimento aos 7 anos de idade, é considerado um dos mais importantes períodos para a formação da nossa personalidade, pois o nosso contato com o mundo ocorre por meio das experiências vividas com a nossa família, e muito do que a criança vivenciou ficará registrado em seu inconsciente.

Por exemplo, se tivemos uma infância na qual a crítica foi muito presente, provavelmente formaremos a crença de que não somos capazes, pois a referência que prevaleceu na primeira fase da educação foram os julgamentos e medos, gerando possivelmente inseguranças sobre as nossas capacidades e potenciais.

Na contramão, as pesquisas conduzidas por Dweck comprovam que crianças merecidamente elogiadas na infância tendem a confiar mais em si e se tornam adultos motivados e curiosos, sempre com um desejo enorme de aprender coisas novas.

Portanto, o autoconhecimento é o primeiro passo para a expansão de consciência.

Mas como o desenvolvimento das *soft skills* acontece?

Nos meus atendimentos de *coaching*, é comum as pessoas me questionarem: como é possível desenvolver as *soft skills*?

Para explicar isso, gosto de fazer uma analogia com músculos do nosso corpo. Temos muitos músculos, alguns bem desenvolvidos e outros que estão mais atrofiados, ou seja, pouco exercitados.

Com nossas habilidades comportamentais, ocorre a mesma coisa, ou seja, temos soft skills bem desenvolvidas e outras às quais precisamos nos dedicar a desenvolver.

O cérebro aprende com facilidade à medida que você tem consciência, busca novas estratégias para agir, se coloca em ação agindo de outra maneira, tendo como consequência resultados diferentes.

E tudo isso é comprovado pela Neurociência, que é o campo científico que se dedica ao estudo do sistema nervoso.

A neuroplasticidade, também conhecida como plasticidade neuronal ou plasticidade cerebral, refere-se à capacidade do nosso sistema nervoso de mudar, adaptar-se e moldar-se quando sujeito a novas experiências, criando sinapses, reorganizando assim os circuitos neurais.

Muito sabiamente Albert Einstein afirmou: "Loucura é querer resultados diferentes fazendo tudo exatamente igual". Portanto, se você quer ter melhores resultados, deve reconhecer as competências que precisa desenvolver e, por meio de um processo de autoconhecimento, elevar a sua consciência e fazer escolhas a partir delas, buscando novas formas de pensar e agir.

Pesquisas referenciadas no livro *O Poder do Hábito*, de Charles Duhigg, apontam que, quando colocamos um hábito em prática com disciplina e constância, depois de 66 dias, em média, ele se torna um novo comportamento.

O grande perigo = a estagnação

A zona de conforto, a estagnação e as crenças limitantes são consideradas as maiores armadilhas que podem impedi-lo de desenvolver a sua atitude de crescimento.

Ainda que, inconscientemente, muitas pessoas têm medo de assumir novos desafios, mesmo relatando que estão insatisfeitas com o próprio rendimento e resultados. Procrastinar a sua evolução é uma das atitudes que mais atrapalham seu crescimento profissional.

O nosso cérebro é preguiçoso, e para ele é mais confortável ficar no piloto automático. Logo, é necessário você provar ao seu cérebro que, agindo de outra forma, se aproximará dos resultados desejados, seja no exercício da atitude de crescimento ou de qualquer outra *soft skill*.

Portanto, escolha ser o protagonista da sua evolução e desenvolvimento pessoal, e não o expectador.

A minha história de superação

Na minha infância, sempre ouvia das pessoas mais próximas que eu era uma menina lenta, limitada e devagar. Quando meus pais se separaram, tinha por volta de 7 anos, e toda a situação mexeu muito comigo. Eu ia mal nos estudos, era dispersa, sem foco, não prestava atenção às aulas e quase fui reprovada na primeira série do ensino fundamental. Hoje noto como aquela menina era triste e tinha uma autoestima baixa.

Fui crescendo, mas a crença de que eu era uma pessoa limitada e lenta ficou internalizada dentro de mim. Por volta dos meus 14 anos, sentia um vazio e um desejo enorme de provar para mim mesma que era capaz e que, para mudar, intuitivamente, acreditava que o primeiro passo consistia em **querer evoluir**. Com o tempo, felizmente tudo ficou no passado.

Olhando para trás, confesso que foi realmente uma grande superação pessoal. Almejava conseguir me libertar das amarras mentais que me impediam de evoluir. Queria ser eu mesma, elevar a minha autoestima, ser reconhecida e aceita pela minha beleza interior e pelas minhas capacidades e talentos, que ficaram apagadas por muitos anos, no convívio com aqueles que não me valorizavam.

E assim sigo até hoje na minha jornada da vida no *modus operandi* da mentalidade do crescimento, abraçando sempre novos desafios com entusiasmo, superando a cada dia as minhas limitações, comemorando cada conquista, buscando aprender com os meus erros, sempre pensando que vai dar certo e jamais desistindo.

Dicas importantes

O caminho da evolução para todos nós consiste em ter a mente sempre aberta para o novo e agindo com determinação, engajamento, resiliência, foco, dedicação e iniciativa, tendo sempre a humildade como uma virtude e a vontade enorme de aprender sempre.

É preciso questionar o *status quo* das situações e fatos, transformando ideias em grandes realizações, e incansavelmente procurar um jeito melhor de realizar as coisas, usando a criatividade e sensibilidade para resolver cada dificuldade ou projeto.

Outra característica fundamental é não ter medo de tentar. Falhas servem apenas como aprendizado para nos fortalecer e reforçar nossa busca pelos objetivos e metas. Portanto, desafios sempre são o motor que impulsiona a mentalidade de crescimento.

Desenvolvendo suas atitudes de crescimento

Apresento a seguir uma sugestão de 4 passos que poderão ajudá-lo a desenvolver a sua capacidade de agir com a mentalidade de crescimento.

Passo 1: quais comportamentos você precisa desenvolver para ter uma atitude de crescimento?

Reflita quais comportamentos são importantes você desenvolver? E como quer se ver após o desenvolvimento das *soft skills* necessárias para ter a atitude de crescimento, ou seja, quais são seus objetivos finais?

Apesar de o desenvolvimento humano não ser algo tão fácil de se mensurar, a boa notícia é que é possível estabelecer indicadores que poderão sinalizar quais atitudes e comportamentos você quer alcançar ao final do seu processo de desenvolvimento.

Convido você a também passear pelas *soft skills* abordadas no volume 1 como uma das formas de identificar seus pontos fortes e em quais precisa melhorar.

Leve em consideração o que ganha e o que perde se passar a agir com a mentalidade de crescimento. Isso trará a você uma expansão de consciência, permitindo reconhecer se a forma como atualmente pensa e age o aproxima ou o distancia de onde quer chegar.

Passo 2: como desenvolver os seus comportamentos?

Uma vez escolhidos os comportamentos a serem desenvolvidos, o próximo passo consiste em saber o "como", ou seja, o que você pode passar a fazer de diferente, que lhe trará resultados diferentes?

Essa é uma etapa que pode levar um bom tempo e envolve trabalhar questões como gatilhos mentais, crenças limitantes, rótulos e traumas. Enfim, aprofundar seus conhecimentos sobre o seu funcionamento, podendo ser necessário procurar ajuda de um profissional.

Entretanto, existem inúmeros modos de se desenvolver pessoal e profissionalmente e encontrar novas estratégias para agir. Uma das ferramentas que utilizo muito nos meus atendimentos como *coach* é chamada *feedforward* e consiste em coletar ideias e dicas de como praticar suas habilidades comportamentais.

Identifique, em seu ambiente de trabalho, em sua família ou em seu círculo de amigos, pessoas que você admira e que têm as características que compreendem a atitude de crescimento.

Feito isso, pergunte a elas quais ideias e estratégias utilizam e que as levaram a ampliar no dia a dia a atitude de crescimento.

Anote essas ideias e construa, a partir delas, o seu plano de desenvolvimento pessoal, no qual estarão registradas as suas novas estratégias de ação.

Essa ferramenta é simples, mas, ao mesmo tempo, muito poderosa, e poderá ser utilizada para o exercício de qualquer *soft skill* apresentada neste livro.

Passo 3: você está disposto a trabalhar duro para evoluir?

Conhecidas as suas novas estratégias de ação, agora é começar a agir de maneira diferente e, assim, se aproximar dos objetivos traçados nas etapas iniciais do seu processo.

Saia da sua zona de conforto e mantenha-se focado em seus objetivos e nos resultados que deseja alcançar. Isso o energizará para sempre seguir em frente.

É essencial ressaltar que essa jornada é desafiadora e começa com um passo por vez. Mudar comportamentos não é algo que acontece da noite para o dia.

Passo 4: como está a sua evolução?

Você pode pedir *feedbacks*, ou seja, perguntar para as pessoas que admira ou que convive o que elas notam de sua evolução, ou seja, quanto você está próximo dos objetivos traçados no # Passo 1.

Lembre-se de ter sempre a mente aberta para ouvir e nunca se esqueça de praticar a gratidão, comemorando cada resultado alcançado.

Desejo muito sucesso!
Um grande abraço
Lucedile Antunes

Referências

ANTUNES, Lucedile. (Coord.). *Soft skills: competências essenciais para os novos tempos*. São Paulo: Literare Books International, 2020.

DUHIGG, Charles. *O poder do hábito*. São Paulo: Objetiva, 2012.

DWECK, Carol. *Mindset. A nova psicologia do sucesso*. São Paulo: Objetiva, 2017.

PINKER, Stiver. *Como a mente funciona*. São Paulo: Companhia das Letras, 1998.

STEINER, Rudolf. *Os primeiros anos da infância*. São Paulo: FEWB/Antroposófica, 2013.

2

OLHAR VISIONÁRIO

Você vai se deixar arrastar pela mudança ou vislumbrar e construir ativamente o futuro no qual deseja viver? Desenvolver um olhar visionário é valioso, uma jornada pelo futuro como sociedade e uma verdadeira transformação pessoal que liberta do conformismo e da patológica mentalidade de curto prazo. Uma certeza? Você se projetará décadas à frente, alavancando hoje os negócios e o seu eu.

GUSTAVO HENRIQUE BOLOGNESI DONATO

Gustavo Henrique Bolognesi Donato

Reitor e presidente do Conselho do Centro Universitário FEI, onde é também professor titular e pesquisador, já tendo liderado o Programa de Inovação e o Curso de Engenharia Mecânica. Presidente do Conselho Superior do Sistema Nacional de Coalizões Digitais, conselheiro do Instituto MicroPower, além de integrante do Conselho de Reitores das Universidades Brasileiras pela FEI e assessor *ad-hoc* de outras organizações. Concluiu mais de 45 orientações, de Iniciação Científica a Pós-Doutorado, atuou em variados projetos de PD&I e é autor de mais de 140 artigos, capítulos de livros ou patentes. Recebeu o "Troféu Marco da Paz" pela atuação na formação de pessoas. Possui graduação em Engenharia Mecânica (FEI), MBA em Administração (FGV-EAESP), doutorado em Engenharia (POLI-USP) e vivências internacionais de pesquisa e formação executiva em liderança e transformação organizacional (MIT).

Contatos
LinkedIn: www.linkedin.com/in/prof-gustavo-donato
CV Lattes: http://lattes.cnpq.br/4230969931642680

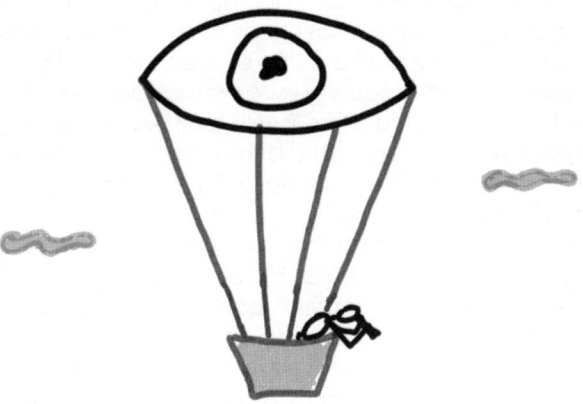

O valor de um olhar visionário

Discussões sobre quebras de paradigmas e visões de futuro não são novas. Pelo contrário, foram estudadas pelo futurista e consultor Joel Barker desde 1975 e culminaram nos famosos vídeos *Discovering the Future: The Business of Paradigms* (1986) e *The Power of Vision* (1990), os quais, dentre outros títulos, influenciaram corporações e a educação de negócios por décadas. Duas colocações de Barker nessas obras são referências úteis (e atuais) para nossa abertura ao novo e olhar visionário:

> "Quando um paradigma muda, todo mundo volta ao zero..."
> "Visão sem ação não passa de um sonho; ação sem visão é perda de tempo; visão com ação pode mudar o mundo."

Analogamente, visionários não são exclusividade dos tempos atuais de revolução digital. Reflitamos sobre os legados de Mahatma Gandhi, Albert Einstein e John F. Kennedy, que elevou o patamar dos Estados Unidos, ao vislumbrar e colocar o homem na lua em menos de uma década. E, no Brasil, citemos Juscelino Kubitschek, com a visão desenvolvimentista do plano de metas dos 50 anos em 5. Temáticas e posturas conhecidas, porém mais do que nunca demandadas de cada um de nós, devidamente trazidas a valor presente.

Vivemos intensas velocidades e transformações disruptivas com quebras de paradigmas frequentes nas esferas pessoal, profissional e dos negócios. Quem nunca se sentiu voltando ao zero diante de um novo perfil profissional, tecnologia ou modelo de negócio? Saímos de um regime de mudanças lineares e evolucionárias para mudanças aceleradas e revolucionárias/disruptivas – a mobilidade é um exemplo: de 2010 a 2020, uma revolução de *infotainment* (infoentretenimento), veículos híbridos, elétricos, autônomos, micromobilidade, até drones fazendo pulverização, entregas e transportando pessoas – muito mais em 10 anos que no último século. O mesmo ocorre com os mercados, profissões, tipos de problemas e modelos de negócios. Vale conhecer os estudos do *Institute For The Future (IFTF)*.

Certamente os caminhos que nos trouxeram ao presente não nos levarão ao amanhã. Mundos VUCA[1] e BANI[2], era exponencial, singularidade, entre outros rótulos, nos envolvem diariamente, muitas vezes provocando ansiedade e uma espécie de paralisia, fruto da hiperinformação e da não clareza do que está por vir.

Como agir? Não se deixando arrastar ou cegar frente à mudança, mas sendo indutor e protagonista dela. Ter olhar visionário é isso! É identificar os grandes caminhos de longo prazo como sociedade e ousar ao criar e partilhar hoje visões inspiradoras e positivas sobre o futuro no qual desejamos viver. Afinal, nós o construiremos. É enxergar além do que os outros veem. Acreditem, é um antídoto ao conformismo, ao acaso, à imobilidade e à prejudicial mentalidade de curto prazo. Um processo contínuo e um ativo valioso dos grandes líderes.

Do *mindset* de *forecast* ao de *foresight*

Desenvolver o olhar visionário pressupõe raciocinar olhando décadas à frente, com mentalidade voltada ao *foresight* (exploração de futuros plausíveis) e não ao *forecast* (previsões baseadas em dados passados e atuais). É útil a concepção teleonômica da figura a seguir, bem explicada em Plöger e Dias: o cone contínuo ilustra o domínio de meios possíveis para se alcançar um objetivo futuro – ou seja, ao se objetivar um cenário de longo prazo, maior é o campo atual de meios/ações possíveis para realizá-lo; já o cone pontilhado representa o domínio dos objetivos e futuros possíveis, prováveis e até preferíveis (desejados) – quanto mais visarmos à frente, prospectando décadas, tanto maior será a amplitude das possibilidades. Recomendo a leitura dos textos de Joseph Voros sobre os cones de futuro, assim como do capítulo 2 de *Leadership 2050*. O estudo dos futuros, acompanhado de imaginação e olhar visionário, tem ganho cada vez mais espaço como ferramenta estratégica de organizações e líderes para o desenvolvimento de políticas de longo prazo (e carreiras) em cenários de incerteza. Entender o momento como humanidade e as megatendências ajuda na assertividade.

---

1 Volatility, Uncertainty, Complexity, Ambiguity – VUCA.

2 Brittle, Anxious, Nonlinear, Incomprehensible – BANI.

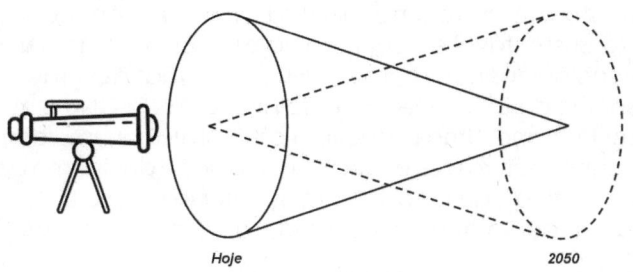

Hoje — 2050

O momento atual da humanidade

Pensar inicialmente no "macro" como humanidade favorece visões de futuro coerentes. Vivemos um momento singular, no qual exponencialidades (e disrupções – incluindo tecnológicas) convivem com a busca por novos equilíbrios (e desacelerações) para um futuro sustentável – é a interessante visão colocada no livro A *new reality – human evolution for a sustainable future*, de Jonas e Jonathan Salk. Os autores estudaram diversos sistemas biológicos (p. ex.: moscas, células e populações de ovelhas) e demonstraram que suas populações seguem curvas sigmoidais. Traçaram então um paralelo com a população mundial (vide figura a seguir): foram necessários mais de 200 mil anos para totalizarmos 1 bilhão de pessoas em 1804; o segundo bilhão demandou 123 anos; do sexto ao sétimo bilhão em 1998, somente 12 anos. Ou seja, até o momento a população mundial cresceu segundo o mesmo comportamento, com grande aumento no século 20 dada a revolução técnico-científica.

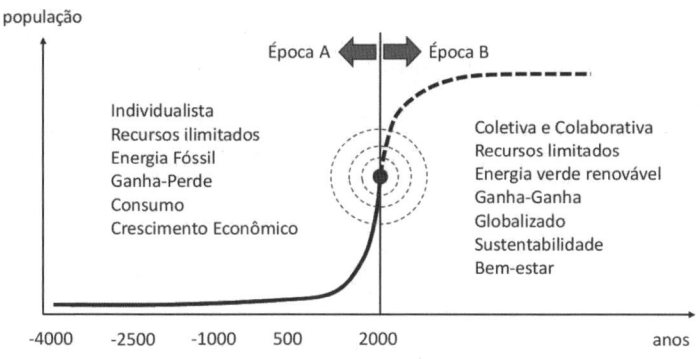

Fonte: Autor, adaptado de Salk e Salk (2018).

Mas os dias atuais são especiais. Pela primeira vez na história, a população cresce, porém com taxas decrescentes, o que nos coloca no ponto de inflexão (aceleração dá lugar a desaceleração). Sugerem ser um momento de transição como sociedade, da época A (individualista, focada no crescimento e com recursos ilimitados) para a época B (coletiva e colaborativa, sustentável e com foco no bem-estar). Não significa que os avanços tecnológicos não seguirão disruptivos, mas deverão se combinar com referenciais de ESG, *One Planet to Live*, ODS da ONU e maior centralidade do ser humano. Uma boa leitura para protagonismo com equilíbrio: "Liderar a partir do futuro que emerge – a evolução do sistema ego-cêntrico para o eco-cêntrico", de Otto Scharmer, autor da Teoria U. Aos envolvidos com alta liderança, também o capítulo 5 de *Leadership 2050*.

Calibração dos horizontes – Megatendências

Desenvolver um olhar visionário e realidades imaginárias para a época B não quer dizer abrir mão de sólidos referenciais que calibrem as visões de futuro. Mas cabe a pergunta: como vislumbrar, por exemplo, 2050? Respondo citando Kevin Kelly em *Inevitável – as 12 forças tecnológicas que mudarão nosso mundo*:

> "Muito do que acontecer nos próximos 30 anos é inevitável, definido por tendências tecnológicas que hoje já estão em movimento".

Acrescentam-se a essas tendências demográficas, econômicas, geopolíticas, ambientais e sociais identificáveis hoje – são as chamadas megatendências.

Megatendências são forças de impacto universal e de longo prazo, usualmente décadas, que causam mudanças relevantes na sociedade como um todo (Tse e Esposito, 2017). Naturalmente, representam um valioso guia para decisões institucionais estratégicas, mas também para planejamento de carreira e *lifelong learning* em busca de propósito, inserção e protagonismo futuros.

São inúmeras as fontes de consulta envolvendo megatendências 2030 a 2050, incluindo consultorias, empresas globais e entidades como WEF, ONU, FAO, BCG, OCDE. Duas boas referências iniciais: *Understanding how the future unfolds – using DRIVE to harness the power of today's megatrends*, de Tse e Esposito; e, mais aprofundada, *The World in 2050*, editada por Harinder em 5 volumes e com apoio do *Emerging Markets Forum*.

Alguns exemplos de megatendências 2050 – não exaustivos – implicam:

- Demografia: crescimento populacional, longevidade e urbanização;
- Maior demanda por acesso à água e alimentos;
- Maior demanda por tecnologias para saúde e bem-estar;
- Mudanças climáticas;
- Escassez e competição por recursos naturais;
- Globalização e integração dos mercados financeiros;
- Crescimento das desigualdades;
- Novos modelos de negócio, produção e trabalho (digitalização, virtualização, plataformização, gig economy);

- Ampliação de escalas, volatilidade e complexidade;
- Mobilidade elétrica, autônoma, conectada, multimodal, as a service;
- Energias limpas, renováveis e eficiência;
- Inteligência artificial fortalece capacidades humanas.

Compartilho um exemplo de raciocínio que já teve utilidade: megatendências demográficas indicam 10 bilhões de habitantes no mundo em 2050, com relevante concentração na Índia e China e significativo aumento na longevidade – centenários serão usuais; apontam também maciça urbanização das populações – 90% no Brasil e EUA – enquanto 75% na China e 50% na Índia. Ou seja, vislumbra-se expressivo aumento na demanda de alimentos (tanto pelo número como pelo fato de populações urbanas consumirem mais); também forte pressão em todas as dimensões de infraestrutura das cidades, incluindo no atendimento da *silver economy*; com o êxodo do campo, por exemplo no Brasil e EUA, vislumbra-se uma tendência de grandes oportunidades em tecnologias para o agro; o cenário deve também nuclear cidades-entreposto entre os centros urbanos e o campo, com dinâmicas socioeconômicas bastante distintas. Os desdobramentos secundários e terciários podem levar a ainda mais oportunidades.

Mas atenção: megatendências não são diretamente as áreas emergentes, tampouco as tecnologias habilitadoras. Da análise das megatendências emergem áreas potenciais (existentes ou não) e, delas, tecnologias habilitadoras (convencionais ou disruptivas, existentes ou não – por exemplo IoT, *blockchain*, IA, ou outras inéditas). Outro exemplo ilustrativo: a megatendência de energias limpas, renováveis e eficiência coloca em evidência as áreas de geração, transmissão e armazenamento de energia. Tomando o armazenamento como exemplo, tecnologias de baterias de alto desempenho e do hidrogênio são destaques. Assim como evidenciar oportunidades, tais raciocínios podem antecipar mercados e carreiras em risco, permitindo reposicionamentos.

Para ricas reflexões sobre tais interações e sob variados prismas, os livros *Abundância*, *Life 3.0* e *Sobre o futuro* são úteis. Para um abrangente *overview* acerca de tecnologias emergentes, recomendo o *2020 Tech Trends Report*, do *Future Today Institute*.

Considerações finais, caminhos e dicas

O futuro não só acontece, mas se constrói. Têm destaque aqueles que participam dessa construção, que começa hoje, raciocinando do macro para o micro e criando uma agenda inspiradora para se atingir o futuro no qual queremos viver. E sejamos otimistas, pois a simbiose humano-tecnologia trará décadas de soluções empolgantes e qualidade de vida. Mas nosso acesso e destaque dependem da abertura ao novo, da imaginação e de um olhar visionário bem calibrado, ousado e inspirador desde já.

Confesso que essa mentalidade me transformou nos últimos anos e propiciou avanços pessoais e profissionais importantes, seja na FEI e em seus auspiciosos horizontes, nos conselhos ou nos planos pessoais. E destaco: i) as maiores oportunidades do hoje e do amanhã estão nas interfaces entre as áreas e na complementariedade entre tecnologias, por vezes pouco exploradas – vide a multidisciplinariedade da robótica autônoma, ou da telemedicina; e ii) um olhar verdadeiramente visionário é inspirador, positivo e compartilhado. Como começar?

1. Pesquise e estude as megatendências.
2. Investigue as áreas emergentes relacionadas que colocam brilho em seus olhos.
3. Vislumbre um inspirador amanhã para essas áreas e suas tecnologias, mesmo inexistentes.
4. Insira-se neste amanhã. Qual é o seu projeto? Qual será seu legado nesta megatendência e área?
5. Crie comunidades visionárias, pois juntos enxergamos antes, mais e mais longe! E lembre-se: o antagônico é criativo e aumenta as possibilidades do imaginário.

Há de ser um processo contínuo. Jovem, não pare de sonhar, compartilhe sem medo. Experiente, docente ou líder, seja menos detentor e mais mentor. Você transporá as fronteiras do agora e se projetará décadas adiante, trocará a agenda de curto prazo por um plano de vida, estará preparado(a), adaptável e liderará a construção de um futuro melhor na época B. Combine isso com resiliência, e sua visão com ação mudará você e o mundo dos nossos filhos. É esperança. É libertador. Mãos à obra e sucesso!

Referências

KELLY, K. *Inevitável – As 12 forças tecnológicas que mudarão o nosso mundo*. São Paulo: HSM, 2017.

KOHLI, H., et al. *The world in 2050 – striving for a more just, prosperous, and harmonious global community*. 2. ed. Índia: Oxford, 2017.

PLÖGER, I.; DIAS, G. M. Curso de Introdução à Ciência Política. UnB, 1980.

SALK, J.; SALK, J. *A new reality – human evolution for a sustainable future*. Stratford: City Point Press, 2018.

SCHARMER, O. *Liderar a partir do futuro que emerge – a evolução do sistema econômico ego-cêntrico para o eco-cêntrico*. Rio de Janeiro: Alta Books, 2019.

SOWCIK, M. et al. *Leadership 2050 – critical challenges, key contexts and emerging trends*. Bingley: Emerald, 2015.

TSE, T. C. M.; ESPOSITO, M. *Understanding how the future unfolds – using DRIVE to harness the power of today's megatrends*. Austin: Lioncrest, 2017.

3

LIDERANÇA ANTROPOLÓGICA

Você trabalharia para si mesmo? Gostaria de ser seu chefe direto? Essas perguntas sempre me serviram de inspiração para me tornar um líder melhor e desenvolver cada vez mais minha capacidade de autorreflexão. Neste capítulo, abordarei o tema *liderança* sob o aspecto da antropologia, refletindo sobre os elementos que compõem essa *soft skill,* fazendo a conexão com o mundo dos negócios.

LUCAS SILVEIRA

Lucas Silveira

Tenho mais de 20 anos de experiência nos segmentos de varejo, consultoria e indústria. Cursei Administração de Empresas pela USP, pós-graduação em Marketing pela ESPM e especialização em negociação pela Wharton School, Philadelphia. Sou CEO Brasil da Crusoé Foods, empresa multinacional espanhola; sócio da Pic-Me; fundador e CEO da Inception Training. Fui diretor de vendas na Red Bull por 8 anos e gerente nacional de vendas no Carrefour por 6 anos. Venho conduzindo treinamentos em renomadas empresas desde 2016. Acredito que o desenvolvimento da nossa capacidade de liderança seja um dos objetivos mais nobres que podemos assumir em nossas vidas. Precisamos liderar times para que conquistas significativas sejam feitas para mudarmos nosso mundo para melhor, contribuir com o desenvolvimento humano do próximo e evoluirmos como espécie. E, acima de tudo, assumirmos o controle das nossas vidas. Temos algo em comum: somos todos seres humanos.

Contatos
www.inceptiontraining.com.br
lucassilveira@inceptiontraining.com.br
11 99311 5414

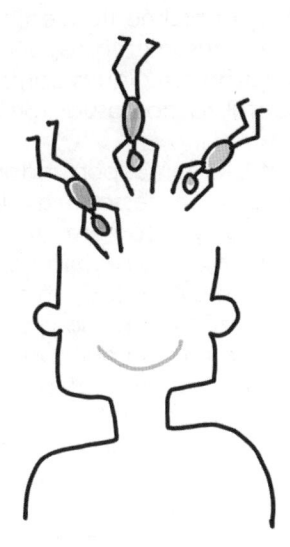

Qual o papel de um líder?

Não há uma resposta padrão correta para essa pergunta, mas nos conduz à necessária reflexão sobre liderança. É um questionamento difícil e complexo por dois motivos principais.

O primeiro deles é que, em geral, nosso sistema de ensino não ministra o tema para que, desde cedo, possamos aprender sobre liderança. É fato que o sistema de ensino padrão médio ainda possui resquícios da revolução industrial e tem grandes dificuldades em ministrar aulas ligadas às *soft skills*. Se por um lado, nos últimos 200 anos, saímos do telégrafo para a internet via satélite e carros autônomos, nossas salas de aula permanecem praticamente as mesmas. Assim, o currículo escolar não propicia os debates necessários sobre liderança.

O segundo motivo é a profundidade e abrangência da resposta. Uma simples busca no Google sobre livros de liderança apresenta resultados incomensuráveis: gestão de pessoas, guerra, inteligência emocional, influência de pessoas, *mindset*, evolução pessoal etc. E não é somente a abrangência do conteúdo, mas também a discricionariedade do assunto. Liderança, para mim, pode ser uma coisa; para você, outra; para ele, outra. Em 1950, ela poderia ter uma definição, em 1980, 2018 e 2021, outra totalmente diferente.

Já ouvimos falar da liderança por servidão, da liderança pelo exemplo, da liderança carismática, da liderança hierárquica, da liderança autêntica e, provavelmente, todos os conceitos nos fazem pensar. Por tudo isso, repito: a resposta para a pergunta que inicia o capítulo é muito complexa e talvez seja mais filosófica do que normalmente imaginamos.

Porém, nem tudo sobre esse conceito deveria ser uma discricionariedade e gozar de infinitude de opiniões. Neil deGrasse Tyson, astrofísico e escritor norte-americano, defende o pensamento científico para a evolução de nossa espécie. As bases desse pensamento, segundo as pesquisas de Oxford em 2012, indicam o uso da razão em alguns campos da ciência: indução, dedução, *design* experimental, razão casual, formação conceitual, testes de hipóteses etc.

Nessa linha de pensamento, tomemos por fundamento a verdade de que somos todos seres humanos cujo processo de evolução se deu sempre por meio da coletividade e da organização em grupos, segundo Yuval Noah Harari, em seu livro Sapiens: *uma breve História da Humanidade*. Assim, por mais que haja sempre o elemento emoção em nosso cérebro, este acaba funcionando em paralelo à razão em nosso processo de decisão e vida, como bem aponta o neurocientista António Damásio.

Pois bem, não há como esgotar o tema liderança que avança no campo filosófico, mas no exercício de pensamento científico é bem possível trazer elementos que não podem deixar de estar presentes nesta discussão, dados alicerçados em diversos campos da ciência, que consideram a dicotomia emoção e razão do cérebro humano e, principalmente, que analisam o papel de um líder, antropologicamente falando. Se evoluímos em grupos, como podemos enxergar tanto nas pinturas rupestres de 40.000 anos atrás como nos times das empresas atuais, quais importantes elementos de liderança podem ser tirados dessa evolução?

Nos últimos 20 anos, pude notar e aplicar diversas concepções ao redor do que venho chamando de Liderança Antropológica. Conceitos científicos multidisciplinares testados e aplicados por líderes considerados bem-sucedidos no mundo dos negócios em todo o mundo. Consegui organizar esses conceitos em um modelo único, que, apesar de ser muito amplo para ser detalhado em um capítulo deste livro, é simples o suficiente para fornecer dicas práticas para melhorarmos nossa capacidade de liderança em qualquer momento de nossas vidas.

Dica 1: alie maestria com propósito

A evolução darwiniana impôs uma realidade de maestria muito forte, apresentada como adaptação biológica. Em nosso mundo moderno de negócios, vemos a maestria se concretizar na forma de competitividade no mercado de trabalho. Existe uma conexão enorme entre o resultado esperado e nossa competência em exercer determinada tarefa. Um bom executivo possui mais condições de gerar mais resultados, um bom cirurgião acabará atendendo mais pacientes. Temos atração por esportistas que são mestres no que fazem. Acima disso tudo, a teoria das fortalezas diz, pela experimentação, que, uma vez que trabalhamos em nossos pontos naturalmente fortes, temos oportunidades maiores de produzir melhores resultados.

Nosso sistema de ensino nos doutrinou que um aluno que teve uma nota 5,0 em Biologia e 10,0 em Física deve estudar mais Biologia para ter uma boa média, sendo que o foco em Física poderia gerar mais frutos. Por isso, muitos acabam por focar em melhorar os gaps ao longo da jornada profissional.

Grandes líderes descobrem os pontos fortes do time e trabalham a fim de maximizar as fortalezas de cada indivíduo, inclusive dele mesmo. Com maestria, ter um propósito claro é fundamental em um grupo. Pessoas gostam de trabalhar por uma causa e perceber significado em suas realizações, pois a essência humana, diferentemente de uma máquina, precisa disso.

Mihaly Csikszentmihalyi, autor do best-seller *Flow*, afirma que, quando focamos naquilo que fazemos bem, há chance maior de operarmos em *flow*, um estado genuíno de felicidade muito ligado ao que chamamos de propósito. Portanto, a maestria e o propósito estão intimamente conectados. Grandes líderes mostram significado em cada tarefa, criam uma visão de futuro e estimulam o autoconhecimento de todos para que os propósitos individuais sejam alinhados com o objetivo da empresa.

Dica 2: crie confiança

Simon Sinek diz, de forma exemplar, que em um ambiente de insegurança as pessoas evitam se arriscar, embora o risco seja inerente à inovação. Toda novidade exige tentativa e erro. Portanto, em um time temeroso, há pressão enorme contra a experimentação e reformas. Antropologicamente falando, um grupo de animais consegue se proteger melhor quando há confiança entre eles, pois toda a força e atenção se voltam para o exterior, para a proteção contra os inimigos, para a caça, para a evolução do grupo. A mesma lógica se aplica ao mundo atual dos negócios. Um mecanismo eficiente para que um ambiente de segurança e confiança seja gerado é trabalhar a vulnerabilidade, como destaca Brené Brown em seu livro *A coragem de ser imperfeito*.

É preciso ter muito cuidado nesse tema, pois muitas vezes não se descobre que existe falta de confiança, já que a própria falta dela faz com que as pessoas não digam a verdade. Algo lógico. Grandes líderes aprendem a ter a sensibilidade humana necessária para se conectar genuinamente com o time e identificar possíveis problemas de confiança. Eles cultivam a vulnerabilidade dentro do grupo, mostrando o lado humano de todos os indivíduos, começando por ele mesmo, gerando times inovadores e de alta *performance*.

Dica 3: tenha uma rotina que fomente uma boa gestão

Um erro comum no mundo dos negócios é os líderes focarem demasiadamente em criatividade e inovação e acabarem por esquecer a importância que algumas rotinas podem ter. Antropologicamente, rotinas bem implantadas sempre nos trouxeram eficiência e maiores chances de sobrevivência, obviamente com um menor índice de erros. Hoje as rotinas fazem com que empresas economizem muito tempo em alguns processos, pois garantem o foco necessário e evitam desorganização no fluxo de comunicação e pensamento. Em um grupo de 15 pessoas, existem mais de 100 fluxos diferentes de comunicação quando imaginamos que cada indivíduo pode se comunicar com qualquer outro. Cem fluxos distintos em meio a inúmeros tópicos de trabalho podem gerar um desgaste mental enorme, além de aumentar as chances de que tópicos importantes não tenham o devido follow-up. Em negócios, prazos e cadência são vitais para a entrega de projetos, por isso um time que possui uma rotina saudável, seja ela presencial ou on-line, consegue entregar os resultados em menor tempo e com menos esforço organizacional. Em resumo, o time possui mais espaço mental para a criatividade e troca. Grandes líderes adotam uma rotina que garanta um follow-up adequado sobre os principais temas do negócio, assegurando também a visibilidade adequada do progresso, sendo este essencial para a motivação da equipe. Uma rotina adequada faz com que as pessoas, incluindo os líderes, não sejam escravos de suas agendas e consigam ter uma vida mais equilibrada.

Dica 4: tenha uma comunicação eficiente

Segundo Yuval Noah Harari, nossa habilidade de comunicação é uma das principais vantagens competitivas como espécie. Se evoluímos como seres coletivos, a comunicação é o elemento que une os indivíduos e faz com que o conhecimento seja transmitido. Em um mundo inundado por tecnologia com cada um tendo seu *smartphone*, existe um risco muito grande de nos perdermos na comunicação inadequada. *E-mails*, por não terem o elemento visual e auditivo, focando somente no conteúdo, operam em um campo de menos de 10% do nosso entendimento, em todos os sentidos. Sabendo que nosso cérebro opera com razão e emoção, uma comunicação inadequada pode gerar decisões equivocadas, conflitos e muito retrabalho. Grandes líderes investem em uma comunicação clara e simples e na melhoria contínua de sua capacidade de falar em público, ampliando sua influência e minimizando o trabalho desnecessário.

Dica 5: tome decisões de forma ágil e eficiente

Todo negócio envolve a tomada de decisões diariamente, algumas menores e mais corriqueiras, outras maiores e com impactos significativos. Sabemos que a tomada de decisão cerebral envolve aspectos racionais e emocionais, como abordei em meu capítulo no primeiro volume de *Soft Skills*. Nessa linha, é preciso investir continuamente em ambos os aspectos, dominando cada vez mais a inteligência emocional para aumento da estabilidade durante as decisões e em modelos racionais que tragam mais acuracidade e amplitude de visão durante o processo, além de reduzir vieses de decisão. Uma conhecida lenda diz que golfinhos salvam náufragos levando-os para a praia. Um observador com pensamento científico pode questionar o fato dos golfinhos empurrarem náufragos para onde o nariz aponta, e não necessariamente para a praia. Porém, quem sobrevive para contar as histórias, que viram lendas, são os que acabam na praia e não em alto-mar. Um exemplo clássico de viés de informação que gera análises erradas. Cabe, então, ao líder construir modelos que minimizem os vieses para que uma resolução seja tomada de forma ágil e eficiente. Existem centenas de modelos racionais que auxiliam no processo de tomada de decisão e minimização dos erros de análise da situação. O mais importante é desenvolvermos a capacidade de criar nossos modelos com base nas variáveis do negócio e apostarmos na estruturação de modelos gráficos que auxiliem na tomada de decisão.

Dica 6: execute

Nas palavras do empresário e autor Anthony Robbins, "conhecimento não é poder. Conhecimento é valor potencial. A execução deste conhecimento é onde está nosso poder". Ram Charan, em seu livro Execução, ressalta a importância da disciplina para atingir resultados. Fato é que um plano não é nada se não for executado. É preciso balancear o tempo de planejamento com a execução, de maneira estruturada e com mecanismos de reflexão e revisão dos planos, conforme os resultados forem acontecendo. O modelo PDCA (*Plan, Do, Check, Act*), famoso dentro do modelo Toyota, traz uma ideia poderosa que devemos planejar, executar, checar e agir. Em todos esses anos como executivo, pude notar que uma das maiores deficiências das empresas é não fazer um follow-up estruturado do plano durante o processo de execução, embora saibam que a melhoria contínua passa pela checagem entre plano e resultado, entendendo todos os desvios e causas e estabelecendo planos de ação rápidos para corrigir desvios. Em tempos de incerteza como o que vivemos, no mundo VUCA (Volátil, Incerto, Complexo e Ambíguo), temos cada vez maior pressão para aumentar o tempo de execução e reduzir o tempo de planejamento.

Para finalizar, cito a principal vantagem de nos aprimorarmos como líderes: gerar times mais felizes e com menor nível de estresse, pois evita inúmeras doenças, algumas delas mortais. Portanto, grandes líderes, além de trazerem mais resultado, fazem com que as pessoas vivam mais e melhor. Este sempre foi nosso objetivo como espécie. Existe algum significado maior do que esse?

Um grande abraço,

Referências

BROWN, Brené. *A coragem de ser imperfeito*. Rio de Janeiro: Sextante, 2016.

CHARAN, Ram; BOSSIDY, Larry. *Execução: a disciplina para atingir resultados*. Rio de Janeiro: Alta Books, 2019.

CSIKSZENTMIHALYI, Mihaly. *Flow: A psicologia do alto desenvolvimento e da felicidade*. São Paulo: Objetiva, 2020, E-book Kindle.

HARARI, Yuval N. *Sapiens: Uma breve história da humanidade*. São Paulo: L&PM, 2018.

HOLYOAK, KEITH J.; MORRISON, Robert G. *The Oxford Handbook of Thinking and Reasoning*. Londres: Oxford University Press, 2013, E-book Kindle.

ROBBINS, Tony. *Poder sem Limites:* A nova ciência do sucesso pessoal. Rio de Janeiro: BestSeller, 2017.

SINEK. Simon. *Líderes se servem por último.* Rio de Janeiro: Alta Books, 2019.

4

VISÃO INTEGRAL

Neste capítulo, você terá uma breve experiência da visão integral, um *software* de desenvolvimento humano que me inspirou na criação da Jornada do Autoconhecimento: instrumento de investigação apreciativa que revela elementos entrecruzados de personalidade, caráter, inteligências e maturidade pessoal, e que tem gerado importantes repercussões na vida de milhares de pessoas.

LUCIANO ALVES MEIRA

Luciano Alves Meira

Escritor, professor e cofundador da empresa Caminhos Vida Integral, que possui a missão de estimular o florescimento do potencial integral das pessoas por meio da ciência, da filosofia e da arte. Autor dos livros *Ser ou não ser: nossa dramática encruzilhada evolutiva*, *A segunda simplicidade: bem-estar e produtividade na era da sabedoria* e *Novo Normal? provocações sobre o tempo, liderança, relacionamentos e o si-mesmo*. Nadador, recordista mundial dos 100 metros borboleta na Ginasíade de 1982, na França. Graduado em Letras, especializado em Gestão de Organizações Não Lucrativas, pela Universidade de Berkeley, e em Liderança e Gestão Organizacional, pela FranklinCovey-Uniceub.

Contatos
luciano@caminhosvidaintegral.com.br
LinkedIn: Luciano Alves Meira
Instagram: @caminhosvidaintegral
Para informações sobre a Jornada do Autoconhecimento:
https://caminhosvidaintegral.com.br/solucoes/jornadadoautoconhecimento/
62 99900 1965

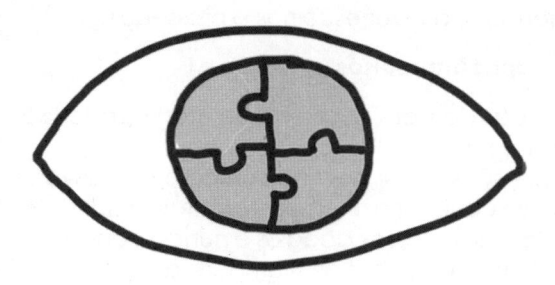

Para onde nos levarão nossos mapas mentais?

Concebo a vida como uma aventura pessoal e coletiva de desenvolvimento de potenciais. Não tento consertar o mundo, mas me esforço por tornar-me quem eu sou, pois, ao fazê-lo, penso que dou à sociedade a minha melhor contribuição. Nesse projeto ousado e simples, o vir a ser possui muitos significados intangíveis, razão pela qual gosto de compará-lo à subida de uma montanha íngreme: quero ser, todos os dias, o alpinista de mim mesmo.

A vida tem a sua tragicidade. Dor e prazer são inerentes ao trajeto: pisar em pedras pontiagudas, machucar um joelho, ferir a vista na luz meridiana são acidentes inevitáveis que se misturam às delícias das belas paisagens, da autodescoberta, das relações recíprocas. O problema central do alpinista não é o de evitar, a todo custo, o sofrimento, que de resto essa seria uma luta que já nasce perdida. A verdadeira problemática gira em torno de escolher bem o seu norte, fortalecer seus músculos para suportar a tração da escalada e enfiar-se pelas trilhas que, supostamente, o levarão até lá, considerando que esse "lá" não é um destino concreto nem algum tipo de conquista material, mas sim um modo pleno de ser, uma experiência de resolução do si mesmo.

Alpinistas sabem muito bem que mapas não são o território, porém apreciam a possibilidade de descrever os aclives e os declives, identificar os diferentes terrenos, reconhecer as nascentes, chamar cada face da montanha pelo nome. Os "mapas" que carregamos na mente são imagens, símbolos, palavras, frases, memórias. Nossas crenças e saberes são uma espécie de lente polida pelas dádivas genéticas, no decurso da educação recebida e das experiências vividas na longa caminhada. Se esses mapas pelos quais nos orientamos forem representações desfiguradas ou supersimplificadas do território, teremos uma percepção distorcida da realidade, tenderemos a reagir e a tomar decisões ineficazes. Mapas confusos desorientam a alma, geram ansiedade e desânimo: aquela vontade de desistir da subida, de dar meia-volta, volver. Mas para onde iríamos? A vida exige que avancemos. Estamos condenados a fazer escolhas e prosseguir.

Exemplos de mapas imprecisos

"Existem pessoas de bom caráter e de mau caráter". E mais: "Pau que nasce torto morre torto".

Essas são expressões populares que parecem inofensivas, todavia ocultam em sua ignorância congênita a semente destrutiva dos potenciais individuais e coletivos. Vivamos por esses adágios e nunca participaremos da arte de educar a nós mesmos e aos outros. Compare-os ao pensamento do famoso escritor alemão Johann Wolfgang von Goethe (1749 -1832): "Se tomarmos o homem como ele é, nós o tornaremos pior; se tomarmos o homem como ele deve ser, nós o ajudaremos a tornar-se o que ele pode ser".

Em outras palavras: se insistirmos em julgar e rotular as pessoas com base em crenças inquestionadas, seremos a causa de estagnação ao nosso redor. Mas não é justamente isso que fazemos muitas vezes, e apressadamente? Observamos o vocabulário, os gestos, a cor da pele, as vestes, o bairro em que a pessoa reside, as inclinações políticas e pronto: já temos os indícios para decidir se ela se encaixa ou não em nossos critérios éticos e morais.

São pessoas de *bom caráter* aquelas que se parecem conosco e respondem adequadamente a determinadas expectativas de convívio. As de *mau caráter* são as que falham em atender aos nossos desejos e esperanças, ou as que são apenas diferentes, portanto ameaçadoras. Esse maniqueísmo inconsciente é típico de uma mentalidade infantil: os mocinhos íntegros, quase perfeitos, se opõem aos bandidos instáveis e degenerados.

Usemos agora, para ampliar e aprofundar nosso entendimento do mesmo tema, um mapa que reúne saberes e pesquisas coletadas e sintetizadas ao longo de séculos, montado a partir de cinco perspectivas ou dimensões que compõem a visão integral: *tipos, linhas, estágios, estados e quadrantes*. Trata-se de um sistema filosófico – espécie de *software* de desenvolvimento – criado pelo pensador estadunidense Ken Wilber. No entanto, antes de prosseguir, uma advertência: esse tipo de conhecimento é uma jornada sem volta. Aquele que sabe não poderá "des-saber". E o saber nos afasta das opiniões vulgares, dos lugares comuns em que a *errância* quase sempre se disfarça de *normalidade*.

Os tipos

Cada indivíduo é único, possui uma configuração neuronal e psíquica singular. Contudo, para que o conhecimento do *si mesmo* não permaneça inacessível, é útil tentar descrever alguns traços ou preferências de sua personalidade. Esse procedimento é análogo ao que se faz no campo da Biologia para a determinação dos tipos sanguíneos. Vejamos um exemplo (entre muitos possíveis) de traço tipológico: há pessoas que tendem a tomar decisões mais impessoais, baseadas em critérios racionais, conhecemos outras que quase sempre se envolvem sentimentalmente em seus julgamentos. Essas "inclinações" já são suficientes para gerar conflitos: não raro, os sentimentais acusam os racionais de serem "frios e calculistas", enquanto os racionais reclamam que os sentimentais se perdem pela "falta de objetividade". Conforme o psicólogo suíço Carl Gustav Jung (1875 - 1961) demonstrou com maestria, não existe "certo" nem "errado" nessas simples preferências, assim como não é *pecado* sermos destros ou canhotos. Muitos professores do passado, dotados de mapas mentais acanhados e massificantes não sabiam disso e, assim, estigmatizavam os canhotos como eu. Em nossos dias, o ato de escrever com a mão esquerda deixou de carregar valorações negativas. Seria muito bom que o mesmo ocorresse com os extrovertidos, os introvertidos, os concretos, os intuitivos, os criativos, os práticos, os céticos, os sonhadores, os racionais, os sentimentais, os metódicos, os espontâneos e assim por diante. A compreensão das tipologias dos indivíduos, com as sutilezas de suas variantes infinitas, é fonte de dignidade pessoal. Além disso, os encontros esclarecidos entre as diferenças enriquecem as possibilidades do ótimo convívio e empodera o trabalho das equipes.

As linhas

São diversas as *linhas* de desenvolvimento ou, se preferir, são múltiplas as nossas inteligências potenciais. Há crianças com facilidade linguística; outras, como as que têm inteligência corporal-cinestésica aflorada desde a primeira infância, aprendem logo a usar a energia e os movimentos de seus corpos para atingir certos objetivos atléticos ou artísticos.

Desde a década de 1980, conhecemos melhor essa riqueza de capacidades de que somos dotados para solucionar problemas, graças ao trabalho pioneiro do psicólogo da cognição Howard Gardner. Após ter descrito nove inteligências distintas (lógico-matemática, corporal-cinestésica, intrapessoal, interpessoal, espacial-visual, naturalista, musical, linguística e existencial), Gardner admitiu que não há limites para as linhas classificáveis. Podemos, portanto, falar em uma *inteligência ética*. Segundo o Dicionário Houaiss de Língua Portuguesa, a ética está relacionada *ao respeito da essência das normas, valores, prescrições e exortações presentes em qualquer realidade social*. Ora, assim como não se pode exigir que todos sejam atletas, artistas ou matemáticos exímios, também não é razoável querer que as pessoas tenham o mesmo desempenho ético, especialmente se lhes faltar a emulação apropriada ou o *treinamento* requerido por estarem muito ocupadas tentando sobreviver em ambientes violentos e degradantes.

INTELIGÊNCIAS MÚLTIPLAS

Lógico-matemática	Interpessoal	Corporal-Cinestésica	Ética
Linguística	Espacial e Visual	Musical	Social
Intrapessoal	Naturalista	Existencial	Espiritual

Os estados

Estados de consciência vêm e vão. Transitamos por eles todo o tempo. Refletem-se nas variações do comprimento de nossas ondas cerebrais. Elas são mais longas quando dormimos profundamente ou fazemos exercícios de meditação e, mais curtas, quando estamos trabalhando ou pensando freneticamente. Embora pesquisadores já tenham garantido que podemos multiplicar nossos instantes de serenidade, alegria e gratidão com a mudança de alguns hábitos e com um número maior de pausas para o autocuidado, é verdade que, em algum momento, perderemos o equilíbrio apenas porque somos humanos. O problema é que talvez um único deslize seja suficiente para que rotulemos alguém com o selo do mau-caratismo. Isso é justo? Alguém afirmou, e com razão, que usamos dois pesos e duas medidas quando julgamos a nós mesmos a partir de nossas intenções, mas avaliamos os outros com base em seus comportamentos.

Os estágios

Mais de um século de judiciosos estudos sobre o fenômeno da consciência revelaram que existem várias altitudes ou ângulos de abertura em nosso desenvolvimento. De acordo com os especialistas, a percepção que temos do comportamento alheio passa pelo filtro de nossa maturidade. Wilber apresenta essa síntese.

A maioria das pessoas pensa que o que elas veem "lá fora" é realmente o que está "lá fora", e que o mesmo mundo está disponível para todos – tudo o que elas têm de fazer é olhar. Mas o que os estudos de desenvolvimento mostram inequivocamente é que, em cada nível de desenvolvimento, realmente vemos, sentimos e interpretamos o mundo de formas dramaticamente diferentes.

Não serão o céu e o inferno apenas níveis de maturidade pelos quais enxergarmos a realidade e julgamos uns aos outros? Gardner aponta a direção do crescimento possível.

A trajetória completa do desenvolvimento humano pode ser vista como o declínio contínuo do egocentrismo.

Se seguirmos a nomenclatura adotada pela psicóloga Carol Gilligan, teremos os estágios Egocêntrico, Etnocêntrico, Pluralista e Integral.

O mapa moral do egocêntrico lhe diz que *certo é aquilo que é vantajoso para si*. Se não está alinhado com as suas expectativas e desejos pessoais, não pode estar correto. O do etnocêntrico predispõe à procura *de vantagens para si e para os seus,* estendendo benefícios para os que se assemelham por algum critério de proximidade: família, time, igreja, partido político, país. O pluralista acolhe todas as tribos em seu abraço, inclusive as minorias sem voz que precisam ter oportunidades afirmativas. Finalmente, a moral integral é um mapa raro. Carregam-no aqueles que entendem a existência como prática de amor incondicional à humanidade inteira, fazendo-nos pensar na política alicerçada na não violência e no não ressentimento de Nelson Mandela (1918- 2013) e no conceito de *amor mundi* elaborado pela filósofa Hannah Arendt (1906- 1975).

O fato é que uma consciência pouco desenvolvida é como uma flor ainda em botão. Grande parte de sua existência pode transcorrer até que se abra, vagarosa e imperceptivelmente, em uma luminosa manhã primaveril. Mas pode também ocorrer de ela jamais desabrochar. As razões para o sucesso ou insucesso da maturação do *self* são muitas e diversificadas, de modo que apenas para citar algumas podemos falar de fixações, complexos, traumas, privações extremas, perdas precoces, ambientes opressivos, sistemas burocráticos e assim por diante. Essa lista nos remete ao quinto e último elemento da visão integral: os quadrantes.

Os quadrantes

Este último elemento da visão integral mereceria um capítulo à parte, por ser um mapa em si mesmo. Trata-se de uma matriz que Wilber criou para acomodar didaticamente a complexidade do real. Tudo o que ficar à esquerda diz respeito à *interioridade subjetiva*. Tudo o que estiver à direita se refere à *exterioridade objetiva*. O que está em cima é *singular*, o que está embaixo é *plural*. Temos, portanto, quatro quadrantes com estes nomes: interioridade intencional, exterioridade comportamental, interioridade cultural e exterioridade social. Na matriz, podemos enxergar claramente os desafiantes condicionamentos que se interpõem entre nós e o topo da montanha.

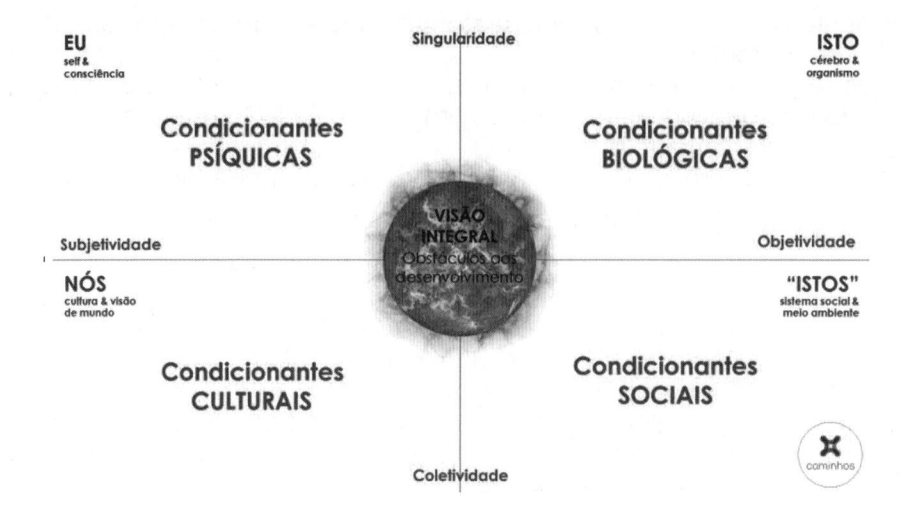

```
        EU                    Singularidade                ISTO
     self &                                              cérebro &
   consciência                                           organismo

        Condicionantes                    Condicionantes
          PSÍQUICAS                         BIOLÓGICAS

                              VISÃO
                            INTEGRAL
   Subjetividade          Obstáculos ao              Objetividade
                          desenvolvimento
        NÓS                                            "ISTOS"
    cultura & visão                                  sistema social &
     de mundo                                         meio ambiente

        Condicionantes                    Condicionantes
          CULTURAIS                          SOCIAIS
                                                          ✱
                                                       caminhos
                              Coletividade
```

O que fazer? Alguns, diante dessas dificuldades, vitimizam-se: optam por sentar-se e chorar à beira do caminho. Entretanto, para o criador da *Logoterapia*, o psiquiatra e escritor Viktor Frankl (1905- 1997), o encontro com essas barreiras é justamente o sinal de que estamos no caminho certo.

Sem dúvida o homem é livre; mas isso não significa que esteja flutuando, por assim dizer, num espaço sem ar, pois, ao contrário, acha-se envolvido por uma série de vínculos. Esses vínculos, contudo, são os pontos de arranque para a sua liberdade.

Espero que o amplo panorama da visão integral que apresentei até aqui sirva para revelar um paradoxo evidente: mapas mentais contendo maior precisão e riqueza de referências nos tornam menos propensos a proferir julgamentos rasos sobre quaisquer assuntos, incluindo a qualidade do caráter próprio e alheio. A compreensão da complexidade reduz os conflitos existenciais, ao mesmo tempo em que desperta a ilimitada energia de nossa verdadeira humanidade.

Referências

FRANKL, Viktor. *Psicoterapia e existencialismo*. São Paulo: É Realizações Editora, 2020.

FRANK, Viktor. *Psicoterapia e sentido da vida*. São Paulo: Quadrante, 2019.

WILBER, Ken. *Meditação integral: mindfullness como um caminho para crescer, despertar e estar presente em sua vida*. Goiânia e Petrópolis: Vida Integral e Vozes, 2020.

5

PERDÃO

Como o perdão me trouxe crescimento profissional e me inspirou a ir mais longe em minha vida? Neste capítulo, me alegro em poder compartilhar essas reflexões, desejando despertar em você o desejo de se apropriar dessa força de caráter e torná-la uma *soft skill* poderosa.

MAURO MORAES DE SOUZA

Mauro Moraes de Souza

Professor e coordenador de Educação Continuada no Centro Universitário FEI. Dr.-Ing., RWTH Aachen, Alemanha. MBA com menção honrosa do *College of Business* da Ohio *University*, Estados Unidos. Especialização em Inovação pela WOIS *Innovation School*, Alemanha. Especialização em Gestão Empresarial, Engenharia Automobilística, Psicologia Positiva e Consultoria de Carreira no Brasil. Membro credenciado ACC, *Associate Certified Coach*, pela *International Coaching Federation* e formação em *Mindfulness*. Atuou por 25 anos no setor automotivo, 15 anos em pesquisa e ensino e, por 30 anos, como voluntário em atividades de beneficência e associações técnicas. Apaixonado por português, alemão, inglês, francês, espanhol, italiano e esperanto.

Contato
LinkedIn: mauromoraesdesouza

Perdoar é um gesto de autocompaixão

> O perdão é o modo como devolvemos o que nos foi tirado e restituímos o amor, a bondade e a confiança que se perderam. Com cada ato de perdão, quer seja pequeno, quer grande, nós nos movemos em direção à completude. O perdão não é nada menos que o modo como trazemos paz a nós mesmos e ao mundo.
> DESMOND TUTU

Quando recebi o convite para escrever sobre uma *soft skill*, imediatamente uma ideia ressoou em minha mente. Confesso que tentei com a lógica afastá-la de mim, buscando algo mais afeito ao mundo profissional, mas a palavra **perdão** ficou ressoando forte em meu pensamento.

Refletindo sobre o que me levou a desviar desse tema é porque me apresento frágil para o leitor ao abordar algo tão grandioso. Fiquei pensando que aquilo sobre o qual mais falo e demonstro é o que mais me desafiou na vida para a sua aquisição. Hoje reconheço o esforço de viver esse processo de expansão das minhas possibilidades como ser humano. O perdão me ajudou a entender que a jornada é assim: o mundo não muda por minha causa nem de ninguém. Ele é como é.

Encontrei modelos de como lidar com o perdão e sua importância em nosso cotidiano. O livro *O Poder do Perdão*, de Luskin, em especial, me inspirou. É uma excelente abordagem científica sobre esse assunto. O autor é considerado um dos pioneiros no estudo científico a respeito dos benefícios do perdão. Segundo ele, perdoar:

- representa a paz que você aprende a sentir, ao se permitir pousar em vez de voar em círculos;
- serve para você e não para quem o agride;
- resgata o seu poder sobre si mesmo;
- é responsabilização por como você se sente;
- põe foco na cura e não em quem o fez sofrer;
- é uma habilidade que exige treino, como jogar futebol;
- ajuda no controle sobre seus sentimentos;
- pode melhorar sua saúde física e mental;
- torna-o herói da sua história e não a vítima;
- é uma escolha e um processo.

Quando mais jovem, não tinha acesso a esse universo de conhecimentos que hoje está disponível. Não possuía um livro que pudesse me assegurar que está tudo bem. As leituras espiritualistas eram o que mais se aproximavam daquilo que eu precisava, mas ainda assim sentia a necessidade de trocar em miúdos, de obter elementos mais específicos que me ajudassem a lidar com o perdão, não como uma imposição divina que deve ser aceita sem questionamentos, mas como um processo de autoconhecimento, autoaceitação, autocuidado, empatia, sinceridade consigo mesmo, de entender que, ao se prender a pensamentos de ruminação, revivendo o sofrimento, concedo enorme poder ao agressor sobre mim. E, com isso, sinto novamente a ofensa e me deixo levar por um sentimento de paralisação, de fuga ou de ataque, o que limita minhas forças na construção de uma vida plena de realizações e projetos para o futuro, de bem-estar e felicidade para mim e para os que me rodeiam.

Fazendo uma retrospectiva, percebo que, já na minha infância e adolescência, fui convidado a exercitar essa capacidade, sem ainda vislumbrar quanto isso me seria benéfico no futuro. Eu era tido como uma criança e um adolescente difícil. Sentia algumas feridas emocionais a latejar em mim provocadas por quem estava à minha volta e isso causava muito mal. Quando notei que as pessoas faziam isso por não conseguirem me entender, nem a energia que eu trazia para as realizações na vida, me coloquei no lugar delas e fui capaz de perdoar tudo o que me afligia. As feridas foram cicatrizadas e desapareceram de mim. Foi uma sensação de leveza e liberdade para construir um caminho.

Uma segunda oportunidade de desenvolvimento dessa capacidade foi durante os anos de faculdade: um colega assumiu que eu tivera uma atitude contra ele e começou uma campanha de *bullying* contra mim durante muito tempo. Eu não sabia o porquê disso, até que outro colega me explicou o que se passava, que os comentários a meu respeito não correspondiam com o meu comportamento e que estava tratando de desfazer o mal-entendido. Aos poucos, todos vieram a mim, entendendo a situação e me pedindo desculpas por suas atitudes. Aprendi que não reagir e não me sentir ofendido me deu paz naquele período e me ajudou a perceber que, com o tempo, as coisas se esclareceriam, se eu continuasse o meu caminho, focando no que era preciso fazer, compreendendo que as pessoas têm o direito de não gostar de mim. Foi libertador aprender que, no lugar deles, talvez eu agisse da mesma forma. Isso me deu forças para perdoar tudo e seguir em paz.

Muitos anos se passaram e já na vida profissional um fato muito forte me assolou. Fui alvo político no ambiente profissional e submetido a um período pleno de provocações, distorção de fatos, tentativas de me expor, de ferir o meu orgulho profissional para que eu tivesse atitudes irracionais, comprovadoras da minha baixa inteligência emocional e despreparo para a posição que ocupava. Nesse momento ficou claro para mim que eu me perderia se me ofendesse, se não entendesse o porquê das agressões, se não me colocasse no lugar do outro que me via como concorrente, enfim, se não enxergasse a sua dificuldade e o perdoasse. Meu comportamento me ajudou a me manter saudável física e emocionalmente, com paz para apoiar e inspirar equipes e colegas, focado na realização das tarefas que meus superiores e a organização esperavam de mim, sem perder energia desnecessária com aquilo que não podia mudar, ou seja, o outro e a situação. Atuando em mim, fui despertando a atenção de um colega de trabalho que me colocou a par de tudo que acontecia e me disse que ele mudaria a situação e que poderia ficar em paz. Mais uma vez, aprendi na pele o que as correntes espiritualistas postulam há tempos, ou seja, que, em toda contenda, aquele que se mostra mais conciliador e desinteressado receberá a atenção, a simpatia e o apoio das pessoas imparciais.

Não sei dizer o que acontecia naquela época, mas compreendi que manter meus pensamentos na agressão não me fazia bem. Precisava mudar o foco e seguir em frente. Por isso buscava me perdoar, perdoar aos outros e as situações, ciente de que não sou perfeito e que tinha que fazer a minha parte, o meu melhor. Agora percebo quanto a minha postura impactou positivamente o sucesso dos meus projetos de carreira.

O perdão é hoje uma das forças de assinatura que trago comigo e o alicerce para a maioria das ações que se sucederam. Os eventos na minha vida vieram para que eu exercitasse o que mais precisava para desvendá-la em mim. Tudo isso se reverteu em benefício próprio, por isso reitero que perdoar é um ato de autocompaixão, autocuidado, autogentileza e autoaceitação.

Segundo os renomados psicólogos Seligman e Peterson, possuímos 24 forças de caráter, capacidades que expressamos naturalmente bem e que são o caminho de manifestação das seis virtudes valorizadas em mais de 2.600 anos de história humana: **sabedoria**, **coragem**, **humanismo**, **justiça**, **temperança** e **transcendência**. Cinco delas se sobressaem e são as forças de assinatura do indivíduo. Elas definem a sua essência e influenciam no desenvolvimento das demais potencialidades.

Perdoar não é desculpar, pois não é tirar a culpa do agressor, uma vez que não tenho acesso a esse campo da vida do outro, mas é atuar em minha área de ação e não delegar mais o poder dessa pessoa sobre mim, em permanecer na minha mente, me prendendo ao triste episódio inúmeras vezes. Entender e vivenciar isso em meu dia a dia foi libertador. Perceber que, de uma forma ou outra, venho fazendo isso intuitivamente tem me proporcionado uma sensação de vitorioso perante um desafio.

Colocar-me no lugar do outro e reconhecer que, talvez nas suas condições eu viesse a agir da mesma maneira, me acalmou e me ajudou no processo de libertação de tudo o que obliterava o meu foco nas realizações pessoais e profissionais. Como minha mente se esvaziou, consegui gerar espaço para pensamentos e emoções positivas. Essa trajetória não é simples e requer muitas competências socioemocionais em ação, como as *soft skills* abordadas nos volumes 1 e 2, porém o mais importante foi me perguntar: onde quero dirigir minha atenção e que tipo de escolhas me auxiliarão em meus objetivos de vida?

Perdoar, além de um processo de autodesenvolvimento, é uma ferramenta de aumento de desempenho pessoal e profissional, pois reviver a agressão mil vezes dentro de mim é me manter na posição de vítima em um sofrimento prolongado que drena a minha energia e me impede de acessar meus recursos internos, obliterando a minha autoconsciência e turvando minha capacidade de autorregulação e de autocuidado. Não só a lente com a qual vejo o meu mundo interno fica embaçada, mas também ela perde a faculdade de enxergar as pessoas quando a giro para o mundo externo, ofuscando recursos poderosos de consciência social e de como posso inspirar, motivar ou liderar pessoas. A inteligência emocional, a adaptabilidade e a inteligência relacional se atrofiam perante a ausência do perdão.

Numa empresa, muitas ações são prejudicadas por não se saber perdoar. Quando um colega não perdoa ao outro por algo ocorrido na organização, o relacionamento é impactado por aquele ruminar incessante sobre o que foi dito ou feito. Isso também acontece nas relações com os superiores ou a empresa. A falta de capacidade em perdoar pode levar a comportamentos inadequados, perda da criatividade, de foco na resolução de conflitos, de desempenho, com um alto risco de descarrilamento da trajetória profissional.

O professor e psicólogo Luskin aponta os benefícios do perdão para a saúde. Segundo o autor, quem perdoa tem redução de problemas de saúde, do estresse, de sintomas físicos associados a ele, gera um impacto positivo sobre o sistema cardiovascular, nervoso e muscular, além de melhorar as funções psicológicas, emocionais e físicas. Analogamente, maiores níveis de ansiedade, depressão, risco para doenças cardiovasculares, cânceres e baixa do sistema imunológico podem ser observados em quem não perdoa.

Há variados programas de intervenção para se chegar ao perdão. Eu me identifico com o modelo desenvolvido por Luskin e o considero muito útil para o desenvolvimento dessa capacidade num ambiente profissional.

As nove etapas para o perdão, de acordo com ele, são apresentadas a seguir de forma adaptada:

- Identifique o que sente sobre o ocorrido e o que não está bem;
- Comprometa-se a fazer o necessário para se sentir melhor. O perdão é para você e ninguém precisa saber da sua decisão;
- Entenda o seu objetivo, não de reconciliação com o outro, mas de buscar a paz e a compreensão, tornar menos pessoal e mudar sua relação com a mágoa;
- Reconheça que a angústia vem do sentimento ferido, pensamentos e dores físicas atuais e não daquilo que agrediu você;
- Ao perceber a perturbação, procure canalizar a emoção positiva com alguma prática que o ajude a se acalmar;
- Tome a iniciativa de buscar a paz, o amor, a amizade e a prosperidade que deseja em vez de exigir isso das pessoas ou da vida. Faça 100% da sua parte;
- Concentre sua energia numa intenção positiva de busca para satisfazer os seus objetivos positivos, em vez de ficar ruminando mentalmente o que fez você sofrer;
- Aprenda a procurar amor, beleza e bondade ao seu redor, vivendo bem a sua vida. Isso é assumir o poder sobre si mesmo e não mais dar poder a quem o feriu;
- Reescreva a história da sua vida para lembrar-se da sua escolha heroica pelo perdão em vez de perpetuar a mágoa.

As práticas curtas para o exercício do perdão indicadas por Lyubormirsky, em seu livro A *Ciência da Felicidade*, são também úteis. Você pode:

- aprender a perdoar ao refletir sobre um momento no qual você foi perdoado;
- escrever uma carta pedindo perdão;
- colocar-se no lugar do ofensor entendendo os seus motivos;
- redigir um texto pedindo desculpas a alguém;
- ruminar menos a mágoa e a situação passada;
- escrever uma carta do ofensor pedindo perdão a você e respondendo-a, ou mesmo contar para a pessoa, lembrando-se sempre de que o perdão é um processo que precisa ser exercitado e reafirmado continuamente.

Perdoar está mais próximo de nós do que imaginamos. Não é uma qualidade dos santos e das pessoas iluminadas. É uma qualidade de todos nós. É um músculo que está atrofiado, mas ele está ali e, para que ele se torne ativo, é necessário entender que é um processo, portanto requer prática.

Desejo, do fundo do coração, que estas palavras possam contribuir para você se apropriar da força realizadora dessa capacidade que é o perdão.

Referências

LUSKIN, Fred. *O poder do perdão: uma receita provada para a saúde e a felicidade*. São Paulo: Francis, 2002.

LYUBOMIRSKY, Sonja. *A ciência da felicidade: como atingir a felicidade real e duradoura*. Rio de Janeiro: Campus, 2008.

SELIGMAN, Martin. E.P.; PETERSON, Christopher. *Character strengths and virtues – A handbook and classification*. New York: Oxford University Press, 2004.

TUTU, Desmond. *O livro do perdão – Para curarmos a nós mesmos e o nosso mundo*. Rio de Janeiro: Valentina, 2017.

6

EXCELÊNCIA

A excelência pode ser conquistada dia a dia, beneficiando a si e a outras pessoas. Descubra o que você faz bem, coloque empenho, visualize as conquistas que essa habilidade lhe trarão, mantenha foco quando os obstáculos surgirem, aprimore-a sempre que possível. A excelência não surge do dia para noite, tem a ver com escolhas conscientes, com esforço e com o prazer sentido a cada pequena vitória.

IZABELA MIOTO

Izabela Mioto

Graduada e mestre em Psicologia pela UNESP, Campus de Assis. Pós-graduada em Administração de Recursos Humanos pela FAAP, SP. MBA em Desenvolvimento do Potencial Humano pela Franklin Covey, SP. Coach pelo ICI (Integrated Coaching Institute), reconhecido pela ICF (Federação Internacional de Coaching). Cofundadora e Sócia da Arquitetura RH. Coordenadora da pós-graduação em Gestão de Pessoas da FAAP. Professora dos cursos de pós-graduação e MBA da Fundação Dom Cabral, Albert Einstein, FAAP, FIA, IPOG e Instituto Saint Paul. Professora do MBA em Gestão de Saúde do Hospital Israelita Albert Einstein. Coautora dos livros *Ser mais com coaching* e *Ser mais com T&D*, da Editora Literare Books. Interventora no mapeamento Human Code.

Contatos
izabela@arquiteturarh.com.br
www.arquiteturarh.com.br
LinkedIn: izabelamioto
Instagram: @izamioto
11 98315 8987

Por que excelência?

> *Para ser grande, sê inteiro: nada*
> *Teu exagera ou exclui.*
> *Sê todo em cada coisa. Põe quanto és*
> *No mínimo que fazes.*
> *Assim em cada lago a lua toda*
> *Brilha, porque alta vive.*
> RICARDO REIS (FERNANDO PESSOA)

Inicio este capítulo enfatizando o motivo da escolha da soft skill que desenvolverei. Há mais de 12 anos, fiz a avaliação Clifton Strenghs, contemplada no livro Descubra seus Pontos Fortes e tive como meu primeiro ponto forte a **excelência**. Nessa obra, temos o conceito de que quem se destaca nessa habilidade sempre encontra um modo de incentivar a excelência individual ou do grupo, estimula as pessoas a aplicarem seus potenciais e adora concentrar-se em áreas de competências para si mesmas e para os outros. Ao trabalhar com desenvolvimento do potencial humano, comecei a perceber a necessidade de estar cada dia mais atenta à prática cotidiana dessa soft skill, assim como sentir os efeitos benéficos que ela propicia em nossa vida.

Associarei essa definição ao que propõe a psicóloga e professora da Universidade da Pensilvânia, Angela Duckworth, em seu livro *Garra – o poder da paixão e da perseverança*, no qual a autora salienta a importância da paixão e da perseverança na condução à excelência, bem como a compreensão trazida sobre o tema por Daniel H. Pink, em seu livro *Motivação 3.0*. E o meu convite é que você também busque estar mais atento em relação aos benefícios que a prática da excelência pode trazer para a sua vida e para as pessoas que o cercam.

Mudança de paradigmas: como mobilizamos a excelência?

A Psicologia Positiva surgiu no início do novo milênio, a partir dos estudos de Seligman e Csikszentmihalyi. Eles publicaram um artigo no ano 2000, intitulado "*Positive Psychology: an introdution*", no qual afirmam que, desde a Segunda Guerra Mundial, o foco da Psicologia Positiva vinha sendo apenas para "doenças", tratando como curar e reparar danos e que essa maneira de concebê-la a tornava incompleta. A partir daí, os aspectos saudáveis do ser humano igualmente começaram a ser considerados. Nasce, então, a Psicologia das Forças e Virtudes, e o foco passa a ser o olhar para questões saudáveis e de bem-estar do ser humano. Considero que ainda mantemos um olhar muito forte para os "pontos fracos", por vezes, direcionando maior relevância a eles do que em relação ao que possuímos de forças e talentos. O nascimento da Psicologia Positiva e suas recentes pesquisas têm demonstrado quão eficaz é a utilização dos recursos positivos para maximizar nossas capacidades. Então reflita: quais são seus principais pontos fortes? Quais são suas principais virtudes e forças para alcançar a excelência?

No *site* do Instituto Gallup, vemos uma citação que nos auxilia rumo a essa descoberta daquilo que será possível experimentar se entronizarmos em nós grandes talentos de excelência:

> Você não quer viver lamentando o que lhe falta. Em vez disso, quer aproveitar os dons com os quais foi abençoado. É mais divertido. É mais produtivo. E, contraintuitivamente, é mais exigente.

No anteriormente citado livro *Garra – o poder da paixão e da perseverança*, a Dra. Angela Duckworth, por meio de suas pesquisas, revela que qualquer pessoa, do jeito certo, pode chegar às mais impressionantes realizações. Ressalto da análise dela o cuidado para a valorização excessiva do talento, que pode ser nocivo, e ela nos explica os motivos: "Ao focarmos apenas no talento, nós arriscamos deixar tudo o mais fora de visão. Sem querer, passamos a mensagem de que esses outros fatores – como a garra – são menos importantes". Já tivemos metodologias de gestão de pessoas que enfatizavam que se deveria promover de maneira agressiva os colaboradores mais talentosos e, da mesma maneira, se desfazer daqueles que apresentavam menor aptidão. Duckworth cita o jornalista Duff McDonald, autor de uma das análises mais completas da MacKinsey, na qual ele acredita que o mais correto seria nomear essa filosofia empresarial como "A guerra do bom senso". Penso que ainda exista pouca valorização para o esforço e muita desistência de pessoas que, em médio e longo prazo, teriam muitas chances de ultrapassar os limites que lhes foram preconcebidos, tornando-se excelentes em uma ou outra tarefa ou, ainda, em determinada área de atuação.

Por meio de seus estudos, Duckworth escreve que teve um lampejo que orientaria todo o seu trabalho futuro, ao afirmar: "Nosso potencial é uma coisa. O que fazemos com ele é outra, bem diferente". Ela também concluiu que o foco excessivo nos nossos talentos pode nos desviar de algo que acaba tendo a mesma importância: **o esforço**. Sua teoria nos esclarece que

> (...) quando consideramos pessoas em circunstâncias idênticas, o resultado obtido por cada uma delas depende somente de duas coisas – talento e esforço. É claro que o talento (a rapidez com que melhorarmos nossas habilidades) é importante. No entanto, o esforço entra nesses cálculos duas vezes, e não apenas uma. O esforço constrói a habilidade. Ao mesmo tempo, o esforço torna a habilidade produtiva.

Você já respondeu quais seus principais pontos fortes, agora reflita: quanto de esforço você emprega para fazer que a sua habilidade traga cada vez mais resultados de mais alto nível e impacto?

No livro *Motivação 3.0*, Daniel Pink, ao explicar como funciona esse sistema operacional, ressalta que ele é alimentado mais por desejos intrínsecos do que por desejos extrínsecos e que tem menos a ver com recompensas externas e mais com a satisfação inerente da atividade em si. Ele reforça que a motivação intrínseca depende de três nutrientes: autonomia, excelência e propósito. Fazer escolhas autônomas e atrelar nossos desejos a uma causa maior que nós mesmos abrem espaço para que possamos criar novos campos para a **excelência**. De acordo com Pink, alguns cientistas comportamentais abordam a perspectiva de que a excelência obedece a três leis peculiares. **A primeira é a de que ela seja um estado mental.** Ele cita Carol Dweck, autora do livro *Mindset*, no qual a autora sustenta que aquilo que cremos dá forma àquilo que conquistamos. A segunda lei é que **a excelência é dolorosa**. A ênfase é a de que essa habilidade não é nenhum mar de rosas. Pink cita o trabalho do psicólogo Andres Ericsson sobre o desempenho de *experts*, em que ele chega à conclusão de que características que, antes eram tidas como talentos inatos, vieram por meio de resultados de uma prática intensa de, no mínimo, 10 anos. A excelência seria, então, uma conquista de longo prazo. E a terceira lei é que essa *soft skill* é uma assíntona – um termo de origem grega que tem referência a algo que não tem coincidência, "(...) uma reta que, prolongada indefinitivamente, aproxima-se cada vez mais do ponto de tangência de uma curva, mas sem jamais encontrá-lo", disse ela. Dessa maneira, podemos nos aproximar da excelência, chegar muito perto, mas não tocá-la. Ela estará sempre fora do alcance, pois traz a potência de ser aprimorada a cada dia mais. A alegria estaria mais na procura que na realização em si. Excelência seria uma busca constante.

Depois de considerar quais são seus pontos fortes, empreender esforço em relação a eles, concentre-se em pensar o que você realmente quer conquistar por meio deles. Posteriormente, tenha em mente que tal conquista se dará em longo prazo, que será preciso superar as adversidades sem perder o foco e que, no dia seguinte, você poderá ficar ainda mais excelente, caso continue focado.

Um exemplo para ilustrar

Fiquei pensando no que poderia ser um exemplo, levando em consideração a perspectiva trazida para *soft skill* excelência e não precisei ir muito longe para encontrá-lo. Inicio reforçando sobre quanto agrega valor para a nossa vida conviver com pessoas que praticam a excelência.

Rosana Aparecida Matheus, minha assistente do lar há mais de 17 anos, pessoa por quem nutro uma forte admiração e respeito, mais conhecida como Ro, já teve algumas oportunidades na vida, desde trabalhar em indústrias até recepcionista em hotel. Cheia de energia, ela escolheu acumular dois trabalhos por uma época, mas nunca deixou a profissão de assistente do lar. **A Ro escolheu fazer algo que faz bem e focou nisso.** Sem dúvida, ela é melhor a cada dia. Mesmo após 17 anos no mesmo trabalho, ela surpreende positivamente em muitos quesitos.

Dia a dia, noto seu esforço. Ela está sempre à procura de novas receitas, foi aprimorando a cozinha saudável com o passar dos anos e, atualmente, muitas pessoas reconhecem seu talento acima da média. A sua capacidade de organizar as coisas foi se aperfeiçoando ao longo dos anos. Semanalmente, reparo que ela incorpora facilidades para o dia a dia da casa. Proativamente, ela estabeleceu a organização dos guarda-roupas por cores e multiplicou as plantas da sacada, parece dar mais vida ainda a elas pelo carinho com que cuida, entre outras providências.

A Ro **visualiza o que deseja desde logo cedo**. Nunca chegou de mau humor, e uma das suas frases preferidas é "como a vida é boa, não sei como alguém pode acordar mal-humorado com um dia tão lindo!".

Cada café da manhã ao lado dela é uma dose de energia positiva para o dia que está por iniciar. Ela expressa gratidão o tempo todo e parece fazer, mesmo das adversidades, pequenos obstáculos a serem superados. A Ro **curte o fluxo**, adora planejar os almoços, principalmente quando temos convidados, interessa-se pelo que as pessoas gostam, cuida de cada detalhe. Quando temos visita, ela prepara tudo de maneira pessoal, levando em consideração as particularidades de cada um.

A busca da excelência passou a ser um hábito para a Ro e, sem dúvida, ela me inspira a ser melhor, sempre que possível no meu trabalho. A Ro é excelente no que faz, desperta admiração. Quantas vezes eu ouvi das minhas amigas: "Queria ter uma Ro na minha vida".

"Excelente-se!"

> "Todos nós temos um potencial inabalável dentro de nós mesmos, o que falta é crer e exercê-lo."
> MELISSA HADASSAH

Como sempre faz questão de enfatizar meu querido amigo Luciano Alves Meira, excelente profissional quando o assunto é desenvolvimento do potencial humano –, "muitos de nós ainda dormimos em cima dos nossos potenciais e o potencial humano é infinito". Por isso, eu desejo que você "excelente-se" – neologismo que resolvi utilizar para a sua capacidade de acreditar que sempre será possível estar melhor em algo hoje, que no dia anterior, e melhor amanhã que hoje. Para isso, precisamos ter consciência, empenho e não nos deixarmos paralisar pelas adversidades. Então, "excelente-se" da seguinte forma:

1) Descubra o que você tem de pontos fortes e procure focar neles;
2) Coloque empenho em suas competências e esforce-se para ser cada dia melhor;
3) Visualize o que você deseja conquistar a partir desses pontos;
4) Não se desestimule com os obstáculos, mantenha o FOCO. Adversidades virão, e a excelência pode requerer mais tempo que imagina. Curta o fluxo, aproveite cada oportunidade para aprender;
5) Tenha em mente que a excelência não tem um ponto de chegada e que ela pode ser aprimorada todos os dias. Excelência é um hábito.

Finalizo com mais duas observações a serem consideradas: excelente-se, se possível, **divertindo-se! Adote o *mindset* de crescimento**, mantendo-se curioso e persistente, mesmo diante daquilo que desafia suas melhores habilidades. Não tema as falhas que poderão acontecer; pelo contrário, encare-as como oportunidades de aprendizado para que você seja cada vez mais excelente. Quanto mais excelência você conquista, mais ativa a sua paixão pelo aprendizado e, certamente, mais realizações virão.

Referências

DWECK, Carol S. *Mindset: a nova psicologia do sucesso*. São Paulo: Objetiva, 2017.

DUCKWORTH, Angela L. Garra: *O poder da paixão e da perseverança*. Trad. Donaldson M. Garschagen, Renata Guerra. Rio de Janeiro: Intrínseca, 2016.

GALLUP. *Uma introdução ao tema Excelência® CliftonStrengths*. Disponível em: <https://www.gallup.com/cliftonstrengths/pt/253559/tema-excelência.aspx>. Acesso em: 20 out. de 2021.

PETERSON, C.; MATTHEWS, M. D.; KELLY, D. R. Grit: *Perseverance and passion for long-term goals*. Journal of Personality and Social Psychology, v. 92, n. 6, p. 1087-1101, 2007.

PINK, Daniel H. MOTIVAÇÃO 3.0. *Os fatores motivacionais para a realização pessoal e profissional*. Rio de Janeiro: Elsevier, 2010.

RICH, G.J. (2001). *Positive psychology: An introduction*. Journal of Humanistic Psychology, 41, 8-12.

7

ORGANIZAÇÃO & PLANEJAMENTO

Quando você pensa em organização, o que vem à sua cabeça? Controle? Chatice? Gente metódica? Nada disso! Neste capítulo, faremos uma faxina no seu *mindset*. Limparemos essas ideias e começaremos a abrir espaço para o entendimento de que essa *soft skill* – a organização – pode trazer eficiência, leveza e felicidade para sua vida. Vamos fazer a organização trabalhar por você e não o contrário.

LUCIANA NARDINI

Luciana Nardini

As pessoas me descrevem como determinada, organizada e objetiva. No fundo, sou uma apaixonada e estudiosa sobre gente, organização, planejamento e produtividade. Formada em Administração de Empresas, pós-graduada e com MBA em Recursos Humanos, naveguei por mais de 20 anos no mundo corporativo. Com todos esses ingredientes e, depois de uma imersão no Vale do Silício, tornei-me empreendedora, criando a LN Assessoria em Pessoas, cujo propósito é o de ajudar pessoas e empresas a organizar em diversas atividades das suas rotinas. Hoje, além estar à frente da LN Assessoria em Pessoas, atuo como mentora, palestrante e consultora, sou a mãe do João e do Léo, meus companheiros de vida e de viagens.

Contatos
LNAssessoriaEmPessoas.com.br
luciana@LNAssessoriaEmPessoas.com.br
LinkedIn: luciananardini
Instagram: @lnassessoriaempessoas

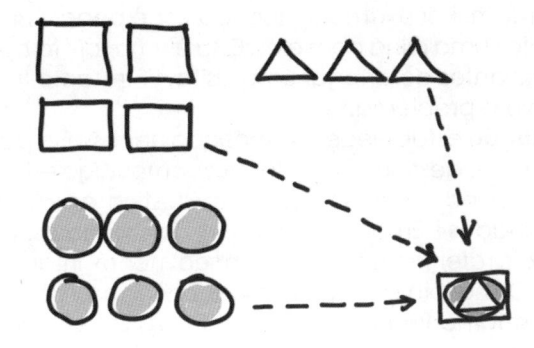

Organização é refazer os próprios acordos

Como costumo dizer: todo mundo é organizado. Sim. Todos somos. Até os que se consideram desorganizados e bagunceiros.

Quando falamos em organização e planejamento, muitos pensam no assunto como algo inatingível. O que nos diferencia é o nível de organização de cada um, e o que nos iguala é que nem sempre conseguimos fazer tudo que gostaríamos.

Cada pessoa é única e tem as diretrizes de como quer levar a sua vida. A organização e o planejamento têm tudo a ver com isso.

Quando analisamos o conceito de organização, veremos que organizar nos leva **a preparar, de forma ordenada, uma série de elementos que darão forma regular às partes de um todo**. Trazendo essa ideia para nosso cotidiano, podemos dizer que organizar é a maneira que todo ser humano encontra de colocar para funcionar as várias partes de sua vida.

Vamos exemplificar: visualize sua casa – não importa se mora sozinho ou com outras pessoas. Você se organizou para morar na casa que vive, independentemente de seu nível de organização. A cozinha é onde você armazena e prepara seus alimentos. O banheiro é o local em que cuida da sua higiene e necessidades fisiológicas. O quarto é o lugar destinado a guardar seus pertences pessoais e descansar profundamente. Na sala, você recebe visitas e interage socialmente. Viu? Sua casa está **preparada, de forma ordenada, com uma série de elementos que darão forma regular às partes de um todo**, que é o seu lar.

Assim ocorre em todos os outros aspectos de nossas vidas, pois somos, por natureza, seres organizados. Não estou falando somente na questão física da organização. Nós nos reunimos como indivíduo e como sociedade, criando uma organização ou fazendo parte dela.

Para ajudar na mudança do seu *mindset*, é essencial deixar clara a diferença entre **arrumar, organizar** e **planejar**.

Quando falamos em **arrumação**, nos referimos simplesmente em colocar as coisas em ordem. Por exemplo, quando você pega os livros espalhados pelos cantos e faz uma pilha com eles. Essa é uma tarefa bem fácil, aquela que a gente faz antes de chegar uma visita. Entretanto, para a organização, não resolve o problema.

Já a **organização** estabelece a disposição necessária para as funções a que aquele tema se destina. Quando colocamos algo em ordem, estamos identificando e dando uma solução, um destino ao assunto. Lembra-se dos livros empilhados? Então, separe-os e classifique-os: livros de estudo, voltados ao lazer, referentes ao autoconhecimento, infantis, títulos a serem devolvidos etc. Dessa forma, estamos organizando nossa biblioteca, fazendo com que ela se torne funcional, que seja possível encontrar aquele livro que você estava procurando.

O passo seguinte é o **planejamento**, quando você faz um plano ou um projeto para desenvolver certo assunto. O planejamento determina os próximos passos e ações que devem ser programados e realizados. Usando a sua biblioteca organizada como exemplo, você pode marcar com aquele amigo para devolver o livro emprestado; pode planejar quando comprará uma estante maior para guardar os volumes e, ainda, vendo todos os títulos que ainda não leu, programar qual deles será o primeiro da lista.

Quem frequenta a minha casa geralmente comenta: "Nossa, está tudo tão organizado, mesmo você tendo dois filhos!". Pode parecer que dá trabalho, mas não dá. Prometo para você!

Aqui vai um "jeito Luciana" para você começar a usar na sua casa, no seu escritório, no seu depósito: **assim como nós, cada objeto tem a sua casa. No final do dia, todo mundo volta para casa.** Então, o copo de água esquecido na mesinha da sala durante o dia vai "dormir" na cozinha (de preferência, lavado e guardado dentro do armário). Aquele casaco deixado em cima da mesa de jantar quando você chegou em casa vai "dormir" no quarto (de preferência, no cabide dele dentro do guarda-roupa). O boleto do colégio pago hoje e esquecido em cima da mesa de trabalho vai "dormir" na pasta de documentos (de preferência, na parte onde você categorizou como "escola dos filhos").

Viu como não é tão complicado organizar-se? Mas se você ainda não está convencido, veja a seguir alguns dos benefícios que a organização e o planejamento podem trazer.

Benefícios da organização

"Tirando o pó" da sua mente com os exemplos citados, agora você está mais "limpo" para refletir sobre os muitos benefícios da organização. Vamos a eles!

Ajuda a atingir seus objetivos. Muitas vezes, nossos projetos, metas e sonhos parecem distantes e inalcançáveis. Quando a gente aterrissa esses *insights*, coloca no papel, estuda, organiza as ideias e planeja os próximos passos, uma nova perspectiva para a realização se abre. Você ficará orgulhoso de si mesmo a cada nova conquista.

Melhora a qualidade de vida. A verdadeira organização é flexível e se acomoda de acordo com a situação. Ela está baseada em hábitos e em comportamentos que se tornam naturais, diminuindo o peso das decisões diárias e, ao mesmo tempo, dando estrutura e autonomia para agir e partir para a ação. Com organização, você trabalha melhor, com foco e planejamento. Assim, você consegue cuidar de si, fazer o que lhe dá prazer e descansar.

Reduz o estresse. Não ter a vida ordenada – esquecer tarefas importantes, perder prazos, informações e documentos, estar sempre atrasado – é estressante. E organizar-se é uma maneira de remover essa ansiedade desnecessária. Quando sua vida está em ordem, fica mais fácil de administrá-la. A organização traz a segurança de fazer o que é necessário no momento certo. Assim você consegue dormir com mais tranquilidade, sem se preocupar com o que deveria ter sido feito hoje ou com as providências de amanhã.

Aumenta a produtividade. No nosso dia a dia, é essencial buscar o equilíbrio. Devemos fazer o que realmente precisa ser feito: não "invente" tarefas e compromissos só para ter uma "agenda lotada". Antecipe o que puder: sempre terão as tarefas que não queremos fazer. Execute-as logo e tenha mais tempo para o que, de fato, importa. Por fim, foque no que é importante, aquilo que trará reais benefícios para você.

Reduz o desperdício. Se tem uma coisa que é comum para todo o ser humano – rico ou pobre, brasileiro ou europeu, faxineiro ou presidente de empresa – é o TEMPO. Todo mundo tem as mesmas 24 horas no dia. Você já parou para calcular quanto tempo desperdiça buscando aquele arquivo no computador que não sabe onde salvou? E a foto daquela viagem, onde está? A organização ajudará a encontrar as coisas e poupará preciosas horas para investir no que importa.

Simplifica a vida. Quando você tem suas coisas organizadas – agenda, papelada, roupas –, consegue ter a real noção do que possui. Com isso, fica mais fácil coordenar seus horários disponíveis, encontrar um documento, saber quantas camisas você tem no armário. Você acaba mantendo somente o que realmente utiliza.

Economiza dinheiro. Não ter o controle sobre as finanças não é nada divertido. Você vai perceber essa economia quando planejar uma viagem com antecedência e descobrir que a passagem ficou mais barata do que comprar dias antes de partir. Ou ainda, quando você não vai mais comprar alguma coisa para a sua casa, que já possuía, mas só não sabia onde estava.

Enfim, vale destacar que a organização não se conquista do dia para a noite. Essa *soft skills*, como tantas outras, é um aprendizado: leva tempo, pede prática, paciência, disposição e acolhimento consigo mesmo.

Como se organizar?

Existem inúmeros livros, materiais e ferramentas que auxiliam na organização. Separei aqui algumas atitudes que acredito que possam ajudá-lo a ter uma vida mais organizada.

Esvazie a mente – Um dos maiores aprendizados na organização é tirar as coisas da cabeça e passar para o papel. Tenha sempre à mão um caderno e caneta para anotar seus *insights*, lembretes, preocupações ou até mesmo a pasta de dente que precisa ser comprada. Com isso, sua mente estará livre para soltar sua criatividade, ter ideias, bolar novos projetos ou mesmo para aproveitar o momento.

Entenda a diferença entre compromisso e tarefa – Compromissos são atividades com hora determinada para iniciar e acabar. Já as tarefas não são tão rígidas: elas podem ser feitas ao longo de um dia ou de uma semana. Por exemplo, uma consulta médica é um compromisso, pois tem um horário predeterminado de início e fim. Já a pesquisa de qual laboratório você fará os exames não prevê horário específico – pode ser feita a qualquer hora do dia.

Aprenda a dizer "não" – Muitas vezes não conseguimos nos organizar porque respondemos "sim" demais. Não temos o hábito de falarmos muitos "nãos" para os outros e para nós mesmos. Lembre-se de que não é possível fazer tudo. Quando nossas prioridades estão claras, dizer "não" se torna mais tranquilo e estamos aptos a focar no que vale a pena.

Use um calendário efetivamente – Independentemente da ferramenta – uma agenda (*on-line*, do celular ou de papel) ou um calendário de mesa – tenha uma agenda. Com a tecnologia a nosso favor, use-a. No começo pode parecer um pouco complicado, mas logo dominará a ferramenta. Com uma agenda *on-line* sempre à mão, você consegue gerenciar as suas atividades (inclusive dos outros integrantes da família) onde quer que esteja. Acostume-se a checar o calendário todas as manhãs (ou antes de dormir) para verificar a programação do dia (ou do dia seguinte).

Priorize seu dia – Dentre seus compromissos e tarefas, estabeleça os três que são os mais importantes para você finalizar no dia e concentre-se neles. Para ajudar a estabelecer suas prioridades, questione-se: "o que, se eu chegar até o final do dia tendo concluído, me deixará com a sensação de dever cumprido hoje?". Os imprevistos e urgências poderão e vão ocorrer. Mas eles são mais bem trabalhados quando temos as prioridades definidas.

Planeje sua semana – Planejar a semana é fundamental para que ela seja organizada e produtiva. Verifique se todos os compromissos estão no horário, no local e com as pessoas corretas. Além disso, certifique-se de que os materiais a serem utilizados estão prontos e revisados. Agora, olhe a sua lista de tarefas: você é capaz de distribuí-las ao longo dos dias da semana? Procure deixar um tempo para não fazer nada. Isso é fundamental para atender àquela demanda que surge de última hora e não pode ser adiada.

Mensagens finais

Aqui deixo alguns recados para você que está empenhado em treinar o seu cérebro a adotar uma nova postura diante da organização:

Não adianta ter boas ideias, adquirir diversos materiais e imaginar várias coisas para se organizar se elas não forem postas em prática. Então, mãos à obra: comece AGORA a se organizar. Inicie organizando a sua gaveta da mesinha de cabeceira ou a primeira gaveta da sua mesa do escritório: jogue fora as canetas que não funcionam, os papeizinhos que estão amassados e você nem se lembra do que se trata. Depois, aumente o desafio: organize o seu dia seguinte. Só o de amanhã. Veja os compromissos agendados e as tarefas que você se propôs a fazer. Eu dou conta? Esses compromissos e atividades são realmente importantes? Posso delegar para alguém? Lembre-se: gaveta a gaveta, dia após dia...

Passar a se organizar também exige persistência e disciplina. É a constância, a repetição, o erro e o acerto que fazem você aprender a ser produtivo. É fundamental que se permita experimentar as ferramentas e opções para se organizar. Vá se ajustando ao que melhor funciona no seu caso. Sempre será necessário fazer reavaliações e alterações.

Organizar é se autoconhecer. Esse processo todo de pensar na organização do seu dia a dia pode auxiliá-lo a responder a algumas questões sobre quem você é e o que quer da vida. Tire esse tempo para VOCÊ e use a organização e o planejamento a seu favor.

Referências

DUHIGG, C. *O poder do hábito*. Rio de Janeiro: Objetiva, 2012.

GODINHO, Thais. *Vida organizada*. São Paulo: Gente, 2014.

RICHARDSON, Cheryl. *Sua vida em primeiro lugar*. Rio de Janeiro: Sextante, 2002.

SKULL, Donald EISENHARDT, Kathleen M. *Regra simples: como viver tranquilo e organizado em um mundo cada vez mais complexo*. Rio de Janeiro: Intrínseca, 2017.

8

RACIOCÍNIO E IDEAÇÃO

Neste capítulo compartilharei com você, leitor, etapas da minha jornada, nas quais me "vesti da roupagem" da *soft skill* raciocínio e da ideação para gerar e desenvolver ideias inovadoras, a fim de alcançar a minha melhor versão, tanto na vida pessoal como na profissional.

ANA CLARA BITTENCOURT

Ana Clara Bittencourt

Founder do Instituto Foco & Bem-Estar. Psicóloga, com sólida carreira na área da psicoterapia e de treinamentos motivacionais. Terapeuta cognitivo-comportamental, especialista em Psicologia Positiva, cursando MBA em Gestão de Pessoas pela USP. Idealizadora do Potencializando Forças e Resultados para capacitação de liderança e equipes corporativas e escolares. Criou o 1º Jogo das Forças de Caráter: Fazendo a Vida Valer a Pena em formato de tabuleiro no Brasil e a 1ª certificação 100% *on-line* sobre o tema. Coautora e organizadora de livros na área da Psicologia Positiva. Mentora em Psicologia Positiva, *coach* de desenvolvimento humano. Realiza palestras, *workshops* e cursos sobre a ciência da felicidade, bem-estar e inteligência emocional.

Contatos
anaclara@focoebemestar.com
www.focoebemestar.com
LinkedIn: linkedin.com/in/ana-clara-goncalves
Instagram: @focoebem.estar
YouTube: https://www.youtube.com/channel/UC6rYSzbjf7I8HQvG6I86itA
24 98829 5107

Como é feita a jornada de uma pessoa?

Há quem diga que a jornada de uma pessoa é feita de pura sorte ou acaso. Outros acreditam que seja o destino e ainda há quem afirme que é formada por ensaio e erro, além de suor, lutas, força de vontade e escolhas racionais. Eu, Ana Clara, prefiro a última proposta, pois acredito que ela seja construída a partir da junção das experiências adquiridas e das qualidades humanas positivas desenvolvidas ao longo da vida e das *soft skills* com as *hard skills*.

A evolução humana perpassa, necessariamente, pelo desenvolvimento constante do EU que, tecendo relações entre passado e presente e prospectando o futuro imaginário, abre espaço para o desabrochar do ser. Convido você, leitor, a acompanhar a apresentação da *soft skill* raciocínio e ideação neste capítulo ilustrado com *cases* da minha vida.

Mas, afinal, o que são raciocínio e ideação?

O raciocínio é utilizado para formalizar estratégias, quase matemáticas, a fim de se chegar a um resultado tendo novas perspectivas para oportunizar outras maneiras de realização e satisfação. Voltada para a tomada de decisões, envolve a capacidade de usar informações factuais e dilemas éticos surgidos no dia a dia, com o intuito de determinar o melhor curso de ação em cada cenário. Pauta-se na razão para a avaliação dos problemas e evoca as ideias para solucioná-los. Entretanto, necessita do autocontrole emocional para que, na junção da razão e das ideias, as alternativas não sejam escolhidas impulsivamente e não comprometam os resultados.

Para ilustrar, acompanhe a seguir fragmentos da minha jornada pessoal e profissional a partir do uso desta *soft skill*.

Sou a quinta filha de uma prole de nove irmãos. Pais simples, de pouco estudo, e muito trabalhadores. Ambos, com suas histórias de dores, lutas, qualidades e conquistas, criaram essa família da qual tenho muito orgulho em pertencer. Com uma infância um tanto quanto dura, aos 9 anos, eu já tinha responsabilidades de uma pessoa adulta: cuidava da casa e dos irmãos mais novos. Vivia correndo de um lado para o outro. A necessidade de ajudar minha mãe me fez aprender a planejar meus horários e a me organizar para dar conta de todas as tarefas. Penso que era "uma espécie de gestão do tempo", por meio da qual estabelecia o prazo necessário para fazer o que precisava. Tive um rico aprendizado – utilizar o raciocínio para organizar o tempo e as tarefas.

Além disso, numa família numerosa, o que não faltam são problemas, não é mesmo? Confusão e estresse entre irmãos então, nem se fala! Por isso, desde cedo, aprendi a ser estratégica e a agir rapidamente, fosse para auxiliar minha mãe nos afazeres domésticos ou mesmo para fugir de uma confusão entre irmãos.

Vejam estes simples exemplos de como a *soft skill* raciocínio e ideação me foi de grande valia: conseguia fazer várias coisas ao mesmo tempo, tirava a poeira dos móveis enquanto o arroz ou o feijão cozinhava ou tomava conta dos meus irmãos enquanto varria o quintal. Fui me tornando prática e resolutiva. Era determinada e esmerada para chegar ao melhor resultado. Acredito que esta habilidade converse, intimamente, com a autodeterminação e resolução de problemas dentre outras abordadas, brilhantemente, no primeiro volume de *Soft Skills – competências essenciais para os novos tempos*.

Mas o que leva uma pessoa a desenvolver suas competências socioemocionais?

Posso dizer que, no meu caso, foi a necessidade mesmo, porque inúmeras situações "exigiam" que eu fosse rápida, assertiva e resolutiva.

Às vezes, uma vida dura acaba sendo, por um lado, fonte de sofrimento, mas por outro, também pode ser uma sementeira para o florescimento. Isso vai depender do estilo explicativo de cada pessoa. Acredito que tenha bebido nessas duas fontes. Ao conciliar os estudos com os afazeres domésticos, experimentei pesada carga de ansiedade na infância e uma autocrítica apurada, pois sentia que tinha de corresponder ao que era exigido de mim. O bom de tudo isso é que, ao mesmo tempo, aprendi a ser multitarefas, "jogava nas onze" como dizem.

Criança "pensante", buscava soluções para os desafios por várias óticas. Imaginava mais de um desfecho para uma mesma situação. Penso que isso se refere ao pensamento estratégico, mas também a um modo de pensar sob perspectivas, o que facilita o treino do raciocínio e o brincar com novas ideias.

O ato de brincar e o treino das *soft skills*

Com esta rotina me sobrava pouco tempo para estudar e brincar. Nunca tive bonecas, mas criava brinquedos a partir da reciclagem de pedaços de madeira e outros materiais e, com isso, me tornei muito criativa. Brincava de bola de gude, queimada, pique-esconde na rua e de carrinho. Nesta brincadeira, a minha função era construir a casa e as ruas por onde os carros passariam. Adorava fazer ruas, erguer pontes e cruzamentos e, até hoje, se eu fechar os olhos, enxergo todos os caminhos que criava, pois trago esta fotografia na memória.

O meu papel na brincadeira era criar casas e estradas para as crianças, então me divertia com a habilidade mental de imaginar cenários diferentes. E isso aumentava a minha plasticidade cerebral favorecendo o raciocinar com ideias criativas.

Assim, minha infância deu passagem para a adolescência. Sem recursos financeiros para as necessidades de uma adolescente, arranjei um jeito de começar a ter meu dinheiro por meio do crochê, tricô e panos de prato pintados à mão para vender. Descobri o dom para pintura, minha criatividade aflorou e, mais uma vez, a *soft skill* raciocínio e ideação despontava facilitando meu dia a dia.

Nos estudos, fui aluna mediana e, por ter desatenção, tinha dificuldade para acompanhar algumas matérias. Mas tive o privilégio de conviver com pessoas que validavam a minha capacidade. Além do incentivo familiar e dos professores, minha avó Serafina me aconselhava sempre a estudar. Ela dizia: "Você precisa estudar para ter um futuro melhor!" e me incentivava a superar as dificuldades.

Minha vida começou a mudar mesmo quando decidi seguir um caminho totalmente diferente daquele traçado no ensino médio e, apesar da crença de que "pessoas pobres não podiam cursar universidade", iniciei o curso de Psicologia. As dificuldades financeiras sempre me rondavam – meu pai não podia arcar com os custos da faculdade, transporte, livros etc. Tratei de encontrar soluções para continuar estudando e foi assim que utilizei o raciocínio e a ideação novamente. De biscoitos a roupas íntimas e nécessaires que confeccionava para vender, comecei a ganhar meu próprio dinheiro. Estudava pela manhã, à tarde era aluna bolsista na universidade e, à noite, trabalhava como digitadora também. Uffa, consegui me formar!

Comumente emprego essa *soft skill* nos meus atendimentos de psicoterapia e nos treinamentos de equipes para traçarmos estratégias para potencializar os resultados e elucidar que podem existir várias trilhas para se atingir o sucesso pessoal e profissional.

Caminhos que fortalecem as *soft skills* – ameaças e oportunidades

Os indivíduos, ao longo da vida, na qualidade e natureza das suas relações, adquirem habilidades que formam um repertório comportamental habilidoso permitindo a adaptação às demandas da vida desde a infância.

A ampliação do leque de conquistas ocorre a partir do desempenho social adquirido. Minha jornada até aqui confirma essa teoria.

Saber raciocinar e ter ideias inovadoras facilitaram o atingimento dos meus objetivos até a concretização do meu sonho de ser psicóloga. Sem dúvida, essa *soft skill* formou a base sólida para algumas das conquistas pessoais e profissionais mais importantes da minha vida.

Diante de ameaças aprendi que, no caos, também é possível se transformar, evitar a paralisação para não prejudicar a realização do planejamento. Para ilustrar, relato a seguir um evento bastante estressante que vivi, mas igualmente desafiador e engraçado.

Em 2019, no 1º dia do congresso de Psicologia Positiva, ministrei três aulas. Vivi situações de forte estresse ao queimar minha roupa e o lençol da cama do hotel com o ferro elétrico, o secador de cabelos quebrar, o serviço de Uber estava indisponível e não encontrava um táxi para ir até o local do evento.

A cada situação estressante, meu pensamento era raciocinar buscando novas ideias e mantendo a calma para não paralisar. Por exemplo: queimei minha roupa, mas tive ideias para montar um novo *look* rapidamente; bolei um penteado com o cabelo preso e como não conseguia transporte, fui caminhando a pé mesmo. Ao chegar a um ponto de ônibus, avistei pessoas com o crachá do congresso e logo tive a ideia de aguardarmos um táxi para irmos juntas. Para a minha felicidade e alívio, logo avistamos um e chegamos a tempo.

Tive de usar a inteligência emocional para autorregular minhas emoções e refletir. Pensar em estratégias eficazes para não me atrasar para dar as aulas exigiu de mim foco e determinação, características que julgo essenciais no uso do raciocínio e ideação. E ainda usei essa *storytelling* para descontrair e criar conexão com os alunos mostrando a importância de usarmos nossas *soft skills* para encontrar soluções com fatos inesperados.

Como você pode perceber, o desenvolvimento de nossas habilidades se dá na prática, é um processo e não acontece de forma mágica. Requer comprometimento e persistência para que esse treinamento seja frutífero. A seguir, compartilho uma estratégia que criei para desenvolver esta *soft skill*.

Ativando a mola propulsora do raciocínio e da ideação

Transcrevo agora o passo a passo com a técnica **Mapa mental – raciocínio e ideação** que tenho o hábito de seguir para gerar novas ideias e auxiliar no desenvolvimento da *soft skill* raciocínio e ideação:

1. Ponto de partida – crie seu mapa mental (para maiores esclarecimentos, sugiro o capítulo sobre pensamento visual, do coautor Marcio Reiff);
2. Em uma folha, anote as seguintes questões: como você está no momento (estado atual – ponto A) e para onde deseja ir (estado desejado – ponto B)? O que mais gosta de fazer? Principais qualidades, habilidades, competências socioemocionais, características proativas

de sua personalidade e quais os pontos de melhorias? Se estiver trabalhando, sente-se feliz e realizado ou não com a sua profissão e por quê? Se deseja mudar de carreira, como gostaria que fosse? Está satisfeito financeiramente ou não?;
3. Utilize a técnica do *brainstorming*[1] para ter ideias espontâneas e tangibilizar o plano;
4. Escreva ou desenhe essas ideias para ficar mais visual e ativar a *soft skill* raciocínio e ideação. Use formas, ícones, palavras ou colagens de figuras que ilustrem suas ideias, fazendo as ligações entre elas;
5. Crie pelo menos duas estratégias para cada ideia;
6. Estabeleça prazos para alcançar os degraus e chegar aonde deseja;
7. Use a técnica SMART para definir suas estratégias e metas e, assim, tornar o plano mais objetivo;
8. Inclua os *stakeholders*[2] que possam ajudar na execução do seu crescimento profissional;
9. Crie o hábito de fazer *checklists* diariamente para saber se está seguindo as estratégias, atingindo seus objetivos com eficácia e para fazer os ajustes necessários.

Conclusão

Nunca, em nenhuma outra era, se falou tanto sobre as habilidades comportamentais. Fazer uso da razão estabelecendo as relações necessárias entre coisas e fatos para a reflexão e dedução sobre a melhor alternativa ou estratégia a seguir é uma habilidade que conduz ao alcance dos resultados esperados. O raciocínio é uma competência que permite a execução de um planejamento pessoal e profissional mais próspero.

Ter ideias inovadoras é um diferencial fundamental para o profissional do agora. Pessoas habilidosas que aprendem a usar a *soft skill* raciocínio e a ideação para criarem soluções inovadoras, certamente, sairão com vantagens na corrida mercadológica. Treinar seu cérebro para ter clareza e rapidez possibilita maior realização pessoal também. Desenvolva essa habilidade e mude sua percepção sobre as situações tornando-as favoráveis a você. Enxergue oportunidades nas adversidades e as encare como um processo de crescimento e evolução.

Então, o que está esperando? Pegue papel, caneta e comece a criar seu **Mapa mental – raciocínio e ideação** e empregue essa técnica como um recurso prazeroso que o conduzirá à conquista dos seus objetivos. Sonhe, raciocine, tenha ideias ousadas, acredite, arrisque, persista e seja muito feliz.

Boa sorte e uma excelente jornada para você!

---

1 *Brainstorming* – "tempestade de ideias" - *é uma técnica utilizada para propor soluções a um problema específico.* https://www.dicio.com.br/brainstorming.

2 Stakeholders – termo da língua inglesa que tem como significado **"grupo de interesse", público estratégico** ou **parte interessada**.

Referências

LOPEZ, Shane. & SNYDER, C.R. *Psicologia Positiva: uma abordagem científica e prática das qualidades humanas*. São Paulo: Artmed, 2008.

ANTUNES, Lucedile et al. *Soft Skills: competências essenciais para os novos tempos*. São Paulo: Literare Books, 2020.

DEL PRETTE & DEL PRETTE. *Competência social e habilidades sociais: manual teórico-prático*. São Paulo: Vozes, 2017.

9

PENSAMENTO VISUAL

Neste capítulo falaremos sobre nossa habilidade de usar recursos visuais para estruturar pensamentos e dar vida às ideias. Com a ajuda do pensamento visual, podemos explorar qualquer assunto de forma criativa e envolvente, tendo uma visão geral das coisas, para estabelecermos as conexões inusitadas. Onde há colaboração, o pensamento visual precisa estar.

MARCIO REIFF

É facilitador gráfico, cartunista, *storyteller* e educador. Foi um dos criadores do projeto "Nossa História a Gente Inventa", que usa a fabulação em grupo para inspirar futuros sustentáveis. Integrou equipes de criação em diversas agências de comunicação, muitas vezes como gestor da área. Colaborou como cartunista para o *Jornal de Teatro* e o Anuário do Salão Internacional de Humor de Piracicaba. É graduado em Ciências Sociais e Jurídicas pela Universidade de São Paulo, com MBA pela Fundação Getulio Vargas.

Marcio Reiff

Contatos
www.marcioreiff.com
Instagram: @marcioreiff
LinkedIn: @marcioreiff

Entrando no clima

Quando era garoto, ficava hipnotizado pelo programa na TV do saudoso desenhista Daniel Azulay. Cada traço dele era para mim uma viagem. (1)

Um dia, meus desenhos renderam uma grande bronca. Um homem muito bravo foi até minha casa e reclamou para o meu pai. Eu havia desenhado flores num muro recém-pintado de branco. Poxa! Mas eu apenas acreditava que o muro tinha ficado vivo. Mesmo assim, meu pai teve que pagar uma nova pintura. (2)

Adorava os dias chuvosos, sem quintal. Passava horas desenhando histórias em livrinhos e vendia para as visitas, deixando meus pais sem graça. (3)

Iniciei este capítulo com desenhos, porque eles são sedutores, não são? Quando pequeno, só queria ler livros com alguma ilustração.

O desenho é a nossa conexão com um mundo mágico, onde tudo é possível. Gosto de dizer que ele é o encontro da imaginação com os olhos.

O papel aceita tudo. Somos livres para desenhar um futuro possível e inspirador.

No papel, a ideia ganha vida. Todos podem vê-la.

Quando algo nos interessa, enxergamos recursos em todos os lugares.

Nos fins de semana, vou andar no Minhocão, o famoso Elevado Prestes Maia, que fica fechado para o trânsito de automóveis nesse período.

Para mim, o local é um delicioso museu a céu aberto, cheio de painéis lindos pintados nas paredes dos prédios. Mas muitas pessoas que frequentam o Minhocão nem percebem esses painéis enormes, impossíveis de não serem notados.

Imagino que, se enquanto caminha, você despertar o olhar para a beleza dos gigantescos quadros, é possível que o seu passeio por aquele lugar nunca mais seja igual.

Somos o que conseguimos ver. O olhar é contagiante. "Quando a gente vê, não desvê", diz o ditado.

O desenho me ajudou a prestar atenção nas coisas. Tudo passou a ficar interessante.

Desenhar também nos conecta ao espírito de liberdade da criança.

No papel, as coisas ganham vida. Objetos e personagens ficam reais. Até som as crianças põem neles.

É com esse espírito que convido você a entrar neste capítulo. Com o olhar interessado e criativo de uma criança.

Considere fazer mais rabiscos nos próximos dias. Pode começar pelas páginas deste capítulo. Faço muito isso em meus livros. É uma forma de processar uma nova ideia e ver como ela se conecta com a minha vida.

Então rabisque e desenhe sobre as páginas, marque palavras, puxe setinhas com *insights*, faça desenhos que valorizem a sua percepção.

E leve essa prática de insubordinação para o seu dia a dia. Faça desenhos livremente. Exploradores. Ousados. Espontâneos. Divertidos.

De repente, você vai perceber que o pensamento visual está dando novas cores e nuanças à sua vida. É bem provável que você rejuvenesça, se torne uma pessoa mais bonita, mais feliz.

Vai aqui uma dica de partida: desenhe um olhinho dentro de um balão de pensamento em todos os lugares que puder: assim você vai se lembrar de dar espaço ao pensamento visual na sua vida.

O que é pensamento visual

Para quem precisa de uma ótima justificativa para se dedicar: o pensamento visual é a melhor forma de organizarmos qualquer coisa. A gente vê o que está pensando. Organiza as ideias. Cria hierarquias. Transforma em processos, estabelece fluxos, experimenta, modifica. Sem contar que é uma ferramenta muuuuuuuuito divertida.

Aliás, você já ouviu falar em pensamento visual? É um termo que vem do inglês (*visual thinking*) e esteja certo de que é uma *soft skill* valiosa. Pode ser utilizada por todos nós. Até por quem não se acha uma pessoa criativa. Não é preciso ser uma pessoa extremamente criativa ou genial. Com essa habilidade, somos capazes de estruturar e comunicar ideias, de forma clara.

A ocasião faz o pensador visual

Vai aqui uma dica quente: em casa ou na empresa, espalhe folhas em branco de diversos tamanhos, como A4, A3, compre um *flip-chart*, tenha canetinhas e marcadores coloridos sempre próximos. Crie opções abundantes. Deixe esse material disponível para todos.

A organização vai começar a ser uma rotina divertida da sua vida. De repente, você vai se ver arrumando armários, gavetas, até repensando os espaços e os móveis da casa, acredite.

Logo vai se sentir íntimo de inúmeras soluções práticas, formando um repositório de experiências que poderão ser repetidas sempre que você precisar.

Somos todos pensadores visuais

No fundo, o pensamento visual sempre esteve ao nosso lado. Veja exemplos.

Todo jogo de tabuleiro se baseia essencialmente no pensamento visual. A gente pensa as estratégias a partir das informações visuais que o jogo nos dá.

As agendas foram criadas para nos organizarmos visualmente. Existem espaços demarcados para cada coisa. Usamos marcadores coloridos para encontrar a informação de que precisamos. A gente bate os olhos e tem uma visão do período, seja o dia, a semana ou o mês.

Na escola, as minhas anotações eram muito visuais. Desenhava imagens para arejar os assuntos, usava canetas de várias cores para conectar elementos e já tinha soluções de navegabilidade: fazia um olhinho com caneta colorida ao lado de um texto, estabelecendo um *link* com o de outra página também destacado com o olhinho.

Os treinadores esportivos usam o pensamento visual para explicar as jogadas para o seu time. Num quadro em forma de campo, fazem setas para indicar a movimentação dos jogadores. Todo mundo vê o que precisa fazer.

Se você experimentou a versão desenhada do jogo Mímica, já se surpreendeu como as pessoas são boas em comunicar palavras por meio de desenhos simples.

O mundo nos treina visualmente o tempo todo.

Pense nos manuais dos eletroeletrônicos. São cheios de ilustrações e ícones, para que facilmente os consumidores possam se preparar para usar os aparelhos.

Arrumar uma gaveta é um perfeito exercício de pensamento visual. A gente estabelece critérios visuais, a fim de organizar as coisas.

Usamos *post-its* coloridos para agrupar ideias. E movemos esses papeizinhos para que acompanhem o nosso pensamento.

O tempo todo usamos *emojis*, *emoticons*, *gifs* e fotos para transmitirmos rapidamente o que estamos pensando e sentindo.

Ao fazermos anotações num flip-chart, contornamos as ideias mais significativas e até usamos cores diferentes para agrupá-las. Também é muito comum usarmos metáforas visuais, como uma bandeirinha no topo da montanha para ilustrarmos a conquista no final de uma jornada.

A bola da vez

Mas se o pensamento visual sempre fez parte de nosso cotidiano, por que esse assunto tem chamado tanto a atenção atualmente?

O mundo está a cada dia mais visual. A imagem comunica rapidamente.

E as realizações são cada vez mais colaborativas, o que faz com que as equipes precisem alinhar o pensamento de todos, e o fazem visualmente.

O trabalho remoto, que tem uma importância crescente, se apoia fortemente em ferramentas visuais *on-line*, capazes de conectar melhor os colaboradores, reproduzindo recursos dos encontros presenciais.

Programas como o Miro (miro.com) e o Mural (mural.co) permitem que os participantes do encontro virtual pensem juntos usando canvas (telas), *post-its* coloridos, linhas, setas, formas geométricas, fotos, vídeos e muito mais.

Para ilustrar esses recursos, trago aqui um canvas muito interessante, extraído do livro *Business Model Generation*. Preenchi o canvas explorando o meu modelo de negócio. Não se preocupe se não conseguir enxergar os detalhes. Perceba os recursos visuais apoiando a construção de um pensamento.

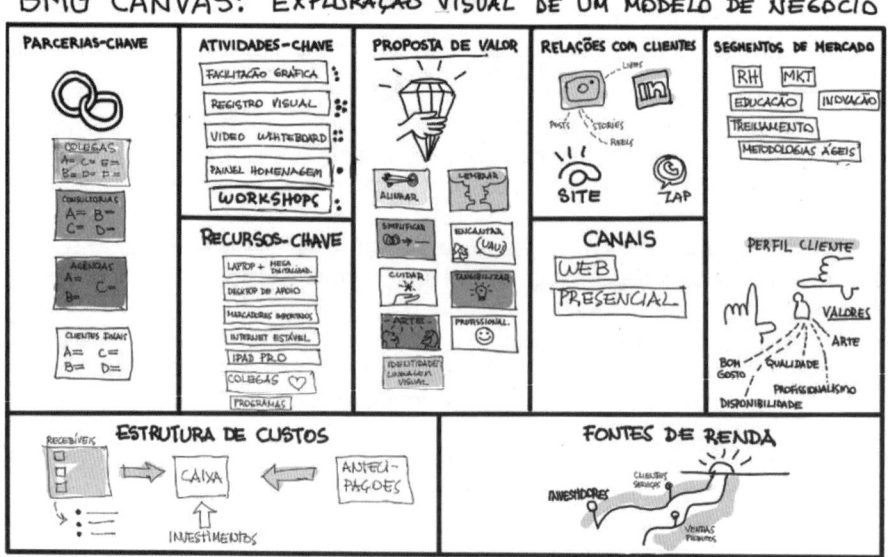

A facilitação gráfica também tem contribuído muito para deixar as conversas mais conectadas, com o apoio visual à elaboração do pensamento coletivo, em tempo real. As ideias ficam tangíveis aos olhos dos participantes. Pode se ter um entendimento sistêmico das coisas.

Outro extraordinário recurso que integra e alinha equipes é o registro visual, uma síntese dos conteúdos de uma palestra ou apresentação, para que os pontos essenciais sejam lembrados pelos participantes ou conhecidos por quem não esteve presente no encontro.

As notações visuais igualmente têm ganhado cada vez mais espaço em todo o mundo. Quando informações são anotadas visualmente, há maior retenção dos conteúdos pela memória. Além disso, as informações poderão ser acessadas ou transmitidas de forma mais fácil e divertida.

A força da simplicidade

Quando fui convidado para contribuir com ilustrações para o primeiro volume da série *Soft Skills – competências essenciais para os novos tempos*, escolhi usar traços simples e metáforas visuais para instigar os leitores a pensarem na essência de cada conceito. A mesma simplicidade inspira as soluções dadas neste volume.

Como facilitador gráfico, busco utilizar desenhos despretensiosos e minimalistas, por muitas razões.

A primeira delas é que o tempo gasto para fazer os desenhos não pode comprometer o fluxo do pensamento.

Outra razão: a imperfeição dos traços contribui para a autenticidade, que é bem-vinda em qualquer forma de comunicação.

Finalmente, há muita arte na simplicidade, que é a quintessência da sofisticação. Elegante é ser simples.

Os painéis merecem ser simples. Com desenhos esquemáticos. Palavras e frases essenciais. Uso de cores para classificar, distinguir, agrupar e destacar conceitos.

Nossa história a gente inventa

Em 2011, vivi uma epifania, um momento de iluminação.

Tínhamos acabado de fazer uma dinâmica com as crianças de uma escola, na periferia de São Paulo. Gisele Freire – atriz, linguista e cocriadora do projeto "Nossa História a Gente Inventa" – estava ao meu lado. Ambos muito surpresos com a reação das crianças.

Elas ficaram encantadas com a história que havíamos acabado de criar juntos e que estava inteirinha desenhada, ocupando uma grande folha de papel presa à parede do galpão. Era a primeira vez que usávamos os desenhos para a dinâmica.

A nossa percepção é a de que as crianças se sentiam autoras de uma história linda, que estava viva ali na parede.

O projeto "Nossa História a Gente Inventa" foi criado com o objetivo de sermos uma contribuição no pensamento coletivo acerca da sustentabilidade. Assim, por meio de uma divertida criação de histórias em grupo, podemos tocar em assuntos importantes da vida em coletividade, aprimorando a nossa experiência de cidadania.

A história criada naquele encontro era sobre um grupo de crianças que tinha decidido se unir para limpar o rio e salvar os peixinhos.

Até trilha musical a história tinha:

> "O rio tá poluído e tá cheio de sujeira...
> Vamos limpar o rio, esta é a nossa brincadeira....
> Eu vou tirar do rio..."

A gente olhava para um participante e ele respondia o que tiraria do rio. Muita coisa foi tirada das águas naquele dia: garrafa *PET*, lata, saco plástico... até cama e geladeira saíram do rio, acreditem.

Tudo o que era falado virava desenho no grande painel de papel. No final, desenhamos outro rio limpinho, todo azul, cheio de peixes. As próprias crianças ajudaram a desenhar muitos tipos de peixe, além de outros seres aquáticos como sapo, siri, cobra d'água...

Naquele dia, o painel na parede transformou nossa atividade. Profundamente.

Senti que despertar olhares possíveis, com a magia do desenho, já era a minha nova missão de vida.

Coisas incríveis venho descobrindo nessa jornada de aprendizagem, ajudado por pessoas queridas, como o mestre Victor Farat, que me mostrou quanto o desenho nos conecta à nossa humanidade.

Estou sempre aprendendo, especialmente com meus alunos.

Agora é hora de você começar uma jornada emocionante.

Veja alguns elementos básicos do pensamento visual e faça as lições propostas.

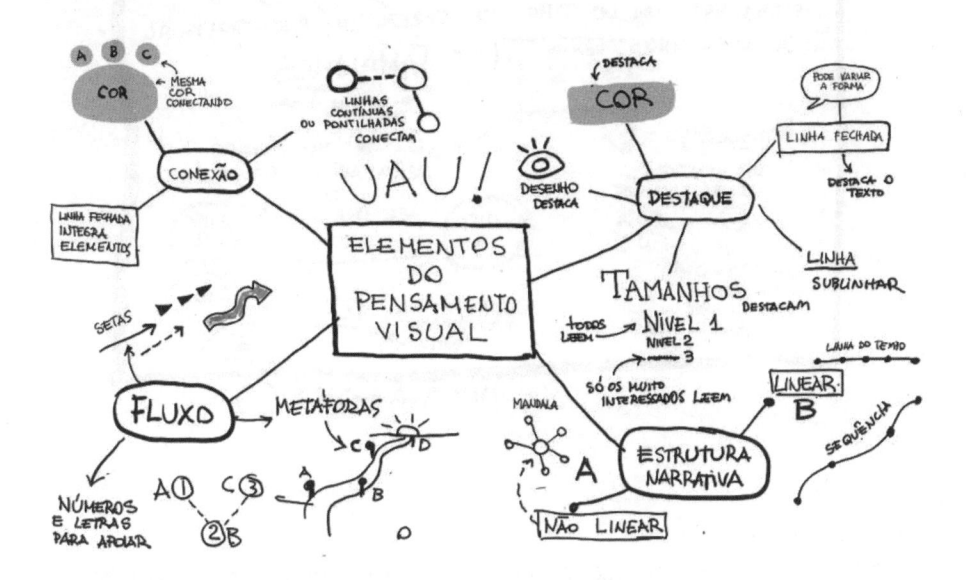

Referências

OSTERWALDER, A.; PIGNEUR, Y. *Business model generation – inovação em modelos de negócios: um manual para visionários, inovadores e revolucionários*. Rio de Janeiro: Alta Books, 2011.

ROAM, D. *The back of the napkin: solving problems and selling ideas with pictures*. USA: Penguin Publishing Group.

SIBBET, D. *Líderes visuais – novas ferramentas para visualizar e gerir mudanças organizacionais*. Rio de Janeiro: Alta Books Editora, 2014.

10

ATENÇÃO AOS DETALHES

Neste capítulo, você é convidado a refletir sobre a importância de se dar a devida e equilibrada atenção aos detalhes. Trata-se de importante *soft skill*, admirável em um profissional. Também são apresentadas algumas habilidades correlatas e técnicas necessárias ao seu desenvolvimento. Afinal, "o diabo está nos detalhes e a salvação também".

DAVID FRATEL

David Fratel

Engenheiro Civil com mais de 30 anos de experiência no gerenciamento e execução de obras. Atualmente, é diretor executivo de Engenharia do GRUPO KALLAS, coordenador e professor do Curso de Pós-Graduação (Especialização) em Gerenciamento de Obras do Instituto Mauá de Tecnologia. Atuou como CEO da Yep Management, CEO da Patrimônio Incorporadora e Construtora, vice-presidente de Construção da Inpar/Viver Incorporadora e Construtora. Foi diretor de engenharia da área de *real estate* do Pátria Investimentos (*Blackstone Group*). Entre 1995 e março de 2010, foi executivo e sócio da Engineering S/A (atual Hill Internacional). Graduado em Engenharia Civil, pós-graduado em Planejamento e Controle na Construção Civil na UFBA, pós-graduado em Gerenciamentos de Empreendimentos na FGV-SP, especializado em Gestão de Projetos de Sistemas Estruturais na Poli-USP e mestrado em Tecnologia da Habilitação no IPT (Instituto de Pesquisas Tecnológicas – SP).

Contatos
www.maua.com.br
david.fratel@maua.br

Atenção aos detalhes, a meu ver, é uma das mais admiráveis qualidades em um profissional. Em 1983, ingressei na construção civil como estagiário na área de orçamentos de uma pequena empresa de instalações prediais. Um bom teste para quem pretende aprimorar tal habilidade comportamental já que, em um levantamento de quantitativos e preços, nessa especialidade, pode-se chegar a quatro mil itens em um único empreendimento. Na época, não havia qualquer menção a *soft skills*. O que contava eram as aptidões técnicas no desenvolvimento profissional dos engenheiros. No entanto, inconscientemente, eu estava exercitando a habilidade de atenção. Após alguns anos (e até hoje), passei, também, a gerir pessoas e, a partir daí, tenho dado, a cada dia, mais destaque ao tema.

O substantivo masculino "detalhe" significa, por extensão, coisa, pessoa ou fato sem relevância. Lamentável erro. É um elemento de menor tamanho, mas de grande importância e que pode nos trair, caso deixemos passar algo despercebido.

Tornar-se eficaz nas nossas atividades profissionais bem como produzir com qualidade e assertividade são consequências do zelo pelos pormenores. As empresas e os clientes desejam esses resultados dos seus colaboradores e prestadores de serviços. No entanto, é preciso saber como desenvolver a faculdade de investir meios poderosos dos nossos recursos intelectuais e emocionais para obter a precisão por meio da minuciosidade na realização das tarefas. Não devemos confundir isso com perfeccionismo. Coloque ênfase em seu cotidiano, resolvendo os pequenos desafios, mas não invista tempo em algo que não agregue valor. Assim você criará uma cultura de atenção voltada à excelência em sua vida profissional.

Como verificar se estamos prestando a devida atenção aos detalhes? Nós, engenheiros, trabalhamos com números. No passado, usávamos a técnica dos "noves fora" que, antes do advento das máquinas de calcular e planilhas eletrônicas, era muito utilizada para testar a validade de adições, subtrações, divisões e multiplicações. Hoje os *softwares* (planilhas, fluxogramas, mapas mentais e outros) oferecem formas automatizadas de apuração de consistência e nos atrapalha no exercício da análise e conferência. Ao responder a um *e-mail*, correspondência ou até mesmo produzir um relatório, certifique-se de que o conteúdo está completo e correto. Os erros de digitação, ortografia e gramática causam má impressão. Da mesma maneira, a falta de ordenação lógica nas ideias que são colocadas em textos. Revise a mensagem no papel, se necessário for. Um deslize pode arruinar sua credibilidade.

Como gestor, é essencial ser modelo para sua equipe. Como analista, você deve ser inspiração para seu superior imediato. Se fizer entregas de baixa qualidade, repletas de inconsistências, aqueles que o rodeiam e o seguem farão o mesmo. Preocupe-se com isso. Se sua equipe não corresponde às suas expectativas, autoavalie-se antes de qualquer coisa.

Enumero, a seguir, algumas habilidades que podem colaborar para o desenvolvimento de maior atenção aos detalhes:

- **Escuta:** o capítulo 21, no primeiro volume do *best-seller Soft Skills*: competências essenciais para os novos tempos, 2020, a define como uma ferramenta utilizada na compreensão da realidade que nos cerca e de nossa relação com o outro. Por essa ótica, é o instrumento que nos integra. No mundo corporativo é uma habilidade decisiva para o sucesso, pois a atenção compõe o ambiente do pensamento.
- **Observação:** para quem pratica artes marciais japonesas, é comum ouvir o *sensei* pregar o *zanshin*, que se refere a um estado de permanente atenção. Há um ditado que diz "quando vencer a batalha, aperte seu capacete". Caso haja o descuido, abrimos brechas para erros e, em consequência, surgirão a insegurança, a ineficácia e a baixa produtividade.
- **Gestão das suas atividades diante do tempo:** as técnicas nos permitem alcançar, de modo satisfatório e racional, a nossa "escalabilidade pessoal". Significa fazer mais em menos tempo, ser eficiente. "O tempo urge", não para nem retorna. Precisamos saber gerir as nossas atividades da forma mais racional possível. A precisão, consequência da atenção, faz-nos aproveitar melhor o tempo.
- **Organizacionais:** a organização e a disciplina na realização das nossas tarefas, em *home office* ou presencialmente, é fundamental. Um local confortável, limpo, organizado, com fluxo adequado de pessoas, naturalmente se torna mais produtivo e com maior qualidade nos resultados. Para isso, um pouco de "5S" não faz mal a ninguém: (i) aguce o seu senso de utilização, mantendo no escritório apenas aquilo que for necessário (ii) coloque mais próximo de você aquilo que utiliza com mais frequência e não desperdice tempo para encontrar aquilo que precisa, (iii) cuide da

limpeza, (iv) padronize tudo o que for possível, (v) implante processos e ritmo nas suas atividades, produzindo de forma enxuta, limpa.

- **Analíticas**: costumo conversar com as pessoas que participam do meu dia a dia, sobre a inaceitável prática de não transpor a casca e deixar de enxergar o interior. Ou seja, a superficialidade (falta de profundidade), como regra, é um mal. Tenha desejo por informações detalhadas e completas, pesquise, reúna, analise e seja criativo para resolver problemas. O capítulo 26 do livro Soft Skills convida-nos a refletir sobre a necessidade de identificar as questões, levar em conta pareceres relacionados, avaliar as opções e implementar as soluções. Chama-nos a atenção para o mundo informatizado que vivemos com fartura de dados, e a necessidade de transformá-los em conhecimento.
- **Autoconhecimento:** a partir do momento que se conhece e é entendedor dos seus mais profundos sentimentos, tanto de suas competências quanto vulnerabilidades, você tem grandes chances de se socializar, trabalhar em grupo, criar vínculos com facilidade e adquirir maior riqueza nos seus relacionamentos (capítulo 32, Soft Skills, volume 1). Procure os meios de melhorar a si mesmo, aprendendo a ver o que há de bom em você.
- **Inteligência Emocional:** o capítulo 16, também no volume 1 do nosso livro, define a inteligência emocional como a possibilidade do ser humano se autoconhecer, aprender a lidar com as próprias emoções e usufruí-las em benefício próprio, sem deixar de compreender os sentimentos e comportamentos do outro. Capte a emoção dos outros, localize pistas para se conectar e compreender os verdadeiros pensamentos que estão à margem e que nos orientam. O nosso alto desempenho depende disso.
- **Prudência:** significa inovar e ser criativo para discernir e fazer boas análises para a tomada de decisões. Consiste em aplicar a sabedoria prática, ser sagaz e ter a capacidade de prever situações. "Sede, pois, prudentes como as serpentes, mas simples como as pombas" (Jesus – Mateus, 10:16) sugere que nós evoluamos pessoal e profissionalmente, com o olhar atento aos caminhos e movimentos que nos rodeiam.

No ambiente corporativo, a atenção aos detalhes é fundamental. Qualquer que seja sua profissão, você certamente saberá decidir melhor. Mas como podemos aprimorar essa habilidade comportamental? Experimente fazer o seguinte:

- Organize-se, use agenda para marcar compromissos, liste pendências com respectivas datas para solução e planeje cada dia. No mercado já existem aplicativos que planejam e controlam as atividades.
- Desencoraje tudo aquilo que possa distraí-lo de suas metas. Desative notificações de chegada de e-mails e mensagens de WhatsApp. Caso seja uma pessoa naturalmente distraída e precise se concentrar melhor, escute músicas calmas e instrumentais, em volume baixo. Esteja 100% presente na execução da tarefa. Mas se o problema persistir, reflita se

o seu trabalho está entediante e se é isso mesmo que você quer. A depender da sua conclusão, reinvente-se.
- Ao participar de uma reunião, palestra, debate e aula, fique longe do seu *smartphone*. O querido WhatsApp é um grande inimigo do foco que devemos investir, além de ser deselegante utilizá-lo quando estamos na presença de outrem.
- Faça pausas frequentes, diminua seu ritmo de vez em quando. Na pausa de almoço, procure caminhar pelas ruas, pesquisando o que há ao seu redor, sem pensar no destino. Veja casas que nunca viu, lojas e suas vitrines repletas de detalhes, vegetação e flores, observe o comportamento das pessoas. É bem provável que se surpreenda com aquilo que sempre esteve tão perto e nunca captou de modo inteligente. Pratique o "perceber".
- Encontre o equilíbrio. Muita rotina entedia, mas a falta dela leva à indisciplina.
- Priorize a qualidade do seu trabalho e não a quantidade. Se estiver com fardo pesado e sem condição de responder da maneira que se espera, converse com o seu gestor. Talvez ele não esteja notando o seu momento. Dê-lhe a oportunidade de praticar o "perceber".
- Em reuniões, exposições, palestras e aulas, seja um partícipe ativo. Envolva-se nos debates, dê opiniões e, assim, será obrigado a se concentrar nas minúcias.
- Já pensou em jogar o bom e velho jogo dos sete erros, praticar xadrez para estimular sua memória e concentração e entrar em labirintos? No castelo *Hampton Court* em Londres (Reino Unido), há um dos labirintos naturais, em cerca viva, mais incríveis do mundo. Montar "quebra-cabeças": requer especial concentração e explora nossa capacidade de criar estratégias. E o *Candy Crush Saga* ... agora estou apelando, não é?
- Que tal exaltar os outros frequentemente, de forma justa, respeitosa e sincera? Venho aprendendo isso com o prof. dr. Emílio Kallas, fonte inesgotável de nossa inspiração. Afinal, fazer um elogio verdadeiro exige foco nos pormenores.
- Evite fazer diversas coisas ao mesmo tempo. Concentre-se em uma tarefa de cada vez.
- Desdobrar estratégias e diretrizes: o prof. Falconi introduziu, em seu livro *Gerenciamento pelas diretrizes*, o desdobramento de diretrizes (metas e medidas prioritárias para alcançá-las), ou seja, dividi-las em várias condutas, com foco no cumprimento da estratégia original. Na cultura japonesa, essa técnica é chamada de *hoshin kanri*, muito utilizada nos conceitos *Lean* (*Construction & Manufacturing*), que tem como princípio a necessidade de se evitar os esforços dispersos e aplicar a força proporcionalmente.
- Pratique o hábito da leitura. Use livros impressos e faça anotações, sempre que o assunto for importante para a sua atividade e seus propósitos.

- Habitue-se a pensar sempre no *worst case scenario* (o pior dos cenários). Isso vai forçá-lo a buscar alternativas, listar prioridades, verificar necessidades e planejar.

O nosso tempo de atenção está diminuindo. A alta velocidade da internet, os *softwares* que trabalham por você, a explosão do conteúdo *on-line*, o *e-commerce*, o Facebook, o Instagram, o Google com suas sínteses e facilidade de pesquisa estão colocando essa nossa habilidade à prova. Precisamos aprender e desenvolver técnicas de gerenciar a nossa atenção. Pratique exercícios de concentração, procurando sempre um lugar tranquilo e que não seja interrompido, desligando seu telefone. Sente-se confortavelmente e respire fundo várias vezes, relaxando o máximo possível. Experimente contar mentalmente e de forma regressiva, a partir do número 200 (duzentos) em etapas de 7 (sete) como, por exemplo, 200, 193, 186, ... e assim por diante. Na literatura especializada em meditação, você encontrará outras sugestões.

"O diabo está nos detalhes" transmite-nos que grandes erros podem ser cometidos nos pequenos elementos de um projeto. Os detalhes são muitas vezes complicados, por isso levam um potencial enorme de nos causar problemas. Em contraponto, quando se diz que "Deus está nos detalhes", devemos entender que o cuidado com as menores circunstâncias pode nos trazer significativas recompensas. *Rickover* sintetizou muito bem: "O diabo está nos detalhes e a salvação também".

Evite armadilhas! Nunca perca a visão do global passando a percepção que você é um gerenciador de coisas pequenas. Os detalhes não podem se tornar algo de vital importância porque eles lhe trariam a impressão de opressão. Podem se tornar causas de atrasos nos seus projetos (isso sim é perfeccionismo).

Os bons profissionais são capazes de resolver problemas que produzam efeitos da forma que é esperado: sem falhas, sem erros, de modo correto e convincente. A atenção aos detalhes nos ajudará a ter uma memória impressionante, porque nossa mente sempre será desafiada com a curiosidade e a propensão de fazer coisas diferentes. O nosso trabalho tende a ser consistente e de alta qualidade, confiável aos olhos dos nossos clientes internos e externos, porque raramente precisará ser verificado ou validado, tampouco ser revisitado para corrigir equívocos do passado.

Referência

ANTUNES, Lucedile (coordenadora). *Soft skills: competências essenciais para os novos tempos*. São Paulo: Literare Books International, 2020, E-book Kindle.

11

STORYTELLING

Neste capítulo, com a *soft skill storytelling*, mostro como as histórias mudaram minha vida pessoal e profissional, abrindo um mundo de possibilidades. Elas me ajudaram a encontrar a melhor versão de mim mesmo – e comunicá-la ao mundo.

ANDRÉ SANTOS

Sou fundador da André Santos Treinamento Empresarial e especialista em *Social Selling* (Vendas Sociais) e Marca Pessoal no LinkedIn. Pós-graduado em Administração, tenho 37 anos de carreira em empresas nacionais e multinacionais, que muito me ensinaram. Há 20 anos, venho atuando como mentor, palestrante e facilitador. Treinei 18 mil profissionais em 10 países. Em 2020, fui eleito *LinkedIn Top Voice*, prêmio mundial da rede para os maiores produtores de conteúdo. Em 2021, fui escolhido como um dos 20 maiores influenciadores do LinkedIn pelo *Prêmio iBest*.

André Santos

Contatos
www.andresantostreinamentos.com.br
andre@andresantostreinamentos.com.br
LinkedIn: https://www.linkedin.com/in/andresantostreinamentos/
11 99991 2604

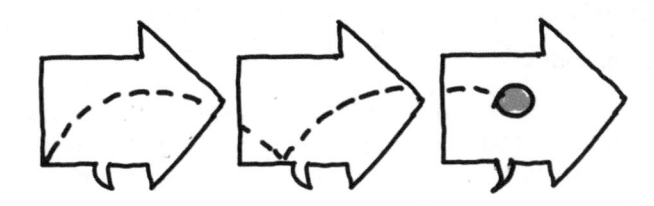

Como tudo começou

Aos 18 anos, eu trabalhava como assistente em uma empresa de treinamentos. Minha função era preparar apostilas para os instrutores. Um belo dia, meu chefe entra na sala, de olhos arregalados:

– André, o instrutor ficou doente. Você vai substituí-lo no próximo curso!

Gelei. Nunca tinha dado uma aula na vida. Tomado de ansiedade, respondi:

– Mas... eu? Tem certeza? Não entendo nada disso!

– André, se você que monta as apostilas não sabe, quem mais vai saber?

Ele saiu da sala e me deixou com aquela bomba na mão. Peguei o avião, tremendo que nem vara verde. Suava frio. Repassei o curso mil vezes – no aeroporto, no táxi, no hotel. Mal consegui dormir aquela noite.

Na manhã seguinte, lá estava eu, diante de trinta desconhecidos. Durante o curso, notei alguns olhares estranhos. Minha insegurança estava a mil. Então, um dos participantes perguntou:

– Rapaz, quantos anos você tem?

– 18.

– Ah, a idade do meu filho...

Não sabia se o comentário era uma crítica ou um elogio. Mesmo inseguro, continuei. "Nunca mais piso numa sala de aula", jurei. O curso acabou e, aliviado, embarquei de volta para casa.

Nos dias seguintes, senti um misto de emoções. Por um lado, medo. Por outro, a satisfação em dividir aquele conhecimento com outras pessoas.

De repente, meu chefe entra na sala:

– André, chegaram as avaliações! Tremi na base!

– Não quero nem ver – pensei.

Ao ler as avaliações, quase caí da cadeira: eles adoraram! Então, meu chefe disse: "Viu só, André?".

Graças a esse "acaso" do destino, em 20 anos, treinei 18 mil pessoas em dez países. Quando eu poderia imaginar? Sim, às vezes, a vida vai dar um tranco em você. Jogá-lo em um beco sem saída. E é justamente isso que pode revelar o seu propósito. Naquele momento, aprendi: a vida nunca erra.

O poder das histórias

Há milhões de anos, nossos ancestrais tinham apenas uma preocupação: sobreviver. Eles saíam todos os dias para caçar e garantir o sustento da tribo. Então, retornavam com um animal enorme nas costas e um sorriso vitorioso.

Quando a tribo se reunia em volta do fogo para a refeição, o caçador contava sua história, orgulhoso: "fazia um calor escaldante. A floresta estava cheia de onças. Se eu errasse um movimento, teria morrido. Ainda bem que minha lança foi certeira". A conversa ia noite adentro. Boas histórias capturam a atenção das pessoas.

Histórias existem desde os primórdios da humanidade. Estão no nosso DNA. São narrativas poderosas que engajam e conectam pessoas em torno de um tema comum. Elas prendem a atenção, despertam a imaginação e geram empatia. Graças a elas, cada geração conseguiu transmitir seu conhecimento às gerações seguintes e preservar a cultura local.

Infelizmente, perdemos nossa capacidade de contar histórias. As aulas da escola ficaram chatas e teóricas. As apresentações das empresas, técnicas e monótonas. Hoje vivemos um grande paradoxo: nunca houve tanto acesso à informação e, ao mesmo tempo, tamanho desinteresse nos assuntos.

Como recomenda Carmine Gallo, um dos maiores especialistas no assunto, você não precisa ter nascido sabendo contar histórias – é possível aprender.

> *Storytelling é o ato de enquadrar uma ideia em uma narrativa que informa, esclarece e inspira.*
> Carmine Gallo

Histórias e neurociência

A Teoria do Cérebro Trino foi desenvolvida nos anos de 1970 pelo neurocientista Paul D. MacLean e apresentada no livro *The Triune Brain in Evolution: Role in Paleocerebral Functions* (1990). Ele formulou a hipótese de que os humanos possuem um cérebro dividido em três sistemas distintos e interdependentes:

1. Reptiliano (ou instintivo): promove reflexos simples, garante a sobrevivência e regula funções primárias como fome, sede, sono e demais necessidades básicas;
2. Límbico (ou emocional): controla emoções e sensações;
3. Neocórtex (ou racional): elabora pensamentos, análises lógicas, sociais, matemáticas, psicológicas e filosóficas.

Quando narramos uma história, ela acessa diretamente o cérebro límbico e libera dopamina, a química do prazer. Segundo a neurociência, é uma sensação similar à que temos quando vivenciamos algo prazeroso (fazer compras, participar de jogos, preparar e degustar comidas etc.).

Muitas empresas direcionam suas campanhas de *marketing* para essa parte do cérebro, que toma as decisões de compra. Quando estamos emocionalmente convencidos, justificamos nossa decisão de forma lógica e racional (neocórtex).

> *As histórias têm um poder único para ganhar o coração das pessoas.*
> Peter Guber

Sim, você pode contar histórias!

- As Histórias já existem dentro de você. Não é preciso inventá-las. Basta trazê-las à tona e deixar que as pessoas desfrutem.
- Histórias são libertadoras. Ao contá-las, acessamos nossas forças e fraquezas. Descartamos supostas limitações e nos lembramos de dificuldades superadas.
- Histórias geram empatia. Muitas pessoas já passaram ou estão passando pela situação trazida na sua narrativa. Sua fala pode ajudá-las a ter ideias e descobrir novas possibilidades.
- Histórias vendem. Produtos e serviços de sucesso trazem uma boa história por trás, elaborada de forma competente por profissionais de publicidade e comunicação.

Acredite: sua vida é uma grande história. Não tenha medo de narrá-la!

Storytelling, negócios e marca pessoal

Quando comecei a escrever no LinkedIn, em 2018, tinha tanto medo da rejeição que apagava o *post* logo depois de publicado. Um dia, tomei uma decisão: tenho medo, mas vou com medo mesmo!

Meses depois, eu já escrevia diariamente na rede. Certa ocasião um amigo leu um texto e comentou: "André, muito legal o *storytelling* que você usa!". Sinceramente, eu não fazia ideia do que era aquilo (a não ser pela tradução literal do termo: "contar histórias").

Curioso, resolvi pesquisar. Criada pelo mitologista e escritor Joseph Campbell, no livro *O herói de mil faces* (1949), a jornada do herói é uma verdadeira estrutura para contar histórias. O conceito foi adaptado e simplificado pelo roteirista de Hollywood Christopher Vogler, em A *jornada do escritor* (1998).

Ele simplificou o processo para doze etapas, que adaptei na tabela a seguir.

1. O mundo comum	Apresenta o personagem, sua trajetória, personalidade, virtudes, defeitos e o problema a ser resolvido.
2. O chamado à aventura	Rompe a zona de conforto do herói e traz um apelo para enfrentar um grande desafio rumo ao desconhecido.
3. A recusa do chamado	Resistência do personagem por medo, insegurança ou obrigações atuais (conflito interno).
4. O encontro com o mentor	Apoio ao herói para enfrentar o desafio à frente: treinamento, poderes, encorajamento e orientações.
5. A travessia do primeiro limiar	O herói assume seu papel e se desprende da sua antiga vida para encarar os novos desafios.
6. Provas, aliados e inimigos	Pequenas provações que o preparam para os desafios futuros: acidentes, inimigos, armadilhas e imprevistos.
7. A aproximação da caverna secreta	Pausa de recolhimento, reflexão e questionamentos: revisão dos dilemas e enfrentamento dos medos iniciais.

8. A provação	Teste físico extremo, experiência de quase morte, inimigo poderoso ou forte conflito para transformação.
9. A recompensa	Título, objeto precioso, reconciliação, nova habilidade: breve comemoração antes do retorno triunfal.
10. O caminho de volta	Retorno para casa, vitorioso, com reflexões profundas sobre a experiência vivida e um sentimento de missão cumprida.
11. A ressurreição	Inesperadamente, o inimigo ressurge das profundezas para uma última batalha épica. O personagem destrói o mal de uma vez por todas e salva seu mundo.
12. O retorno com o elixir	O herói retorna triunfante com o elixir da verdade e recebe reconhecimento. Todos comemoram sua chegada. O herói termina sua missão como uma nova pessoa, revolucionando seu mundo e oferecendo uma lição final ao público: a moral da história.

Quanto mais estudava, mais entendia o que meu amigo quis dizer. Intuitivamente, minhas histórias usavam alguns elementos da jornada do herói.

Em minha pesquisa, descobri que o *storytelling* sempre foi usado para vender ideias, produtos e conceitos. As mídias de comunicação alcançavam diferentes públicos com ele. Grandes marcas são contadoras de histórias.

Fiquei fascinado com a descoberta. Talvez isso explicasse por que, em apenas 3 anos, 300 mil pessoas já acompanhavam minhas histórias no LinkedIn. Para minha surpresa, fiz negócios inesperados com várias delas - e construí minha marca pessoal na rede.

Hoje todos os meus clientes vêm dessa rede, em que fui eleito *Top Voice* (2020) e ganhei o *Prêmio iBest* "20 Influenciadores LinkedIn" (2021). E tudo isso porque, um belo dia, resolvi contar histórias. Hoje, com mais de mil textos publicados, escrever virou rotina.

> Comece agora e melhore aos poucos. Feito é
> melhor que perfeito!

Como escrever histórias

Este é o método simplificado que uso para escrever minhas histórias.

1. Defina o contexto

O contexto é o cenário da história. Por que alguém deve ouvi-la? Quem é o personagem? Qual seu objetivo? Onde e quando ela acontece?

Capture a atenção do leitor logo no início, com um assunto ou desafio inesperado.

Exemplo: "Aos 18 anos, eu trabalhava como assistente administrativo em uma empresa de treinamentos".

2. Descreva o problema

O problema é o desafio vivido pelo personagem principal. É o encontro entre o herói e o vilão, que pode ser outra pessoa ou você mesmo (conflito interno). É aqui que a trama se desenvolve.

Qual desafio, dificuldade ou obstáculo o personagem teve que superar? Que gatilho disparou o problema? Como ele lidou com tudo isso?

Quanto mais você mostrar os sentimentos e emoções vivenciados pelo personagem, mais empatia vai gerar com o leitor. É nesse ponto que ele se envolve com o personagem. Afinal, é comum enfrentarmos medos e obstáculos para crescer e evoluir.

Exemplo: "Gelei. Nunca tinha dado uma aula na vida".

> Lutar contra dificuldades e conseguir superá-las transforma o personagem em herói. Heróis fazem parte do inconsciente coletivo.

As pessoas adoram histórias de superação. O que seria do Super-Homem sem o Lex Luthor? Do Luke Skywalker sem o Darth Vader? Do Batman sem o Coringa?

3. Descreva a solução

Aqui ocorre a transição do problema para a solução. Como seu personagem superou as dificuldades e alcançou a vitória? Qual foi a transformação positiva?

A partir daí, o leitor sente algo genuíno pela história e leva um aprendizado para sua vida. Nesse momento, o desfecho faz sentido para ele.

Exemplo: "Ao ler as avaliações, caí da cadeira: eles adoraram".

4. Gere um aprendizado

Quando você compartilha seu aprendizado, dá ao leitor a liberdade de tirar as próprias conclusões, sem "forçar a barra". Ao mesmo tempo, você o guia no raciocínio desejado. Segundo o autor Paul A. Smith, "isso mostra respeito ao público e aproveita um dos pontos fortes da narração de histórias: transmitir a mensagem sem impor as ideias de forma arrogante".

Qual foi o maior aprendizado do seu personagem? Qual a moral da história? O que os leitores podem levar como lição de vida?

Exemplo: "Naquele momento, aprendi: a vida nunca erra".

5. Chame para a ação

Aqui, você orienta o leitor sobre o que ele deve fazer a partir de agora. A expressão é conhecida como Chamada para Ação (do Inglês, CTA – *Call To Action*). Por exemplo:

- Ler um artigo;
- Assinar uma *newsletter* (um boletim informativo);
- Comprar um produto;
- Entrar em contato;
- Responder a uma pergunta.

Exemplo: "Você já passou por algo parecido?".

> *O objetivo de uma história é mudar pensamentos, sentimentos e ações das pessoas.*
> PAUL SMITH

Conclusão

Contar histórias é uma das formas mais poderosas de mostrar quem você é, fortalecer sua marca pessoal e apresentar o problema que você resolve com seus produtos e serviços.

A cada história que for contar, seja autêntico. Escreva com o coração. Tenha intenção genuína de ajudar. Sabia que, neste exato momento, existe alguém que está precisando ler a sua história para resolver um grande problema? Qual história vai contar?

Suas histórias ajudarão você a descobrir sua melhor versão e apresentá-la ao mundo com amor e generosidade.

Desejo a você muito sucesso!

Referências

CAMPBELL, Joseph. *O herói de mil faces*. São Paulo: Pensamento, 1989.

GALLO, Carmine. *Storytelling: aprenda a contar histórias com Steve Jobs, Papa Francisco, Churchill e outras lendas da Liderança*. Rio de Janeiro: Alta Books, 2019.

MACLEAN, Paul D. *The Triune Brain in Evolution: Role in Paleocerebral Functions*. EUA: Springer, 1990.

MITH, Paul. *Curso: O poder das histórias no contexto de vendas*. LinkedIn Learning, 2020.

PATEL, Neil. *Storytelling: o que é, para que serve e exemplos práticos* [2020]. Disponível em: <https://neilpatel.com/br/blog/como-usar-storytelling-para-aumentar-suas-conversoes>. Acesso em: 29 mai. de 2021.

Resumocast. *Storytelling – Carmine*. YouTube, 2019. Disponível em: <https://youtu.be/yHNR8fL3Tn0>. Acesso em: 30 mai. de 2021.

VIEIRA, Dimitri. *Jornada do herói: as 12 etapas de Christopher Vogler e Joseph Campbell para contar uma história impecável!* Reckcontent, 2019. Disponível em: <https://comunidade.rockcontent.com/jornada-do-heroi/>. Acesso em: 28 mai. de 2021.

VOGLER, Christopher. *A Jornada do Escritor*. São Paulo: Aleph, 2015.

12

TOMADA DE DECISÃO

Aqui vamos dialogar sobre as várias dimensões do processo decisório e trazermos mais inteireza para as nossas escolhas. No fundo, não tomamos decisões para resolver problemas, o que fazemos na verdade é **escolher que realidade queremos viver.**

CESAR CAMINHA

Cesar Caminha

Pai da Bianca e *designer* de Estratégias Corporativas e Pessoais com experiência de mais de 25 anos em Gestão e Consultoria Estratégica Pública e Privada (definição de direcionalidade de organizações, estrutura organizativa e de processos), Planejamento Estratégico Situacional, Gestão de Projetos e Desenvolvimento Humano (Treinamento, Capacitação e *Coaching* Executivo e de Vida) focados no aprimoramento do perfil de gestão de organizações e de pessoas. Diretor da Virtù Design de Estratégias, economista com especialização em Métodos Quantitativos (FUBRA/DF), Ciências e Técnicas de Governo (*Fundación* ALTADIR). *Coaching* Executivo e de Vida (ICI DF) e terapeuta e especialista em Psicologia Transpessoal pela UNIPAZ-SP. Consultor sênior da FIA/USP, Diretor na Universidade Internacional da PAZ - UNIPAZ-SP e no Instituto Carlos Matus de Ciências e Técnicas de Governo - ICM.

Contatos
www.cesarcaminha.com
cesar@cesarcaminha.com
LinkedIn: Cesar Caminha
Instagram: cesarcaminha7
41 98835 3337

A tomada de decisão em nossa vida

Tomamos decisões o tempo todo. Ao abrir esta página e iniciar a leitura, você fez uma escolha. Assim, podemos perceber que a tomada de decisões ocorre quando optamos por um caminho. Fazemos escolhas o tempo todo, desde que nascemos.

As questões que se apresentam são: qual a qualidade das decisões que tomamos? Como podemos aprimorar a nossa forma de tomarmos decisões e aumentarmos a chance de que as trajetórias preferidas sejam mais criativas, mais consistentes do que aquelas que abandonamos?

Iniciaremos nosso diálogo dando um passo atrás, pesquisando porque motivo é tão complexo tomarmos decisões e qual a razão de, em muitas ocasiões, adiarmos escolhas importantes. Na sequência, apresentaremos um método, desde seus aspectos racionais até os mais irracionais, tendo como embasamento a Psicologia.

Desafios da tomada de decisão

Já percebemos que tomar decisão faz parte de nosso cotidiano, portanto treinamos essa ação desde quando optamos por chorar para receber a mamadeira, ao invés de ficarmos simplesmente esperando nosso(a) cuidador(a) trazê-la no momento que "tiver tempo".

Então, interferimos na realidade desde nossa mais tenra idade. Retomando: **decidir é optar pela realidade que desejamos.** Porém, é importante termos clareza de que duas situações se apresentam nesse processo: ao decidirmos, ao optarmos por uma direção, **abrimos mão de todas as demais possibilidades que a realidade nos brinda**. Quando você vestiu a roupa que está usando agora, também optou por abandonar todas as demais de seu guarda-roupa.

A segunda questão que destaco é a incerteza, pois, ao decidirmos, **optamos por um caminho rumo ao futuro, ou seja, ao desconhecido, ao nunca experimentado** (ou você já viveu sua vida no futuro de daqui a cinco minutos?). Ao sair de sua casa, com a vestimenta que escolheu, também há uma incerteza: como vão me perceber com essa roupa no local para onde vou? É muito formal para aquele ambiente? É informal demais?

Decidir por uma vestimenta pode ser simples, tendo em vista que existem questões bem mais complexas, como se casar, se separar, ter filhos, sair de um emprego, entrar em uma nova carreira. Observe que a quantidade de situações que precisamos nos desapegar e as incertezas em relação ao futuro crescem exponencialmente.

É fato que decidir exige Desapego e Flexibilidade (cap. de *Soft Skills* Vol. II), e mais além, ter um Olhar Visionário (cap. de *Soft Skills* Vol. II) nos ajudando a criar um ambiente de esperança e coragem.

Observe que temer as decisões e mesmo adiá-las tem a ver com nossa condição humana. O convite, neste momento, é – conscientes de nossas fragilidades – compreendermos como nos relacionamos com o apego ao passado e com a incerteza em relação ao futuro. Além disso, olhando para esse espelho, podemos perceber o que fazer para nos mantermos na jornada, evitando a estagnação.

Nesse sentido, vamos analisar as funções psíquicas, identificadas por Jung (1875-1961), Psiquiatra e Psicoterapeuta Suíço, fundador da Psicologia Analítica, e suas relações com a tomada de decisões.

As funções psíquicas e a tomada de decisões

Segundo Jung, as funções psíquicas são quatro formas que a consciência usa para reconhecer o mundo exterior e orientar-se. Elas surgem da interação da pessoa com o meio.

Idealmente ocorreriam de forma harmônica, integrada e cooperativa para uma completa orientação da consciência, da seguinte maneira: a função **pensamento** deveria facultar o conhecimento e o julgamento; a função **sentimento** diria como e em que grau algo é importante ou não para o Ser; a função **sensação** proporcionaria a percepção da realidade concreta pelos sentidos; e a função **intuição** deveria fazer com que se adivinhassem as possibilidades e planos de fundo parcialmente ocultos em uma situação.

Separando em momentos específicos, vamos verificar que cada uma dessas funções contribui de modo distinto e complementar para uma tomada de decisão mais consistente, e que nos leve na direção de nossos sonhos.

Momento Pensamento

Essa é a fase mais comum do processo de decisão, a que, em geral, aprendemos na escola como método de solução de problemas, e tem várias abordagens possíveis.

Carlos Matus (1931-1998), Economista Chileno, compreende a decisão como uma aposta, na qual as variáveis nunca são completamente conhecidas e o futuro é um conjunto infinito de possibilidades. Portanto, há sempre um grau importante de incerteza nas escolhas, que nascem com a identificação de um problema ou oportunidade.

Por exemplo, se estamos insatisfeitos com nosso trabalho atual, temos como alternativas: ressignificar o atual, buscar uma nova colocação, pedir demissão ou mesmo não fazer nada; enfim, inúmeras possibilidades ou apostas.

Ao decidirmos por um caminho, por exemplo, uma nova colocação, criamos diferentes situações, tais como se adaptar ao novo contexto profissional, compreender e se ajustar à nova cultura empresarial. Certamente, serão outros desafios e problemas. Matus chama estsa situação de intercâmbio de problemas.

Estabelecidas essas premissas, proponho os seguintes passos para a tomada de decisão.

1. **Definição do problema ou o objeto da decisão:** qual a realidade que quero mudar que não atende as minhas necessidades neste momento?
2. **Identificação das pessoas relacionadas ao assunto:** que pessoas são essenciais para a solução dessa situação?
3. **Identificação dos valores e objetivos:** que valores e objetivos são importantes para mim?
4. **Exploração e avaliação das alternativas:** que alternativas existem para enfrentar a situação em análise?
5. **Análise estratégica das alternativas:** quais as reações das pessoas envolvidas em relação às alternativas?
6. **Seleção da melhor alternativa:** considerando o que foi descrito, qual é a melhor alternativa?
7. **Desenho do Plano e Ação.**

Minha experiência

Em 2000, deparei-me com uma encruzilhada: minha carreira tinha chegado ao limite em um banco federal. Estava satisfeito, mas queria fazer mais, usar minha experiência para apoiar pessoas em sua vida corporativa. Foi quando usei este método:

Meu problema: (1) precisava de novos desafios e (2) para esse novo caminho, contava com o apoio de uma amiga e meu diretor, pois (3) queria fazer diferença na vida das pessoas. (4) Podia continuar onde estava ou solicitar uma licença e montar uma consultoria. Avaliei as vantagens e desvantagens em relação aos meus objetivos; (5) então, percebi que, apesar do apoio de meu diretor, ao apresentar uma proposta de licença, criaria um conflito. Surgiu a questão: como manter boas relações? (6) Logo percebi que a licença seria o melhor caminho, mas era fundamental manter boas relações. (7) Pude então, pensar em um plano mais consistente para alcançar meu objetivo.

A compreensão desse momento pode ser enriquecida com a compreensão do papel do Pensamento Analítico (cap. de Soft Skills Vol. II), da Organização e Planejamento (cap. de Soft Skills Vol. II) e do Raciocínio e Ideação (cap. de Soft Skills Vol. II) na construção de alternativas que antecedem a tomada de decisão.

Organizar meu pensamento foi importante, mas ainda precisava desenvolver maior convicção em minhas metas. Foi quando naveguei pelas outras funções psíquicas.

Momento Sentimento

Os sentimentos são resultantes da racionalização e elaboração das emoções. Por exemplo: vejo minha filha brincando com as amigas, experimento a emoção da alegria e sinto gratidão.

Dessa forma, os sentimentos têm uma relação direta com a forma como pensamos a realidade. De acordo com Pierre Weil (1909-2005), "a memória de prazer que leva a um sentimento de posse de objeto, pessoa ou ideia".

Assim, ao tomarmos uma decisão, é vital compreendermos também o conjunto de sentimentos que emergem ao verificarmos qual é o problema e suas alternativas.

Para isso, podemos seguir os seguintes passos:

1. **Identificar os sentimentos que estão envolvidos com a decisão**.
2. **Elaborar os sentimentos:** nesse passo, a proposta é compreender a origem dos sentimentos, se são criativos ou destrutivos, e seus efeitos.

Revisitando o plano elaborado, percebi que (1) sentia gratidão em relação à organização atual, mas também uma frustração pela ausência de perspectivas; (2) com essa clareza, percebi que poderia realizar a transição com maior cuidado, sem me precipitar, coisa que poderia acontecer se me fixasse no sentimento de frustração.

E vale a pena compreender em profundidade como as Emoções Empoderadas (cap. de Soft Skills Vol. II), o Entusiasmo (cap. de Soft Skills Vol. II) e a Compaixão (cap. de Soft Skills Vol. II) contribuem para a tomada de decisão.

Momento Sensação

Essa etapa se caracteriza pela percepção de como as alternativas reverberam no corpo. Literalmente, o que elas provocam em nossa respiração, que sensações corporais surgem (relaxamento, tensão).

A proposta desse método é antecipar essa percepção, de forma que, antes de escolhermos, façamos uma simples verificação das sensações corporais com os seguintes passos:

1. **Relaxar:** sentar-se em um local agradável e fazer três respirações abdominais profundas, relaxando o corpo;
2. **Pensar em uma das alternativas.**
3. **Perceber a sensação corporal resultante:** observe como seu corpo reage, com aumento ou diminuição da tensão muscular, variação na respiração, sensação de bem ou mal-estar, entre outras.

Voltando à minha experiência de desligamento da empresa, ao vivenciar esse movimento, pude notar que a alternativa da licença levou-me a uma sensação de bem-estar, com a respiração mais fluida, alívio no peito e relaxamento dos ombros. Já a permanência trouxe maior rigidez e tensão física.

Observe que se trata de um exercício que pode exigir um pouco de prática, pois nas primeiras experiências é provável que não tenhamos clareza das diferenças de reação, visto que não estamos acostumados a nos observar. O convite é fazermos mais vezes, observarmo-nos com maior frequência.

Momento Intuição

É o mais desestruturado passo desse processo, pois é uma função psíquica irracional e que depende pouco de nossas ações, pois são percepções que aparecem, se apresentam, emergem do inconsciente.

As percepções intuitivas surgem de um contato com níveis inconscientes e em ambientes tão distintos quanto um banho ou um instante de contemplação da natureza.

Podemos criar ambientes mais propícios para o acesso a intuições, tais como momentos contemplativos ou a elaboração de sonhos.

As intuições podem chegar de forma simbólica e fragmentada. Portanto, a recomendação é ficarmos atentos a elas em distintos momentos do dia a dia.

Recordo-me que na época de meu desligamento da organização, sonhava recorrentemente com uma montanha, na qual eu subia, mas tinha medo de ir até o final. Em uma sessão de terapia, fui convidado a avançar no sonho e ver o que aconteceria se ultrapassasse a montanha. Foi quando me deparei com um nascer do sol. Essa elaboração me trouxe a tranquilidade necessária para minha mudança de rumo.

Muitas vezes, a arte é um roteiro muito especial para o acesso as nossas intuições. Podemos compreender esse caminho por meio do Pensamento Visual (cap. de *Soft skills* vol. II).

Conclusão

A tomada de decisão, como uma *soft skill*, é fluida e adaptável a cada circunstância e, nesse sentido, é evidente que não é necessário passar por todos esses passos para fazer uma opção. Antes, eles devem ser usados de acordo com a sua necessidade, familiaridade e a complexidade do problema em questão.

Finalmente, observo que escolher entre uma coisa e outra é uma questão bastante delicada, sutil e, às vezes, surpreendente. Pode até acontecer que uma decisão tomada, de forma superestruturada pode ser "des-decidida". Há momentos em que "des-decidir" é a melhor atitude.

Nunca vou me esquecer, quando, certa vez, estávamos em família, prontos para passar um fim de semana em Florianópolis na casa de meu irmão. Viagem planejada há meses, tudo certo, quando minha filha, com uns 6 anos, me puxa de lado e diz baixinho no meu ouvido:

— *Pai, por que* não ficamos em casa *neste fim de semana, só nós: eu, a mana, você e a mamãe? Cinema na sala, pipoca e brincadeiras, que tal?*

Quando escutei, nem acreditei no pedido dela, afinal os planos eram outros. Já estava tudo acertado. Mas, por algum motivo, meu coração se alegrou e me senti bem com essa possibilidade. Perguntei a todos o que achavam e, como resultado, mesmo surpresos, "des-decidimos" a viagem.

Tivemos um final de semana maravilhoso em família. Se a viagem para Floripa teria sido melhor ou pior, realmente nunca saberemos, mas o que percebemos naquela situação foi que a decisão revisitada nos trouxe um dos melhores momentos que tivemos em família.

Só para dizer que, ao decidirmos, isso não precisa ser definitivo. É possível "des-decidir". Bem, mas esse é assunto para outro capítulo de *soft skill*.

Referências

JUNG, C. G. *Tipos psicológicos*. 6. ed. Petrópolis: Ed. Vozes, 2012.

MATUS, Carlos. *Teoria do jogo social*. Tradução de Luis Fellipe Rodriguez Del Riego. São Paulo: FUNDAP, 2005.

WEIL, Pierre. *A arte de viver em paz*. São Paulo: Ed Gente, 1993.

13

FLEXIBILIDADE

Neste capítulo falo a respeito da flexibilidade no aspecto cognitivo e do aumento da sua necessidade nas relações de trabalho, diante das transformações e desafios da nova sociedade. Uma reflexão sobre quanto a adaptabilidade às circunstâncias transformadoras da realidade pode ser decisória para as nossas atitudes no contínuo aprendizado dessa *soft skill*.

DANIELY ALVES DA COSTA MARTINS

Daniely Alves da Costa Martins

Determinada a viver as experiências em sua intensidade e flexível por natureza, já mudou de cidade, de país, de atividade e de carreira propriamente dita. Advogada por formação e atuante na área empresarial por mais de 15 anos, já foi empreendedora e atualmente dedica-se ao estudo e ao desenvolvimento de pessoas e organizações. Pós-graduada em Psicologia Positiva, certificada em Coach Executivo e Coach de Carreira pelo Integrated Coach Institute. Especialista em *personal branding* e consultoria de imagem profissional. Graduada em Direito, com extensão universitária em Direito Público Internacional pela Harvard University. Atua em processos de *coaching* executivo e de carreira, na formação de lideranças e organizações positivas, em processos de consultoria de carreira e gestão de marca pessoal. Coautora do livro *Soft Skills – competências essenciais para os novos tempos, volume I*. É casada com o Denis e mãe da Sophie e do Thomaz.

Contatos
www.pergano.com.br
daniely@pergano.com.br
LinkedIn: Daniely Alves
Instagram: @pergano_desenvolvimento
Facebook: Pérgano Desenvolvimento Humano

Aprendendo a ter flexibilidade na prática

O cenário nunca foi tão determinante para o desenvolvimento e a prática dessa habilidade como hoje. Nas palavras de Leonardo Mlodinow, em seu livro *Elástico* (2019) "mais do que nunca a sociedade concede recompensas aos que se sentem confortáveis com a mudança, e castiga os que não se sentem, pois o que costumava ser um território seguro de estabilidade agora se torna um perigoso campo minado de estagnação". Nunca existirá o 100% confortável diante de algo novo, mas aí é que se encontra a competência comportamental que apresento neste capítulo – a habilidade de viver bem no desconforto.

Se analisada a flexibilidade pelo aspecto da capacidade de mudar rapidamente as engrenagens para adaptar-se ao que é prioridade, acredito que tenho uma boa dose de maleabilidade, tanto na vida pessoal como profissional. Essa confirmação obtive há alguns anos, quando abri o resultado do meu teste de pontos fortes (idealizado pelo Ph.D. Donald Clifton e baseado em pesquisa Gallup), sinalizando a "adaptabilidade" como um dos meus cinco maiores talentos.

O que esse teste me mostrou na teoria já havia notado em minhas atitudes. Lembro-me de um momento ascendente na minha carreira, em que atuava como *head* em um departamento jurídico, quando fui surpreendida com uma proposta de rescisão do meu contrato de trabalho e sugestão de novo formato de contratação, por meio de prestação de serviço como advogada sem vínculo empregatício, contratada apenas pelos projetos desenvolvidos. Apesar de a possibilidade de iniciar a carreira como profissional autônoma ser atrativa – bem como contar com o apoio da empresa, que prometia figurar como cliente fixo, também ser um elemento motivador –, montar o meu escritório era uma sugestão que tinha implícita uma diminuição dos rendimentos, algo para o qual não havia me preparado.

Quando recebi a notícia, na sala do presidente da empresa, tive um estremecimento dos pés à cabeça, mas conforme fui voltando à minha normalidade, percebi a espécie de *insight* que aquela mudança inusitada poderia significar. De imediato, recusei a proposta de abrir meu próprio escritório e comecei a pôr em prática um projeto que estava engavetado há anos: o de fazer um ano sabático para cursar uma especialização no exterior. Ao retornar da experiência internacional, conclui que foi a melhor limonada que poderia ter feito com aquele limão (risos), e as mudanças do cenário na empresa foram essenciais para minha decisão.

O que essa história pode trazer de aprendizado? Fui capaz de me adaptar ao imprevisto, aceitar que situações podem fugir ao meu controle e ainda assim refazer os planos, mantendo o entusiasmo e a coerência com meus valores. Percebi, acima de tudo, que, quanto mais tempo eu passasse lutando e refutando aquela mudança, mas demoraria para construir um novo caminho. E assim reinventei aquele momento.

Existem situações em que simplesmente "nos sentimos obrigados a aceitá-las" por falta de coragem para fazer outra escolha, o que é bem diferente de ter flexibilidade, que nada mais é do que a capacidade de mudar o rumo e permanecer motivado, a despeito da reprogramação da rota. Em outras palavras, a importância do desenvolvimento dessa habilidade está em manter o bem-estar físico e mental em novas circunstâncias. Na verdade, é fundamental ser feliz, apesar de qualquer situação.

A flexibilidade cognitiva e as novas necessidades

A chamada flexibilidade cognitiva é um fenômeno natural pelo qual fazemos novas conexões cerebrais que levam a pensamentos inusitados, saindo do modo automático, mais conhecido popularmente como "pensar fora da caixa". Por se tratar de uma atividade praticamente automática, não percebemos com clareza a hora em que estamos agindo com flexibilidade cognitiva; contudo, a sua importância verifica-se desde os tempos primórdios. O ser humano não teria sobrevivido senão fosse capaz de se adaptar e ser flexível às intempéries.

Embora a flexibilidade cognitiva tenha o caráter individual e neurológico, não há como falar nela sem avaliar as relações pessoais estabelecidas nas empresas e, em última análise, o contexto atual da sociedade. Na era dos acrônimos, as pessoas deixaram de ser V.U.C.A. (Volátil, Incerto, Complexo e Ambíguo) para serem B.A.N.I. (Frágil, Ansioso, Não linear, Incompreensível), e definições como estas são cada vez mais necessárias para encarar o contexto atual, propor perspectivas mais flexíveis, autônomas e centradas na valorização do potencial e do capital humano.

Nesse contexto, a *soft skill* flexibilidade ganhou notoriedade e se transformou em uma das características mais procuradas pelos profissionais do futuro, conforme indicado pelo relatório *Future of Jobs 2020*, do Fórum

Econômico Mundial, que elencou as habilidades mais importantes para os profissionais até 2025. Desde o início da divulgação desse estudo, em 2016, essa foi a primeira vez que habilidades chamadas de "autogestão", como a flexibilidade, aprendizagem ativa, resiliência e tolerância ao estresse, foram reconhecidas com tamanha importância.

Flexibilidade nas empresas

Segundo análise apresentada em parceria pela consultoria *Manpowergroup Brasil* e o *Futuro das coisas*, (2020) sobre as 20 tendências para o futuro do trabalho, em pouco tempo, algumas profissões simplesmente não existirão mais e outras serão adaptadas para melhor atender às necessidades dos clientes. Se você observar bem, essas mudanças já estão acontecendo. É só pensar em casos famosos como o Uber, Mercado Livre e iFood, exemplos de empresas que reinventaram o seu setor e trouxeram profundas mudanças para seus quadros de colaboradores.

Ainda na esteira do futuro do trabalho, algumas práticas já são realidade no presente e impactam definitivamente a carreira e a vida dos profissionais que justificam a exigência do atributo flexibilidade como habilidade mandatória, dentre elas posso ressaltar:

- inovação tecnológica e introdução da inteligência artificial;
- mudança do paradigma do trabalho ser executado das 9h às 18h;
- possibilidade de *home office* e novos ambientes adaptados;
- preocupação com a saúde física e mental dos colaboradores;
- posicionamento e atuação diante de assuntos como diversidade, igualdade e inclusão;
- reconfiguração do modelo de trabalho com menos hierarquia e mais iniciativa.

Portanto, no contexto organizacional, o destaque da flexibilidade cognitiva é indiscutível, visto que as organizações buscam pessoas que sejam capazes de atuar em diversos papéis, com criatividade, liderança, autogestão, objetividade e humanidade. Os profissionais querem usar sua capacidade técnica e emocional para servir a causas e valores que lhe sejam coerentes e o encontro dos interesses ocorre em um cenário de inovação tecnológica, instabilidade econômica e crise sanitária mundial, em suma, numa realidade em constante transformação.

Desenvolvendo a flexibilidade

É fato que existe uma graduação de flexibilidade entre as pessoas, em que detectamos maior ou menor rigidez cognitiva. Sobre esse tema contribuiu definitivamente a psicóloga e pesquisadora da Universidade de Stanford, Carol Dweck (2017), que estabeleceu em sua tese os conceitos de *mindset* de crescimento (modo de pensar e atitude positiva) e *mindset* fixo (mentalidade fixa ou atitude negativa). Neste livro, você poderá explorar mais sobre *mindset* de crescimento, no capítulo escrito por Lucedile Antunes.

O lado positivo dessa análise é que a flexibilidade como uma *soft skill* é um comportamento que pode ser aprendido. Nesse contexto, faço algumas sugestões de atitudes que certamente contribuirão para seu desenvolvimento:

1. Bom humor e habilidade com o "crítico interior"

Diante de algumas circunstâncias, nas quais as estratégias não foram suficientes e os objetivos frustrados, o formato mais inteligente é posicionar-se de maneira leve, usando o bom humor para dar o tom desse momento. As coisas que tiverem que dar errado vão ocorrer de qualquer forma, por mais que você tenha pretendido controlar todas as possibilidades, por mais precavido e planejado que tenha sido. Com certeza, o mau humor e o excesso de crítica não resolverão o seu problema, portanto seria mais sábio procurar na liberação da endorfina de uma boa risada, o fortalecimento do sistema imunológico e o equilíbrio mental.

2. Rápida adaptação aos novos cenários

"E se a estratégia falhar?". Essa é uma das primeiras perguntas que escuto quando estou em projeto com os meus clientes. Ter um plano B, ou até C, é mais que prudência, é dever. Especialmente no mundo empresarial, o investimento de tempo e dinheiro direcionado a um plano de trabalho tem que ser considerado e milimetricamente calculado, assim como a segunda opção viável. Pessoas que rapidamente se reorientam, mais focadas na nova solução do problema do que na atribuição de culpa a terceiros, ganham imensa vantagem.

3. Surportar as críticas de maneira positiva

Ninguém está isento a críticas, porém pessoas que se preocupam excessivamente com o julgamento dos outros tendem a postergar atitudes e objetivos em função disso. Utilize as opiniões de maneira positiva, como um auxílio na busca da melhoria contínua e jamais engesse seus pensamentos e, consequentemente, suas ações. Nesse sentido, a forma de enxergar o comentário é o que diferencia o seu bom ou mau uso.

4. Mudar de opinião sem medo de ser feliz

A flexibilidade de ideias é a espinha dorsal daqueles que são aptos a adaptações. Não estamos falando de pessoas levianas, que mudam de opinião ao sabor do vento e dificultam a estabilidade das relações, mas sim de quem está sempre aberto a novos argumentos que possam se contrapor aos antigos. Assim sendo, procure compartilhar suas ideias e fundamentá-las, apresentando os elementos que lhe fizeram mudar com clareza e objetividade, de modo a deixar os demais engajados e motivados pela sua coerência de raciocínio e coragem de mudar.

5. Pausa consciente

Ativar os nossos melhores recursos internos não é tarefa fácil. Além disso, atingir pensamentos inovadores, o famoso "pensamento fora da caixa", torna-se tarefa hercúlea se a mente estiver inundada de preocupação, estresse e pensamentos automáticos. Dessa forma, sugere o doutor em psicologia Ryan Niemiec que a prática de pausas conscientes seja introduzida em nosso cotidiano, a fim de chegarmos mais rapidamente a esse comportamento flexível e ativar os nossos melhores recursos internos.

A pessoa flexível, pela natureza dos seus posicionamentos e pela característica como atua, além de aceitar melhor as novas ideias, lida de uma maneira mais positiva e tolerante com os seus erros. Na verdade, eles entendem os deslizes como aprendizado, por isso agem com maior liberdade na busca de soluções para os problemas. Desviando das mesmas condições limitantes anteriores e usando uma boa dose de criatividade, elas constroem novos caminhos e vislumbram novas perspectivas.

Referências

MANPOWERGROUP, O futuro das coisas. *Futuro do trabalho: 20 tendências para você sua empresa navegarem.* Relatório, 2021. <https://www.manpowergroup.com.br/wps/portal/manpowergroup/br/pesquisas>. Acesso em: 20 out. de 2021.

MLODINOW, Leonard. *Elástico: como o pensamento flexível pode mudar nossas vidas.* Rio de Janeiro: Zahar, 2019.

NIEMIEC, Ryan M. *Intervenções com força de caráter.* São Paulo: Hogrefe, 2019.

O. CLIFTON, Donald. *Descubra os seus pontos fortes.* Rio de Janeiro: Sextante, 2008.

S. DEWCK, Carol. *Mindset: a nova psicologia do sucesso.* Rio de Janeiro: Objetiva, 2017.

14

ALIANÇAS E CONEXÕES

Neste capítulo, veremos como as alianças e conexões podem contribuir em diferentes estágios do desenvolvimento humano individual e coletivo. Compartilharei com você algumas passagens da minha jornada profissional e pessoal, e as principais *soft skills* que foram a sustentação para que os resultados fossem além das expectativas.

MIRYAM TOLOTTO

Miryam Tolotto

Sou comunicóloga de formação e "eventóloga", terminologia adotada pelos profissionais da minha área de atuação, especialista em organização de eventos nacionais e internacionais por mais de 20 anos. Em minha trajetória, reúno experiências como gestora de pessoas, projetos corporativos e sociais. Sou criadora e facilitadora de conteúdo programático para a elaboração de treinamentos, seminários, palestras e *workshops on-line*, presenciais e híbridos, colaboradora de conteúdo para nichos de mercados e negócios. Fundadora da ANEMP – Associação Nacional de Etiqueta e Mesa Posta, conselheira no Conselho de Varejo da ACSP e vice-presidente na ANPOP-Associação Nacional de Profissionais de Organização e Produtividade. Empreendedora, mãe da Laura, casada com o Rodrigo, filha da Dona Ester e cercada de tantas outras pessoas especiais que me acompanham e me centralizam. Sinto-me privilegiada e grata por tê-las ao meu lado.

Contatos
mitolotto@gmail.com
Instagram: @miryam.tolotto
LinkedIn: miryamtolotto
11 98166 8086

Você já parou para pensar em como as alianças e conexões são essenciais nas relações? É um processo que vai muito além das redes de contatos. São elas que conduzem pessoas e negócios a se diferenciarem, adquirirem conhecimento e construírem relações profundas e confiáveis, um cenário que favorece a troca de informações e a expertise que elevem os resultados para objetivos comuns. São difíceis de se formar, mas quando estabelecidas, tornam-se mais importantes do que qualquer outra variante. São meios que precisam ser nutridos para serem valiosos e dependem da mutualidade e da conclusão das etapas para o retorno efetivo. Estarmos conectados tem sido uma prática, principalmente diante de um mundo tecnológico repleto de ferramentas facilitadoras. E para que você possa se desenvolver cada vez mais no estabelecimento de alianças e conexões, as habilidades destacadas no decorrer deste capítulo serão relevantes.

Curiosidade

Certamente foi a curiosidade que estimulou e proporcionou desafios em várias fases da minha vida e contribuiu para que eu não me enquadrasse em escolhas que não fossem as minhas. Uma *soft skills* vital na promoção de todas as outras, ela nos permitirá conhecer, reconhecer e aprimorar diversas áreas do conhecimento e capacidade que possuímos. Favorecerá o entendimento de outras rotinas, processos, dinâmicas e inúmeras possibilidades. Pense quanto a junção de todos esses meios pode contribuir na formação de alianças e conexões.

Foi na adolescência que tive minha primeira experiência de trabalho e notei os benefícios da curiosidade para o desenvolvimento. Sou de uma família descendente de imigrantes italianos, em que existia uma combinação básica para o sucesso: emprego e estudo.

Mas, para mim, a conquista de um emprego foi encarada como oportunidade para outros interesses. E quando somos curiosos, só paramos de tentar entender quando finalmente absorvemos algo valioso. É a curiosidade que contribui para as evoluções.

Planejar, organizar e observar

Um trio funcional para você concretizar qualquer projeto. Planejar envolve o preparo de uma sequência de ações, a organização permitirá utilizar os recursos ideais e eficientes para os resultados e observar elevará as chances de mudanças em tempo hábil para atender a demandas e desejo, principalmente quando os objetivos são trabalhados em conectividade. Reparei nos mercados de trabalho e entendi como os ambientes favoreciam alianças e conexões produtivas. Fui indicada para atuar em uma redação de jornal, onde tudo acontecia de forma dinâmica e planejada, o que me possibilitava contribuir com a rotina de tarefas de outras pessoas e me proporcionou o aprendizado e a definição de prazos.

Reunir essas três *soft skills* exigirá disponibilidade e prática do olhar para o necessário, colaborar será o caminho para reciprocidade e generosidade, facilitadoras na condução dos relacionamentos para execução dos planos em diversas esferas.

Colaboração e empatia

Ambas vão muito além de ajudar pessoas, pois são habilidades de percepção e compreensão, indispensáveis para evoluir e manter o convívio saudável, seja em uma corporação ou nas relações interpessoais. Ao propor alianças e conexões, é importante estar ciente de que encontrar apoio no modo de enxergar o outro para apresentar alternativas aos problemas e otimizar soluções favoráveis a todos nem sempre será tarefa fácil.

Vivenciei fases generosas de aprendizado, inclusive na construção das relações sólidas, nas quais o relacionamento direto com clientes e equipes exigia a escuta ativa para entender as dores e buscar soluções. Quando você se propõe a auxiliar e tem empatia, essas *soft skills* favorecerão o ato de ouvir ativamente a necessidade do outro, o que fidelizará as relações. Houve situações em que a minha disponibilidade em ouvir nem sempre resultava em *feedbacks* motivadores, afinal para a empresa isso não agregava no cumprimento de metas. Saber ouvir e comunicar ainda é um grande desafio. A teoria precisa ser praticada sem dúvida, mas essa combinação pode transformar empresas, negócios e pessoas. No livro *Soft Skills* (volume1), você encontrará um capítulo dedicado à empatia com maior profundidade.

Negociação humanizada

Pode parecer uma visão ingênua – falar de negociação humanizada – considerando o formato de competição estabelecido: para existir um vencedor, alguém tem de perder. Porém, quando tratamos de negociações formadoras de alianças ou conexões, essa tratativa tem de ser ganha-ganha antes mesmo de iniciar, e para isso algumas habilidades emocionais e comportamentais também impactam positivamente.

Conduzir uma negociação em que todos ampliem seus propósitos agregará valores que vão além dos aspectos financeiros. Mesmo sendo uma das partes mais fortalecidas, não significa fragilidade do outro lado; pelo contrário, se houve interesse, foi justamente pelo fato de existir a posse de conhecimento e gestão focada no desenvolvimento empresarial, humano e técnico para o avanço dos resultados.

Parte da minha experiência circulou na década de 1990, quando os resultados e as expectativas eram sedentos por lucros, e o lado humano pouco observado. Percebi, após alguns anos empenhada em treinamentos com times de alta *performance*, quanto a ausência das relações interpessoais fragiliza os processos. A negociação é uma *soft skills* essencial no momento de desenhar o cenário de interesses, portanto, ao conduzir de forma empática e diferenciada, você estabelece relações produtivas e duradouras.

Flexibilidade

Ser flexível talvez seja uma das competências mais difíceis nos planejamentos que envolvem alianças e conexões. É necessário que encaremos a flexibilidade como um ganho e não como fragilidade, uma forma condutora no alinhamento das expectativas. Flexibilizar mostra versatilidade, resiliência e adaptação ao novo. Além de contribuir com as informações claras e específicas sobre os comportamentos e as práticas esperadas para atingir objetivos atrelados com integrações diversas.

Tenho um registro iniciado no aterrorizante dia 11 de setembro de 2001. Atordoada com a notícia dos atentados contra os Estados Unidos, recebi um convite que possibilitou a jornada mais intensa e desafiadora da minha carreira, ao ingressar na indústria de eventos.

Foram mais de 20 anos, somando-se algumas aquisições e fusões entre multinacionais desse setor. Períodos de rupturas e mudanças aceleradas de gestão e culturas, repletos de flexibilizações e equilíbrio emocional. Se você já vivenciou esses processos, conhece bem os impactos quando o gatilho da incerteza dispara. O fator emocional é dominante no gerenciamento das inseguranças e fragilidades na adaptação, geralmente as pessoas tendem a proteger seus territórios e não mensuram a importância das conexões para amenizar o processo integrativo. O mesmo ocorre com as negociações, nas quais as expectativas transbordam em todo processo. E se não estivermos equilibrados emocionalmente, não seremos flexíveis. Percebemos e aplicamos certas habilidades ao longo de nossas vidas, e eu questionava o fato de sempre ser designada para gerir projetos complexos.

As respostas vieram no decorrer das etapas cujos desafios eram assumidos pensando nos efeitos positivos e ciente das dificuldades no trajeto e situações em que eu não teria o total controle. É sobre estarmos flexíveis e receptivos, afinal encarar desafios exige persistência. A recompensa estará vinculada nas conexões que vão surgindo com o movimento de fazer acontecer.

As fases para a construção de alianças e conexões são enriquecedoras, além de impulsionarem negócios, promovem descobertas e nos permitem a visão de futuro.

Criatividade e produtividade

A criatividade contribui infinitamente para a inovação e o desenvolvimento de ideias provoca o nosso jeito de pensar e agir; consequentemente, nos estimula a sermos mais produtivos. Só não funcionará se o estímulo for apenas verbal, ou seja, sem ação não existe resultado eficaz.

Compartilho com você pausas que fiz e destaco a maternidade como uma das mais emblemáticas já vivenciada. Ser mãe é um projeto que muda completamente a vida, amadurecimento, desafios, disposição para aprender, ensinar e doar tudo o que temos incondicionalmente. Foram cinco meses enriquecidos com criatividade e produtividade.

Na segunda pausa foi a vez do meu parceiro de vida, uma oportunidade de trabalho em Indaiatuba, interior de São Paulo que alterou nossa rota. Eu seguia à frente de um projeto em que a frequência de viagens comprometia minha função de mãe, assim a decisão para mudança de cidade foi pautada na maternidade, carreira do parceiro e estudos sobre empreendedorismo.

Já instalados, o contato com as mães no colégio em que minha filha estudava possibilitou a coleta de informações sobre as carências na região. Dediquei-me a empreender e surgiu então a primeira esmaltaria na cidade. Nessa fase, os processos criativos e as alianças estabelecidas foram cruciais para o negócio e pessoas envolvidas. Eu só não contava com a escassez da mão de obra local. Insisti por um tempo e desisti. Aqui destaco a *soft skill* do aprendizado mesmo diante da frustração, pois as competências e habilidades não estavam sincronizadas para que a evolução fosse satisfatória.

Outra possibilidade para você analisar quando falamos em criar são as redes sociais. Por meio delas, nos conectamos com agilidade para permanência dos relacionamentos. E com o uso da tecnologia, eu acompanhava as movimentações do mercado ao qual estava distante, assim surgiu o convite para retornar a empresa em que havia atuado por mais de dez anos. Foi uma decisão difícil, o retorno diante da escolha provocou o rompimento de alguns ciclos. Mas fizemos as adaptações necessárias para que fosse sem traumas e questão de tempo para voltarmos ao fluxo normal.

Você identificou nessa passagem que nós só saberemos o resultado se ousarmos produzir ou fazer diferente? Experimente atrelar ousadia e coragem e aceite que dar certo ou errado faz parte da vida e será compensador.

Administrar conflitos e resolver problemas

Sabemos que são várias as formas de alianças e conexões, que muitas são estimuladas e utilizadas diante do dinamismo e da competividade do mercado; para que esse processo seja eficaz, a agilidade na resolução dos problemas precisa existir. Essa é uma *soft skill* que coleciona ações providas de múltiplas competências e que não se restringem apenas à vida profissional. Identificar um problema e saber revisar as informações para se posicionar eficientemente é valioso. São basicamente métodos que, se usados de forma ordenada, serão eficientes na busca de soluções.

Atuei em uma organização em fase inicial, e foi agregador para compreender que, mesmo sabendo que temos *expertise*, encarar uma estrutura com interesses diversos, exige senso de urgência e habilidade na tomada de decisões para evitar o acúmulo de problemas. Um cenário em que a gestão de conflitos e o trato com as divergências estavam presentes foi imprescindível para manter o foco e motivar equipes na entrega de resultados. Abordo também a importância das ferramentas de suporte e evidencio o *endomarketing* para uma gestão equilibrada e quanto sua ausência pode impactar o ambiente. Entendo que, quando tratamos de alianças e conexões, o *endomarketing* pode conciliar as expectativas e evitar possíveis desgastes, a fim de que o objetivo seja estabelecido e tenha continuidade. Minha conclusão é de que todas as pessoas envolvidas direta ou indiretamente em um projeto de curto, médio ou longo prazo devem estar conectadas. O processo cíclico deve ser pensado para envolver, educar e estimular o cooperativismo em todos os níveis. Os resultados certamente terão valores absolutos se estiverem ajustados de dentro para fora.

Propósito

Alianças e conexões são ações que precisam estar unidas ao propósito de transformar e marcar trajetórias. A ideia pode ser simples, mas colocá-la em prática nem sempre é fácil. Por isso, deixo aqui algumas dicas que poderão nortear escolhas e decisões nas suas buscas:

- **Pesquise**, analise e amplie seu campo de visão. Pense fora da caixa;
- **Junte-se** a empresas e pessoas que pensam como você;
- **Estabeleça** regras com proporções idênticas desde o início;
- **Comunique**, invista para que seja eficiente durante todo o processo;
- **Monitore** os resultados e os evidencie com frequência;
- **Potencialize**, identifique forças onde você tem fraquezas;
- **Seja transparente**, o resultado ganha-ganha deve ser mantido em todos os aspectos.

Preserve o pensamento de que as alianças e conexões oferecem ambientes propícios ao diálogo e são sinérgicos ao desenvolvimento e à união de forças. Com a iniciativa de promover relações saudáveis e sustentáveis, proporcionaremos oportunidades e efetividade nas escolhas individuais e coletivas. É poderoso, acredite!

Referência

RATH, Tom. *Descubra seus pontos fortes*. Rio de Janeiro: Sextante, 2019.

15

AGILIDADE EMOCIONAL

O maior obstáculo para conquistarmos a vida que gostaríamos está, muitas vezes, dentro de nós. No modo piloto automático, reagimos aos estímulos por impulso e não de forma intencional e acabamos frequentemente indo contra nossos valores e objetivos de longo prazo. A *soft skill* que abordaremos neste capítulo nos permite alterar essa dinâmica e tornar nossas escolhas mais conscientes.

FLÁVIA GONET S. NÓBREGA LIMA

Master coach pela SBCoaching e Institute of Coaching Research, com certificações em Liderança, Inteligência Emocional e Inteligência Positiva. Atua como *coach* de carreira para mulheres e como *trainer* em competências comportamentais em empresas. Engenheira de Produção e Telecom com mestrado em Estratégia e 16 anos de experiência no mercado corporativo. É fundadora da Vibre Sua Essência e diretora *spouse* do YPO (*Learning/Mentoring*), onde também é mentora. Ajuda mulheres a equilibrarem carreira e vida pessoal com desempenho e sem culpa. Auxilia empresas a aumentarem resultados a partir do desenvolvimento de competências comportamentais e da mudança de padrões de pensamento.

Flávia Gonet S. Nóbrega Lima

Contatos
www.vibresuaessencia.com.br
flavia@vibresuaessencia.com.br
LinkedIn: Flavia Gonet Nóbrega de Lima
Instagram: @vibresuaessencia
21 98852 0600

O papel das emoções em nossas escolhas

A todo momento estamos fazendo escolhas. Para evitar sobrecarga no próprio sistema, nosso cérebro busca automatizar esse processo. Muito justo quando se trata de avaliar se, ao acordamos, pisaremos com o pé direito ou esquerdo para sair da cama, mas um pouco mais sutil quando a escolha está entre dormir mais ou se levantar para correr.

Essas escolhas automáticas são, na maioria das vezes, inconscientes, firmadas em nossa "base de dados interna", formada por nossas crenças, cultura, vieses, memórias e fortemente influenciadas por nossas emoções, que representam nossa tradução aos sinais captados ao vivenciarmos o mundo. Usamos os cinco sentidos para absorver essas informações e essa "base de dados interna" para interpretá-las e orientar nossos comportamentos.

Ao ouvirmos um alarme disparado em casa, se acharmos que é um *bug*, teremos uma conduta, mas se desconfiarmos que é um ladrão, a reação será completamente diferente, concorda? Nosso cérebro não consegue distinguir o que é real ou imaginário e trata como fato algo que é meramente nossa interpretação, nosso pensamento.

> *O que perturba os homens não são as situações, mas o modo como eles as interpretam.*
> EPÍTETO

A questão é que nossa base de dados tende a dar maior peso às informações negativas. Como herança dos antepassados reforçamos o foco em nossa sobrevivência, isso explica por que muitas vezes agimos de forma contraditória aos nossos interesses, almejamos mudar comportamentos improdutivos, nos comprometemos com sonhos mais ambiciosos, mas nossos pensamentos cotidianos estão sempre nos apontando falhas, faltas e alertas, que nos levam a ações automáticas que nos afastam em vez de nos aproximar desses objetivos.

Não podemos controlar quase nada do que experienciamos no mundo e que serve de gatilho para nossas emoções. Sentir todo o espectro delas é inerente a estarmos vivos. Não é algo que possamos desativar nem devemos, pois todas são válidas e bem-vindas, mesmo as negativas. E a tentativa de evitá-las só piora, porque o que você reprime inevitavelmente cresce. Além disso, nós precisamos encarar as emoções pelo que realmente são: **mensageiras de informações relevantes para o autoconhecimento e fundamentais para escolhermos o caminho da autenticidade, leveza e desempenho.**

A rigidez emocional ocorre quando ficamos presos aos pensamentos, sentimentos e comportamentos, que nosso cérebro aciona como estratégia de sobrevivência. Tornando-se uma forma de autossabotagem. Assim, **a agilidade emocional**, termo definido pela psicóloga Susan David e nomeado pela *Harvard Business Review* como a melhor ideia de negócio e gestão em 2018, **é a capacidade de desligar esse piloto automático e ser flexível com pensamentos e sentimentos para ser possível escolher comportamentos que contribuam para alcance do que realmente desejamos a longo prazo.**

Descobrindo seus gatilhos emocionais

A dificuldade em racionalizar nossas ações a partir das emoções é que a velocidade de reação do inconsciente é maior do que da parte racional que analisa as consequências de longo prazo, como o raio e o trovão. Por isso, tentar mudar comportamentos sem refletir sobre os pensamentos e emoções não é eficaz. Essa forma de funcionamento favoreceu à sobrevivência quando a ameaça era um tigre, mas pode fazer você recusar a oportunidade profissional dos sonhos por medo de fracassar.

Conquistar a agilidade emocional é conseguir, após ter sido acionada por um gatilho externo, no caso citado o medo de fracassar, em vez de deixar-se levar e declinar a oportunidade para não encarar o medo, discernir os pensamentos e se permitir atribuir uma interpretação mais clara das circunstâncias para reagir de modo apropriado e em harmonia com seus valores mais profundos. Por que eu penso em declinar? **Por que estou com medo de fracassar?** O que, de fato, penso sobre sucesso e fracasso? **O que realmente vai acontecer se der errado?** E se desse certo, o que isso me traria? Se não tivesse medo, como eu gostaria de agir? Que emoção estou escolhendo sentir no lugar do medo ao não tentar? Perceba que não se trata de trocar o pensamento desfavorável por um positivismo vazio, pensando que tudo vai dar certo sem qualquer avaliação e sim não permitir que o peso de crenças e experiências passadas sirvam como única instrução no presente.

Como colocado maravilhosamente pelo neuropsiquiatra Viktor Frankl: "Existe um espaço entre o estímulo e a resposta, nesse espaço está nosso poder de escolha, nosso crescimento e nossa liberdade".

Ter clareza dos gatilhos, no caso o medo do fracasso, nos possibilita mais recursos para usar de forma ágil esse espaço para o discernimento. Conhecendo esse gatilho, a pessoa pode adotar, por exemplo, a estratégia de nunca responder imediatamente a uma proposta para ganhar tempo e desafiar a interpretação inicial. Ganhar tempo, aliás, é uma excelente estratégia para sair da reação impulsiva.

Reflita: quais são **as situações** em que suas emoções assumem o comando e você se vê preso à mesma maneira de reagir incompatível com seus interesses? Qual era a **emoção** associada? O que ela queria dizer-lhe?

A raiva, por sua vez, comunica valores e necessidades não atendidos. Um dia em que tinha planejado vários compromissos minha funcionária faltou, fiquei com muita raiva e pensei que não podia mesmo contar com ninguém, segui ruminando esses pensamentos e alimentando a raiva, relembrando todas as razões pelas quais meu sentimento era válido, ampliei e mantive-o dentro de mim. Acabei tendo uma reação desproporcional com meu filho, que não tinha nenhuma relação com o acontecido. Foi quando percebi que minhas emoções estavam no comando e comecei minha autoconexão.

Pensei quanto valorizo a harmonia e que reações desproporcionais não eram a escolha de comportamento que gostaria de ter, me desculpei com meu filho externalizando como estava me sentindo e qual era minha necessidade não atendida. Entramos em um acordo e finalizei acrescentando que estava num dia difícil. Ao falar isso, percebi que, na verdade, estava empoderando minha emoção a passar desnecessariamente o dia inteiro comigo. Esse *insight* serviu como convite a mais discernimento, e fui com curiosidade voltando os acontecimentos e me fazendo uma sequência de perguntas que ajudou a clarear a situação. **Por que isso me alterou emocionalmente? O que é importante para mim e foi violado? Por que isso é tão importante?** Enquanto fazia minha retrospectiva, oferecendo empatia e não crítica, comigo, com a situação e com os envolvidos, a raiva foi se transformando em curiosidade e aprendizado. Notei que tinha caído em comportamentos sabotadores clássicos: encarei a falta dela como algo pessoal, direcionado a mim e tirei conclusões sobre o que isso significava, falta de compromisso e lealdade. Quando na verdade não era nada disso.

Na vida, não temos quase nenhum controle sobre as circunstâncias. Imprevistos acontecem. Quanto mais rápido aceitamos o que não podemos controlar, ganhamos espaço mental e emocional para agir dentro do que podemos e que por isso merece nosso foco.

Além disso, percebi que sempre temos a escolha de nos mantermos ou não na emoção; quando ruminamos e reforçamos, estamos escolhendo levar esse estado emocional para as demais experiências do dia.

Notou que, tanto no caso do medo quanto da raiva, **mergulhar na experiência emocional e não fugir dela foi o que permitiu melhorar a situação?**

Assim como para agilidade física, ampliar a agilidade emocional exige prática. Compartilho, então, 4 passos para o desenvolvimento da sua **agilidade emocional**.

1. Olhar para a frente

Aceitar as emoções sem julgá-las, praticando uma escuta empática e curiosa em relação a si mesmo, se interessando verdadeiramente pela descoberta que terá pela frente. Trocando a visão crítica, que coloca o foco no que falta, no errado – seja em si mesmo, no outro ou nas circunstâncias – pela compaixão de saber que somos humanos e imperfeitos e quase nada está sob nosso controle. Escolhendo a coragem da mudança no lugar do aparente conforto do conhecido.

Encarar as emoções, identificar os pensamentos a ela associados e aceitar que não representam a única versão da verdade são pré-requisitos para a mudança real.

2. Afastar-se e discernir

Para poder desafiar seus pensamentos e buscar novas perspectivas, é preciso criar um distanciamento entre você e seus pensamentos, já que o cérebro não consegue lutar contra ele mesmo.

Uma analogia que ajuda a sair da sua interpretação e buscar uma visão mais isenta é pensar como se existisse um observador neutro, uma câmera, o que ela teria filmado?

O professor William Ury propõe o conceito de "ir para o camarote", como se você se tornasse o observador neutro, de um espaço em que assume uma perspectiva mais abrangente da questão para uma isenta análise dos fatos.

A inteligência positiva tem abordagem semelhante propondo que você se dissocie do pensamento, terceirizando-o ao crítico, à fonte de todos os pensamentos negativos, e seguindo a estratégia de desafiá-lo.

A comunicação não violenta é um exemplo prático da agilidade emocional a serviço de relacionamentos melhores. O psicólogo Marshall Rosemberg propõe a observação dos fatos sem julgamento, seguida por uma etapa de autoconexão para identificar as emoções engatilhadas e a investigação interna das necessidades por trás das emoções experimentadas como pré-requisitos para só então partir para a fala em si.

3. Ser coerente com seus motivos

Sucesso, valores, necessidades são conceitos pessoais. Ao ficarmos presos em comparações, afirmações e expectativas de outras pessoas, fazemos escolhas não autênticas, voltadas para elas.

Por isso é importante a reflexão: o que seria uma vida bem-sucedida para você? **Se daqui a cinco anos pensar sobre essa situação atual, que atitude valorizaria ter tomado independentemente dos resultados?** Quais valores você gostaria que orientassem suas decisões? Suas escolhas hoje lhe permitem viver esses valores?

Aproveitar o tempo entre estímulo e resposta para refletir se a escolha de comportamento o aproxima ou afasta dos seus objetivos e da pessoa que quer ser.

4. Seguir adiante

A rigidez emocional pode ter se tornado um hábito para você. Por isso, a mudança requer persistência até que os novos comportamentos sejam automatizados. Mudar qualquer hábito envolve o reconhecimento dos gatilhos (aquilo que dispara o hábito), a troca da rotina (o padrão que desejamos mudar) e a validação da recompensa (o que almejamos com aquilo). No caso da gestão das emoções, a recompensa buscada na rigidez emocional é evitar as emoções negativas restringindo a visão para o curtíssimo prazo.

Para alinhar a escolha da coragem e do comprometimento no lugar do conforto, é necessário alinhar sua motivação com a mudança. Inserir a visão do benefício de longo prazo para QUERER mudar, ser capaz de fazer as próprias escolhas intencionais a respeito de como agir e não TER QUE mudar para atender às expectativas externas.

Não é uma transformação mágica, são pequenos passos dados de forma consistente. Evoluir requer desconforto, mas, quando nos propomos a pequenos ajustes, colocamos menos em jogo e o custo de fracassar diminui nos fazendo sentir menos ameaçados. Metas menores e mais acionáveis mobilizam mais a ação.

E o que é o fracasso senão apenas um resultado, um aprendizado. Ampliar a agilidade emocional, melhora seus relacionamentos, seus resultados e sua sensação de bem-estar em relação à vida. Como define Susan David, ela possibilita que sejamos nosso eu autêntico para todo mundo, todos os dias. Saiba mais sobre autenticidade no volume um do livro *Soft Skills – Competências essenciais para os novos tempos*.

Dicas de implementação

1. **Ao perceber que alterou o seu estado emocional, pare e respire.** Interrompa o impulso, nomeie a emoção que está sentindo, reconheça-a como mensageira **e vá para o camarote.**
2. **Faça o processo de autoconexão:** o que me engatilhou? Por quê? Isso é realmente importante para mim?
3. **Troque a crítica pelo discernimento** e busque uma perspectiva mais realista da situação.
4. **Escolha entrar em ação de forma alinhada com seus valores.**

A agilidade emocional vai afetar positivamente seus relacionamentos com os outros e com você mesmo.

Que seja uma jornada incrível!

Referências

CHAMINE, Shirzad. *Inteligência positiva: por que só 20% das equipes e dos indivíduos alcançam seu verdadeiro potencial e como você pode alcançar o seu*; tradução Regiane Winarski – 1. ed. Rio de Janeiro: Objetiva, 2013.

DAVID, Susan. *Agilidade emocional: abra sua mente, aceite as mudanças e prospere no trabalho e na vida*; tradução Claudia Gerpe Duarte e Eduardo Gerpe Duarte. São Paulo: Cultrix, 2018.

GOLEMAN, Daniel. Ph.D. *Inteligência emocional: a teoria revolucionária que redefine o que é ser inteligente* – 2. ed. Rio de Janeiro: Objetiva, 2012.

URY, William. *Como chegar ao sim com você mesmo*; tradução de Afonso Celso da Cunha. Rio de Janeiro: Sextante, 2015.

16

EQUILÍBRIO

Reflita sobre o poder dos sentimentos. Desafie-se a compreender genuinamente o que sente, decodificar suas relações interpessoais. Não potencialize, não minimize. Na medida certa, explore com consciência e trabalhe comportamentos. Estar em equilíbrio é estar bem consigo, inspirar outros e fazer a diferença, no mundo dos negócios ou em qualquer cenário que a vida apresentar.

CLÁUDIA DANIENNE MARCHI

Cláudia Danienne Marchi

Empresária e palestrante, atuo há 26 anos em diversificadas experiências ligadas a RH. Sou sócia-fundadora da Degoothi *Consulting*, referência em Gente & Gestão. Sou mãe, esposa, *pet lover*, valorizo a família como centro do equilíbrio da vida, além de uma assumida *lifelong learner*, com experiências culturais adquiridas no mundo – Ásia, Europa e Américas. Psicóloga, possuo cursos complementares na *Harvard Business School*, no Instituto de Tecnologia de Massachusetts (MIT), na FDC/ INSEAD, dentre outros. Por mais de 22 anos, atuei em RH´s de grandes empresas, de estagiária evoluindo até diretora executiva de Capital Humano. Em 2016, seguindo meu forte desejo de empreender, pedi demissão da carreira executiva para ser empresária. Na bagagem, felicidade e incontáveis projetos para clientes corporativos e/ou individuais ligados à Gente & Gestão.

Contatos
degoothi.com.br
claudiad@degoothi.com.br/
LinkedIn: Cláudia-danienne-marchi/
Instagram: @claudiadanienne.insights / @degoothi

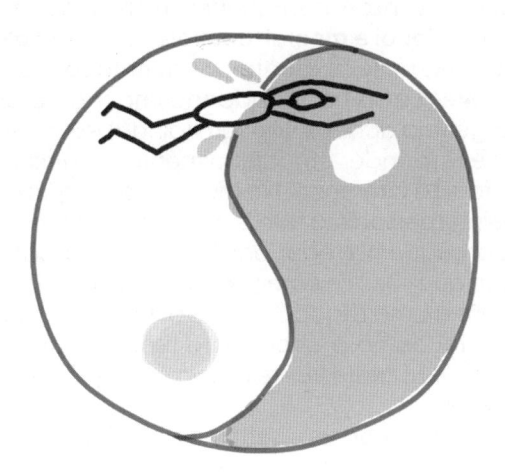

Olá!

Obrigada por seu interesse em meu capítulo. O título é simples mesmo, mas, acredite, o tema é de máxima relevância em nossas vidas. Espero que a leitura seja agregadora, tal qual estivéssemos em um bom compartilhar de ideias, afinal, refletiremos aqui sobre a importância de administrarmos nossos sentimentos e emoções, buscando equilíbrio e estabilidade na jornada existencial.

Faça anotações desdobradas dos *insights* aqui despertados, viva a experiência da leitura. Vale escrever no livro, isso não vai "estragá-lo", e sim adicionar valor. O seu registro genuíno tem importância. De tempos em tempos, se você reler estas páginas, emprestá-lo ou doá-lo, talvez seus apontamentos possam somar às reflexões do seu novo momento de vida ou instigar a curiosidade de outro leitor por meio das suas impressões.

Minha intenção é que alguma frase, citação ou reflexão possa dar um *click* no seu pensar ou no seu agir – fazendo bem a você e àqueles com quem interage: para autoconhecimento, *feedback* a ser dado a alguém ou mentoria.

Tal qual o famoso e muito antigo mito da esfinge de Tebas, faço uma provocação inicial e contemporânea a você: **"decifra-te ou serás devorado"**. Ao aceitar o desafio, se você não estiver atento a sua estabilidade emocional, carregada de pensamentos, ações, reações, comportamento em geral perante os cenários da vida, perderá oportunidades, sofrerá sem necessidade e fará muitos sofrerem também.

Permita-se, ao longo de sua jornada, revisitar suas emoções e sentimentos. Coloque consciência, busque seu autoconhecimento e da mesma forma, em suas relações, não critique demasiadamente, exercite a empatia. E acredite: **sempre há tempo para mudanças se de fato as desejarmos**.

Vale a pena contextualizarmos. *Equilíbrio*, na linguagem figurada, significa: **estabilidade emocional e mental; controle, autocontrole, autodomínio**[1]. Se estiver como uma sentinela, atento a suas emoções e sentimentos, dia após dia, desenvolverá essa habilidade tão importante denominada *soft skill*, pois uma inteligência artificial não tem (ainda) essa aptidão emocional de compreender e responder emocionalmente a estímulos.

O equilíbrio faz toda a diferença. No mundo dos negócios, nas mais diversificadas relações interpessoais, o fato é que um indivíduo com instabilidade emocional não consegue navegar bem frente aos desafios.

Tenha em mente que são "as **emoções** que dão origem aos **sentimentos**. Emoções se referem a uma reação instintiva, uma resposta neural para os estímulos externos, tal como o choro ou o riso, os sentimentos, em geral, refletem como a gente se sente frente a uma emoção, faz parte do universo da mente, do interior"[2].

E você? Lida bem com os seus sentimentos? Acredita que estão com uma "medida" coerente? Você os supervaloriza? É do time que finge que não se importa com isso? Tem consciência que pode calibrar melhor suas respostas emocionais? Está aberto a mudanças?

Então, é o **momento de ampliar as ideias e** compreender que, para se obter o equilíbrio emocional, precisamos estar em harmonia, ter uma proporcionalidade em nossas emoções e sentimentos, dominar pensamentos e ações – ter o controle de si. Caso contrário, os resultados serão relações hostis, sem acolhimento, sem oportunidades ganha-ganha, podendo até desenvolver doenças mentais e psicossomáticas – aquelas alterações emocionais que causam sintomas físicos, como gastrite, labirintite etc.; em ocasiões assim, sempre ouça um médico e não fique no "achismo" acreditando que vai passar".

Lembrei-me de duas frases muito especiais que podem inspirá-lo a partir de agora diante do tema e sempre as uso em minhas palestras: "uma mente que se abre a uma nova ideia, jamais voltará ao seu tamanho original" (EINSTEIN, 1955) e "uma vida sem propósito é uma morte prematura" (GOETHE, 1832).

Confesso que escrevendo para você acabo por exercitar um pouco da busca contínua pelo equilíbrio. Relendo, apagando, exigindo mais de mim, mudei algumas vezes o título e os apontamentos deste capítulo, pois nenhum me parecia excelente. Mas, com a inspiração sobre ampliar ideias e ter forte um propósito, respirei e decodifiquei conscientemente o que estava sentindo. Percebi que não adiantava reforçar o meu traço perfeccionista, pois a excelência é um fator percebido. Daí, nunca agradarei a todos e, se *"bobear"*, nem a mim mesma.

Tudo a ver, não é mesmo? Equilíbrio para tomada de decisão – seguir escrevendo com transparência o que estou sentindo, humildade em reco-

---

[1] Fonte: Michaelis Dicionário Brasileiro da Língua Portuguesa.

[2] https://www.cvv.org.br

nhecer limitações, vontade de contribuir, certeza de que terá pontos que deverei no futuro aperfeiçoar. Meu autoacolhimento foi: estou confortável com o resultado aqui consolidado e sigo em harmonia com o meu "eu", certa de que sempre há muito a aprender. A atitude de *lifelong learner* ajuda na jornada.

Faz sentido para você até aqui? O que vem à sua mente sobre "O SEU **EU**QUILÍBRIO"? Quais são os *insights* até agora? Convido você a registrar o que está sentindo. Lembrou-se de quê? Deu vontade de quê?

Essas pausas para conexão e foco fortalecem a busca pelo equilíbrio. Repita isso em futuras experiências. Explore o **sentido** do momento: o que ele denota para você? Não passe pelas oportunidades com um "tanto faz, tanto fez". Não acumule sentimentos duvidosos. Se tiver que viver o luto, permita-se chorar e entender que dói muito. Se estiver exageradamente feliz, potencialize a alegria evocando a gratidão. Se sentir medo, acolha-se, enfrente o monstro interno e não o alimente. Se fez algo de que se arrependeu, perdoe-se e, com o aprendizado, não repita o erro. Essas dicas servem para o pessoal e para o profissional. Ressignifique com "valor" o que não sai da sua mente e não lhe faz bem.

Em projetos de desenvolvimento & alta *performance* com meus clientes, inicio com o módulo relações interpessoais: **gente primeiro, gestão na sequência.** Uma dica: estudiosos sobre felicidade recomendam que se tenha um caderninho ao lado da cama e, antes de dormir, seja evocado 3 aspectos que fizeram com que você se sentisse feliz ou grato naquele dia. O registro disso potencializa o bem-estar.

Já pensou se na vida tudo que passamos fosse simples assim? Lembrar, racionalizar, administrar a situação e seguir. Mas sabemos da complexidade. A inteligência positiva muito nos ensina a respeito. Todos temos no cérebro uma parte que é **o sábio** e a outra que vem a ser **o sabotador**. Em qual dessas nutrimos pensamentos e comportamentos? Para se aprofundar no tema, recomendo o livro *Inteligência Positiva*, de Shirzad Chamine. Desde que li, fiquei fascinada.

E mais: se exercitarmos nossa mente, é possível alcançarmos equilíbrio, bem-estar e felicidade. Isso exige boa dose de compromisso pessoal, interesse genuíno de compreender o que acontece com as nossas emoções e quais sentimentos despertam a fim de nos ajustar, mudar, corrigir, desaprender, aprender e reaprender. A visão aqui é de inclusão - consigo mesmo e com todos ao seu redor.

Se alguém chega atrasado a uma reunião, antes de partir para uma negativa de entrada ou expor a pessoa de modo indelicado na frente dos outros, procure saber rapidamente **como a pessoa está** e **o que houve**, atente-se para a ordem aqui dos fatos. Depois, com a reserva devida, detalhe a situação. É impossível não remetermos **empatia e compaixão.** Isso nos ajuda, e muito, a colocarmos luz no que não está nos fazendo bem e acultura o outro.

Veja que até o vilão do estresse pode ser usado a nosso favor, o chamado *eustress*, que age como um gatilho motivacional para o alcance da melhor alternativa, a exemplo da tensão de um bombeiro tendo que resgatar uma vida que depende dele ou quando um CEO recebe da *headquarter* uma meta de fazer um *downsizing* para salvar a operação da subsidiária como um todo. E assim, para cada *business*, atividade, interação que pensarmos na vida, somos demandados. É diferente do *distresse*, o estresse negativo, que nos consome por longos períodos, fazendo adoecer corpo e a mente.

Se transformada em um hábito contínuo, a busca pelo equilíbrio emocional se torna comportamento. Perante o trivial e nas intempéries mais complexas, nos ajudando a fazer com que os momentos sejam mais profissionalizados, humanizados, respeitosos, dotados de valor para quem faz e para quem é contemplado.

Imagine um líder de atendimento desequilibrado conversando com o cliente insatisfeito. Um profissional da saúde, instável emocionalmente, lidando com a morte de seu paciente e tendo que transmitir a notícia ao familiar. Um palestrante que vai proferir uma mensagem sobre inclusão & diversidade e os exemplos de seu *pitch* não respeitam as diferenças.

Quem trabalha com Gente & Gestão tem que estar atento aos detalhes, na formação das pessoas, nos sentimentos e emoções que ali crescem, nutrem e fortalecem uma cultura organizacional vencedora. Isso não pode estar em segundo plano e, no momento difícil, figurar na linha de cortes para um bom EBITDA. Dê importância ao clima interno, às boas práticas humanizadas, invista no desenvolvimento de um time equilibrado, produtivo e, *by the way*, feliz.

Vale estar no radar que nós, humanos - independentemente de onde ou o que fazemos, da dona de casa, com seu trabalho exaustivo e importante, ao executivo *worklover* - precisamos de escuta atenta, de acolhimento, de *feedback* objetivo e direcionado e, em alguns casos, da assistência conduzida por profissionais especializados, psicólogo ou psiquiatra. Portanto, atenção para não negligenciar, não ser omisso, não generalizar – cada caso é um caso e merece o devido respeito com relação à tratativa para alcance do equilíbrio.

Trazendo para o corriqueiro, deslizes todos nós cometemos, somos humanos, não é mesmo? Quem nunca? Porém, podemos aprender e aperfeiçoar. Não se culpe incessantemente. Reconheça o erro e peça desculpa. Se algo agradou muito, reconheça, valorize e, se der, recompense. Não se vitimize, pense com lucidez sobre o ocorrido, não deixe passar e virar uma bola de neve, pois somos vulneráveis. Como você lida com "um pouco disso tudo"? É seu momento de inspirar, respirar e transformar desde agora o que tem vontade.

Vamos absorver e exercitar algumas dicas e práticas? Grandes nomes contemporâneos ligados à ciência da felicidade, vindos de Harvard, Stanford, Yale, dentre outras universidades no mundo, estão estudando a questão e, acredite, é uma meta a ser alcançada SIM e não uma utopia.

Tem que estar em sua mente. Seja você feliz e também, colaborativo para na felicidade dos outros. É cíclico, já percebeu?

Especialistas como Ben-Shahar, Megan McDonough, Maria Sirois, dentre outros, formularam um modelo de bem-estar para o ser humano, um conjunto de práticas que temos que adotar em nossas vidas. Formado pela sigla em inglês SPIRE, sintetiza o cuidado integral nas esferas: espiritual, física, intelectual, relacional e emocional. O balanceamento dessas práticas traz a estabilidade emocional tão almejada.

Enfim, estamos falando de passarmos pelos momentos da vida identificando oportunidades, não focados em problemas. Para isso, reprogramar o modelo mental é crucial. Procure fazer uma atividade física regular, uma prática de relaxamento. Que tal uma meditação? No seu momento, ouvindo o seu silêncio, não complique, aprenda a inspirar, respirar (para cada 4 segundos que puxar o ar, solte-o no dobro, aqui no exemplo em 8).

Nutra a sua fé. Independentemente da sua religião, acredite em algo superior que fortalece. Nada de fanatismos, mas sim espiritualidade.

Leia, estude, ouça, compartilhe, converse com que tem sabedoria de vida muito além da informação, pessoas com formação agregadora.

O dia que não estiver bem com as suas emoções e sentimentos não despeje no outro. Reflita sobre o que houve. Se tiver alguém de confiança na sua rede, compartilhe e ouça a perspectiva a respeito. Analise os fatos, obtenha dados, interiorize com as suas lições pregressas para uma intuição e agregue uma pitada de sensibilidade para a composição da análise, avaliação e resultante. Com lucidez, controle, sem desespero.

Em uma fase difícil, **não** reaja com emoção, **antes** equilibre-se. Compreenda mais o outro também. Foque no que pode construir e não destruir.

Tenha força, planeje, acredite, dedique-se e invista no seu propósito. Não desista de seus projetos de vida. Legado inspira!

Deixo, aqui, a referência adicional de um livro sobre **escolhas:** *a liberdade é uma escolha,* de Edith Eva Eger, como inspiração para continuar a se envolver com essa temática, se compreender melhor, compreender os outros e construir relações mais produtivas, felizes e equilibradas.

Obrigada por sua atenção.

Desejo muito equilíbrio e felicidade em sua vida.

Estou torcendo por você!

17

VULNERABILIDADE E CORAGEM

Vulnerabilidade não significa fraqueza; pelo contrário, é sinônimo de coragem. A vulnerabilidade nos coloca no lugar do não saber, que é essencial para seguirmos permanentemente aprendendo e nos desenvolvendo. Portanto, meu objetivo com este capítulo é apresentar um olhar mais prático sobre o tema, com base na experiência pessoal e na minha atuação como *coach*. Espero que você abrace a sua vulnerabilidade.

JULIANNA COSTA LIMA

Julianna Costa Lima

Coach executiva e de carreira, credenciada como *Associate Certified Coach* pela International Coach Federation (ICF), certificada pelo Integrated Coaching Institute (ICI) e pós-graduada em *Business Administration* pela Harvard Extension School. Sua metodologia de trabalho tem como premissa impactar positivamente o outro para que atinja seus objetivos e metas. Esse propósito começou com uma carreira executiva em RH e, desde 2012, é exercido pelo *coaching*. Seu foco está em quem busca direcionamento para enfrentar desafios corporativos, pessoais e de carreira, além de empresas que desejam desenvolver habilidades de seus colaboradores. O objetivo é provocar mudanças e transformações nos comportamentos, atitudes ou na forma de encarar os problemas. É coautora do *best-seller Soft skills: competências essenciais para os novos tempos*.

Contatos
www.juliannalimacoach.com.br
juliannalimacoach@gmail.com
LinkedIn: https://www.linkedin.com/in/juliannalimacoach/
Instagram: @juliannalimacoach

Escolhi escrever sobre este tema por duas razões. A primeira porque acredito que a vulnerabilidade é um fator determinante em nossas vidas, para que seja possível iniciarmos qualquer empreitada, pessoal ou profissional, pequena ou enorme.

A capacidade de me colocar em ação de forma vulnerável permeou toda a minha história. Desde pequena, aos seis anos, pregava anúncios no elevador do meu prédio oferecendo aulas de inglês para as crianças, por já me considerar apta a ensinar tudo que aprendia no curso desse idioma que havia recentemente iniciado; até há alguns anos, quando decidi migrar de uma carreira executiva para me lançar como *coach* e trabalhar de forma independente.

A segunda razão tem relação com o que percebo pela minha prática de *Coaching* de Carreira: a vulnerabilidade também é um fator determinante para uma vida com mais significado. Quando alguém chega ao final do processo e tem clareza em relação ao que fará em seu novo caminho profissional, faz com que o primeiro passo seja dado, mesmo que pequeno e ainda com pouca experiência para iniciar uma nova trajetória.

No livro *Soft Skills – Competências essenciais para os novos tempos*, meu capítulo abordou a empatia como uma das competências essenciais. Assim como acontece com a vulnerabilidade, muita gente também a confunde com fraqueza.

No mundo corporativo, alguns gestores ainda acreditam que, se demonstrarem muita empatia e vulnerabilidade, podem transmitir uma imagem de fragilidade que faça com que deixem de ser respeitados. Mas são habilidades como essas que criam uma verdadeira conexão e um real vínculo de confiança com seus subordinados.

Outro ponto é que, para entender o outro e se colocar no lugar dele, é preciso primeiramente se conhecer. Da mesma forma que, ao me permitir ser vulnerável estando consciente das minhas limitações e necessidades, permito ao outro que faça o mesmo.

Vulnerabilidade e coragem: um relato pessoal

Em maio de 1999, eu morava em Boston e estava prestes a terminar meu curso de pós-graduação em Administração de Empresas com ênfase em Recursos Humanos pela *Harvard Extension School*. Nessa época, estava participando de alguns processos seletivos para atuar na área de RH.

Descobri que haveria uma feira de recrutamento para alunos de MBA de Harvard e do MIT (Instituto de Tecnologia de Massachusetts) e, apesar de não ser aluna de um curso de MBA, pensei que não tinha nada a perder ao me inscrever para participar dos processos seletivos das empresas lá presentes.

Mandei meu currículo e fui chamada para o processo de uma multinacional. No dia da feira, lá estava eu, com a maior autoconfiança possível. Passei na entrevista inicial e fui convocada para a segunda etapa, com um dos gestores. Estava me saindo muito bem, até que ele me perguntou: "quantos campos de golfe você estima que tenham em todos os Estados Unidos da América? Favor explicar seu raciocínio".

Nesse momento, meu coração começou a bater forte. Minha vontade era de agradecer a oportunidade e sair correndo daquela sala, mas falei para mim mesma: "você chegou até aqui. Já passou pela triagem inicial de currículos, ou seja, pela adversidade de não ser uma aluna de MBA e, ainda assim, foi convidada a participar do processo seletivo; passou, também, pela primeira fase de entrevistas. Ou seja, algo de interessante eles viram em você. Tome coragem mais uma vez e faça seu melhor".

Respirei fundo, pensei em uma lógica por alguns minutos, respondi ao entrevistador da melhor forma que pude e saí da sala com a sensação de que não havia agradado, mas com a certeza de que fiz o que era possível. Não fui aprovada para as fases seguintes. E este era mais um dos vários *nãos* que eu havia recebido nas últimas semanas.

Mas algo me dizia que, uma hora, o *sim* chegaria. A sensação que tive foi de coragem. Afinal, fui ousada ao me candidatar para esse processo que descrevi, pois não tinha o nível de qualificação acadêmica necessária. Me coloquei extremamente vulnerável e escolhi agir. Algumas semanas depois, surgiu uma nova oportunidade que deu muito certo. E essa posição em uma consultoria, na qual trabalhei por um ano, me trouxe enormes aprendizados profissionais.

Mas por que relatei tudo isso? Porque eu realmente acredito que, quando entramos em contato com histórias de outras pessoas, nos identificamos e nos inspiramos. É como se nós ganhássemos uma força extra, percebendo que, se o outro conseguiu superar algumas questões, também podemos fazer o mesmo.

Espero que esse meu relato o estimule a arriscar, mesmo quando as condições não sejam totalmente favoráveis. Não é possível evitar a incerteza, o risco e a exposição emocional que passamos quase diariamente. Viver é estar vulnerável. E a pandemia escancarou ainda mais essa questão. Foi dessa urgência e reflexão que surgiu meu interesse em escrever este capítulo.

Vulnerabilidade X vergonha

Por que dentro das organizações as pessoas têm receio de se mostrarem vulneráveis? Seria por medo do desconhecido? Na minha opinião, essa é uma questão cultural. Historicamente, fomos levados a acreditar que ou eu sou vulnerável ou não sou. E se eu sou, é porque sou fraco. Mas, como quase tudo na vida, o lugar de equilíbrio é justamente o do meio.

A vulnerabilidade em excesso pode ser prejudicial, mas a falta dela também não é interessante, uma vez que nos deixa paralisados. Quando é excessiva, podemos não enxergar o nosso entorno, nos expor demais, deixar de nos preservar e fazer escolhas impulsivas e desmedidas que podem comprometer nossa reputação. A vulnerabilidade se relaciona diretamente com nosso instinto de proteção.

Em contrapartida, a falta dela nos deixa inertes e nos limita. Ficamos estagnados em nossa zona de conforto, não ousamos e não nos experimentamos. Sem ela, temos medo de errar, de testar coisas novas e de colocar nossa reputação em jogo. Essa situação nos deixa em um quarto escuro, com janelas fechadas.

Na verdade, vejo a vulnerabilidade como o segredo dos fortes – aqueles que se expõem ao risco, não têm medo de críticas e julgamentos alheios e que se consideram aprendizes. Ela nos permite crescer e evoluir, dar asas à nossa imaginação, experimentar novas sensações, aprender coisas novas e agir.

Então, como encontrar o meio termo? Quero convidá-lo a uma reflexão: o que você faria de diferente para concretizar um projeto se não tivesse vergonha ou medo do julgamento das outras pessoas? Faça esse exercício de visualização. Quem é essa pessoa que, ao mesmo tempo que age, também consegue ser vulnerável?

A narrativa de superação nos faz muito bem, pois lembramos quem éramos antes e depois do evento. Resgatar situações em que nos colocamos vulneráveis com equilíbrio e obtivemos sucesso contribui para nossa autoestima e nos fortalece. Usar a vulnerabilidade como uma força e não como uma fraqueza resulta em um estímulo poderoso.

Autoconfiança, coragem e vulnerabilidade

Adam Grant, psicólogo e professor da Universidade da Pensilvânia, lembra que abraçar as nossas imperfeições é, além de uma oportunidade de crescimento, uma poderosa alavanca para criar conexões emocionais verdadeiras e duradouras.

Em seu livro *Think Again*, ele descreve como conseguimos chegar ao ponto exato da autoconfiança, sendo nomeada por ele de "humildade confiante". Ele conta a história real de Halla Tómasdóttir, indicada em 2015 como candidata à presidência da Irlanda. Halla não se sentia preparada em termos de habilidades e conhecimentos nem digna dessa honra. Após meses lutando com o dilema da sua candidatura, Halla se perguntou: "quem sou eu para não aceitar esse desafio?", deixando de lado a "síndrome da impostora", quando a competência excede a autoconfiança. Adam Grant apresenta, então, o conceito contrário, da "síndrome do zagueiro de poltrona", ou seja, quando a autoconfiança excede a competência, e a pessoa não enxerga suas fraquezas e dificuldades.

Para achar esse ponto de equilíbrio, o autor listou algumas dicas:

- Duvidar e questionar o que sabemos e o conhecimento que já temos;
- Reconhecer que podemos não ter a resposta ou solução certa;
- Nos mantermos permanentemente curiosos sobre o que não sabemos;
- Ter humildade para pedir ajuda quando não temos respostas;
- Perguntar a outras pessoas como fazer de forma diferente em outra oportunidade;
- Nos informarmos sempre;
- Ir atrás de novas ideias;
- Aprender com pessoas que têm opiniões diferentes da nossa;
- Acreditar na nossa capacidade de aprender.

Um traço marcante dos grandes pensadores é que eles se mantêm duvidando e questionando de forma permanente, pois sabem que somos todos parcialmente cegos e que precisamos estar comprometidos com o aperfeiçoamento constante do nosso olhar.

Aliás, o perfeccionismo é um dos grandes vilões desse processo. Pessoas perfeccionistas têm muita exigência em relação a si mesmas, além de uma cobrança interna excessiva. Esperam sempre pelo momento perfeito para agir e, assim, tendem a ficar estagnadas.

Esse modelo mental inibe a criatividade. É preciso dar espaço para o erro e para a experimentação. Quando vencemos a expectativa irreal de sermos perfeitos, nos libertamos de nossas amarras e agimos. Errar é humano e significa que estamos em ação, pois só erra quem faz algo.

Em fevereiro de 2020, comecei a atender uma cliente chamada Patrícia. Ela morava fora do Brasil há alguns anos, por conta da carreira executiva internacional do marido. Havia se mudado para a Ásia há dois anos, mas não exercia a atividade profissional desde que chegou no país.

Ela me procurou pois queria repensar sua carreira. O modelo anterior de ser registrada em uma empresa já não se adequava mais à sua vida pessoal e ela precisava de ajuda para se reinventar profissionalmente. Fizemos todo o processo de *Coaching* de Carreira nos meses seguintes e, ao final, ela decidiu que gostaria de migrar para a área de *marketing* digital como autônoma, pois teria a desejada flexibilidade de horário e de geografia, caso seu marido fosse transferido novamente.

Depois de alguns meses realizando cursos, buscando informação, pesquisando e conversando com pessoas da área, ela começou a se experimentar nessa nova profissão e, em menos de um ano, já tinha alguns clientes – eu, aliás, sou uma delas!

O que essa história nos traz de aprendizado? Patrícia venceu sua busca pelo trabalho perfeito, lançando-se na nova profissão mesmo sem achar que tinha todas as formações e estudos necessários. Conseguiu deixar de lado a "síndrome de impostora", ou seja, a busca pelo momento em que se sentisse totalmente pronta, com 100% de preparo, conhecimento técnico e comportamental, para dar o primeiro passo. Além de uma boa dose de coragem, se colocou vulnerável para iniciar sua jornada em uma área totalmente nova para ela e segue, a cada dia, comprometida com seu aperfeiçoamento, com novos clientes vindo em decorrência do seu mérito e trabalho bem-feito.

Vulnerabilidade como um caminho para uma vida com significado

Após 12 anos estudando de forma profunda, Brené Brown, uma das maiores referências mundiais no tema, compreendeu que a vulnerabilidade é o âmago e o centro das experiências humanas significativas.

Pessoas plenas identificam a vulnerabilidade como um catalisador de coragem, compaixão e vínculos. Em seu estudo, a autora descobriu que a disposição para estar vulnerável foi o único traço claramente compartilhado por todas as mulheres e homens que ela descreveria como plenos. Eles atribuem as suas conquistas – desde seu sucesso profissional até o casamento e os momentos felizes com os pais – a isso.

> *Vulnerabilidade não é o oposto de resiliência. Vulnerabilidade constrói resiliência.*
> ADAM GRANT

Ser vulnerável não quer dizer que eu vou me lançar sem me preparar, me organizar e me planejar, claro. Mas há um momento em que precisamos deixar o medo e o desconforto de lado e tomar coragem para agir.

Sugiro que você faça uma reflexão, proposta pela Brené Brown em seu livro *A coragem de ser imperfeito*. Responda às perguntas a seguir caso se veja preso à crença de que "vulnerabilidade não é comigo".

1. O que faço quando me sinto emocionalmente exposto?
2. Como me comporto quando me sinto desconfortável e inseguro?
3. Estou disposto a correr riscos emocionais?

Todos nós somos julgados de alguma forma. Sendo assim, eu realmente desejo que você seja julgado porque está sendo autêntico, indo em busca da sua realização pessoal e profissional e, acima de tudo, agindo em direção aos seus maiores sonhos.

> *A pessoa que lida bem com a vulnerabilidade se coloca na situação do não saber e no lugar de experimentar algo novo, correr risco, mas um risco calculado. Ela entende que a essência da sua humanidade é justamente isso.*
> BRENÉ BROWN

Referências

BROWN, Brené. *A coragem de ser imperfeito*. Rio de Janeiro: Sextante, 2016.

GRANT, Adam. *Think again: the power of knowing what you don't know*. New York: Viking, 2021.

18

ACREDITAR

Acreditar: fé + esperança + perseverança + resiliência. Do francês *ACCRÉDITER*, de À, "a", mais CRÉDITER, "entregar uma soma a alguém"; do latim *CREDITUM*, "entregar a alguém em confiança", de *CREDERE*, "crer, confiar"; "convencer-se da verdade e da essência que outro tem", "dar crédito de fé". Ser capaz de enxergar a capacidade existente no outro. É sobre esta *soft skill* que trataremos neste capítulo.

ADRIANA MOREIRA DA CUNHA

Adriana Moreira da Cunha

Fundadora do Instituto Crer & SER Gente e idealizadora do projeto "Adolescer para a Vida". Estudante de Psicologia Positiva, com 29 anos de experiência como Educadora nas Prisões do Estado de São Paulo. Formada em Letras, Pedagogia, Psicopedagogia, com docência no Ensino Superior e na Educação de Jovens e Adultos. *Coach* pelo IBC, *Kid coaching* pelo Instituto de Coaching Infantojuvenil. Formação *Power Profissional* pelo Instituto Eduardo Shinyashiki: *Practitioner* em Programação Neurolinguística, *Mentoring e Neurocoaching*. Professora e ex-coordenadora pedagógica na ETEC "Prof. Milton Gazzetti" – Centro Paula Souza. Atua como professora, *coach*, pedagoga, psicopedagoga e palestrante. Ama ajudar pessoas a descobrirem seu potencial em meio ao caos e às dificuldades da vida.

Contatos
dricavenceslau@yahoo.com.br
Instagram: adrianacunhacoach
Facebook: Adriana Moreira da Cunha
18 98116 0699 / 18 99640 0966

Ver para crer ou crer para ver?

> *Tempo virá.*
> *Uma vacina preventiva de erros e violência se fará.*
> *As prisões se transformarão em escolas e oficinas.*
> *E os homens imunizados contra o crime,*
> *cidadãos de um novo mundo,*
> *contarão às crianças do futuro estórias de prisões, celas, altos*
> *muros de um tempo superado.*
> CORA CORALINA

Neste capítulo, trago uma *soft skill* que pode fazer diferença em sua vida e na de muitas pessoas que o cercam. Se acredita, você coloca luz, fé e rega. Tal qual o sol e a água que nutrem uma semente, quando acreditamos, regamos a possibilidade latente e, de repente, algo novo floresce. Quando você crê de verdade, genuinamente, é capaz de ver, diante de si, algo novo acontecer.

> "Acreditar", no dicionário Michaelis, significa "dar crédito a, ter como verdadeiro, crer".

Existem pessoas que estão em ambientes seguros, saudáveis e promissores, mas não aproveitam as possibilidades. Já outras, mesmo em condições desfavoráveis, agarram-se e confiam que é possível transcender o seu contexto e, assim, acabam por realizar o inimaginável.

No livro *Os sete hábitos das pessoas altamente eficazes*, Stephen Covey enfatiza que "a criação mental precede a criação física". E em *A bailarina de Auschwitz*, Edith Eger diz que "experiências dolorosas não são um fardo, elas são um presente. Isso nos dá perspectiva e significado, uma oportunidade para acreditar em nosso propósito e força". É exatamente sobre o que vou discorrer: quando o crer nos faz florescer. Relato aqui minha experiência no sistema prisional, pois foi lá que aprendi o valor do acreditar, de dar crédito a alguém desacreditado. Essa é a história do que aprendi com Ricardo.

A "caixa quadrada" por trás dos muros

Estávamos em 1990, eu tinha 18 para 19 anos. Na cidade onde moro, há uma penitenciária e, desde criança, observava aqueles muros altos e pintados de cinza. Ao cursar a faculdade de Letras, sonhava em ser educadora. De repente, vi uma vaga no jornal para atuar no sistema prisional. De certa forma, tinha curiosidade para saber o que havia dentro da tal "caixa quadrada".

Durante muito tempo, ouvi que ali estavam seres humanos imprestáveis, inúteis, irrecuperáveis, horrendos e que o único jeito de resolver o problema era jogando "uma bomba". O que, muitas vezes, esquecemos é que essa é uma questão social e que essa medida não resolverá. Como muitos, poderia ter ficado à mercê dessa crença, mas passei no processo seletivo e fui ao encontro dos segredos daquele local.

A educadora menina começou seu trabalho e vieram então as muitas descobertas que faria. A primeira é que lá as chaves são imensas e que o "bum" do barulho do portão é tão forte a ponto de não sair mais da sua cabeça. Saí do sistema prisional, mas tudo o que eu vivi lá não saiu de minha mente. No primeiro dia, atravessei de 7 a 9 portões para chegar a um espaço que os diretores chamavam de sala de aula, mas, para mim, era uma "cela de aula", pois havia grades por todos os lados. O agente de segurança abriu a porta e disse: "Professora, ali estão os seus alunos". Entrei e ele bateu a porta mais uma vez, "bum". Olhei para eles, todos de calça bege e uma camiseta branca que exibia a matrícula: Luís Alberto, 7644X, José Maurício 4X520, João Gilberto, 1XX520. E Ricardo, XX2364. Observei tudo à minha volta: os ecos, o cheiro, os sotaques, as gírias e, é claro, meus alunos. Assim que entrei, disseram: "Professora, seja bem-vinda!". Rapidamente, tive o mais profundo sentimento que não era ao acaso a minha presença, pois realmente tinha uma missão – a de olhar para eles da maneira como todo o ser humano merece: conectando com o que cada um pode oferecer de melhor. Quantas histórias diante de mim, quantas situações que ainda nem imaginava! Posso afirmar que uma vida inteira seria pouco para descrever tudo o que ali aprendi, em especial a importância do acreditar.

Acreditar nas possibilidades...

Quando comecei a elaborar o que trabalharia com eles, senti que precisaria ir além da metodologia educacional, algo mais que português, matemática, física e química ou mesmo a elaboração de um currículo. Ali percebi a força e a importância das *soft skills*. Como estar com 35, 40 presos em uma sala de aula e despertar neles a vontade de ficar naquele espaço? Foi então que tive a ideia de estimular neles algo que os levassem a acreditar nas possibilidades que traziam dentro de si. Veio o meu primeiro obstáculo – precisaria acreditar que seria possível. Deixei os julgamentos e preconceitos de lado e me permiti passar a ouvir histórias e sonhos. Senti que, apesar de estarem sendo vigiados, o tempo que frequentavam a escola era diferente. Falamos de *hard skills*, mas as aulas memoráveis foram as que refletimos sobre *soft skills*. Abordavamos temas como perseverança, esperança, resiliência, empatia e gratidão.

Foi em uma das tantas conversas que conheci um aluno que saiu do raio 4, cujo nome era Ricardo. Ele disse: "Professora, depois de 19 anos, é a primeira vez que venho para a sala de aula, pois eu nunca tinha sentido vontade de estudar, mas me disseram que a senhora tem algo diferente em sua sala de aula e vim aqui para descobrir o que é e para conhecer a senhora". Até aquele momento, não sabia sobre a força e o respeito que ele tinha no mundo do crime. O que fiz foi olhar para Ricardo na essência, conectando-me com o que ele poderia oferecer de melhor. Dias depois, vim a saber que ele era um dos líderes mais respeitados de uma facção criminosa, uma das mais poderosas dentro das unidades prisionais do Estado de São Paulo. Mas, diferentemente da maioria dos reeducandos, ele trazia algumas concepções diferentes: "Professora, os nossos corpos estão presos, mas as nossas mentes estão livres. Eu posso acreditar e todas as vezes que eu acredito eu vou lá fora e vejo a minha família, a minha mãe, eu vejo os meus fillhos e abraço a minha esposa". Ali foi a minha terceria lição sobre o acreditar. A primeira foi quando acreditei nas potencialidades daqueles seres humanos. A segunda, quando eles foram despertados em minhas aulas e transmitiram isso para o Ricardo. Agora, a terceira, aquele jovem me fez acreditar que também era possível transcender aqueles muros. Percebi que, ao longo dos anos na prisão, ele foi desenvolvendo habilidades que o levaram a sobreviver, foi impulsionado pela esperança de voltar ao seu lugar de origem e ali, diante de todos os aprendizados, me lembrei da citação de Viktor Frankl em sua obra *Vida com sentido*:

> Amor é a única maneira de captar outro ser humano no íntimo da sua personalidade. Ninguém consegue ter consciência plena da essência última de outro ser humano sem amá-lo. Por seu amor, a pessoa se torna capaz de ver os traços característicos e as feições essenciais do seu amado; mais ainda, ela vê o que está potencialmente contido nele, aquilo que ainda não está, mas deveria ser realizado.

Sempre procurei não olhar para nenhuma daquelas pessoas com olhar de punição mais uma vez. Não foi fácil. Imagino que nem todos os professores que lá chegaram conseguiram enxergá-los sem o viés do julgamento e não os condeno por isso. Mas sei que condenar novamente aquelas pessoas já encarceradas seria o caminho mais comum. E foi, então, na compreensão, que abri caminhos para a conexão com possibilidades possíveis que ali existiam.

O que floresceu em Ricardo

A maioria dos trabalhos que eu fazia era pensando na construção do coletivo, no olhar para o outro, com uma construção de esperança e de transformação. Um momento marcante que vivi com os reeducandos foi quando decidimos escrever cartas de gratidão. Como eles carregam muita culpa, aprender sobre gratidão foi essencial para olhar suas vidas por outra perspectiva. Foi um momento em que todos os presos distribuíram muitas cartas para agentes da muralha, oficiais administrativos, diretores e familiares. E, depois dessa atividade, fui chamada pela equipe gestora da Fundação para a qual eu trabalhava e pelos diretores da Unidade Prisional para explicar o que estava acontecendo, em um tom de altíssima desaprovação. Foi quando tive a minha quarta lição sobre o acreditar. Uma cena inesquecível. Colocaram os 400 presos ali, juntos na unidade, onde Ricardo era "o líder" e estava presente. Foram abertas as portas para que eu entrasse. Em vez de me receberem com raiva, com ira, porque eu estava ao lado de agentes de segurança, diretores e o grupo de intervenção, eles começaram a dizer, todos juntos, em uníssono: gratidão, gratidão, gratidão!

Para mim, não era um agradecimento que estavam fazendo para a Adriana, mas a eles mesmos pela coragem de terem experimentado um sentimento diferente, de terem reconhecido algo bom nas próprias histórias. Autoperdão. Indescritível o que eu senti. Reeducandos, professores, gerentes, diretores, agentes de segurança, emocionados, impactados, com os olhos cheios de lágrimas. Algo muito forte aconteceu. O acreditar pulsava em mim, naqueles homens presos, que se viam agora pela "brecha" da possibilidade gerada no sentimento de gratidão. Já não tinha hierarquia, homens livres ou presos. Estávamos conectados e libertos pelo som que ecoava até o último portão daquele presídio. Volto a lembrar que Ricardo, o homem perigoso, frio, em extrema vulnerabilidade foi quem organizou aquela manifestação de amor, empatia, perdão e gratidão.

Outro momento indelével se deu logo após um dos saraus promovidos com os presos, alguns até abertos à sociedade em semanas de "Jornada da Cidadania". Em um deles, escolhemos poemas e músicas que falavam da essência de um menino. A mensagem era a de que ele acredita, sonha, quer ser feliz. Muitas vezes deixada de lado, é essa essência infantil que mobiliza, mesmo quando se caí, ela faz com que se possa acreditar novamente. Nesse sarau, intitulado "Sonhos de um Menino", vieram pessoas da sociedade, empresários, diretores de escola, agentes de segurança, profissionais da educação. E novamente, algo muito forte aconteceu: todos ali sentados juntos, acreditando nas possibilidades.

Após o evento, Ricardo me chamou e disse que tínhamos uma missão. Ele confessou que ia continuar assaltando, porque ele já estava muito "comprometido", mas que nunca mais tiraria uma só vida. Lembrou que não havia encontrado, quando menino, pessoas que olharam para ele de maneira diferente. O que ele me trouxe como pedido foi o de ir lá para fora e levar o meu olhar de quem acredita em melhores possibilidades. Ele pediu que eu olhasse para as crianças e os adolescentes e despertasse neles a mudança que os fizessem transpor todo e qualquer obstáculo. Que os ajudasse a sair do óbvio, enxergando além do que os olhos poderiam ver.

O tempo passou. Ricardo disse: "Professora, vai cantar a minha liberdade", gíria que usam quando a liberdade vai chegar. Ele relatou que todo o aprendizado que recebera ali levaria para a vida. Fui embora e, quando voltei, um mês depois, Ricardo não estava mais lá. Passaram dois anos e sete meses, ele continuou fazendo o que "sempre fez" ou quase o que sempre fez. Realizou vários assaltos e, um dia, ele foi novamente pego. Mas a reação dele chamou a atenção dos policiais, pois Ricardo já não era mais o mesmo. Quando os policiais autuaram o grupo e ele poderia ter ordenado que atirassem, surpreendentemente, falou: "Perdemos, abaixem as armas". Os policiais estranharam, pois esse não era o seu perfil.

Depois de um tempo, encontrei-o. Pés e mãos algemados, cachorros em volta, escoltado. Ele se aproximou de mim, o guarda soltou as algemas e, separados por uma grade, ele abaixou os olhos, com vergonha de estar ali, e me perguntou: "Professora, eu cumpri a minha parte, eu nunca mais tirei uma vida humana. E a senhora? Cumpriu a sua? Está desenvolvendo as possibilidades de mudança lá fora, com as crianças e adolescentes?". Naquele momento, percebi que ainda não. Pouco tempo depois, pedi demissão da Fundação e não pude mais entrar nas penitenciárias, mas tenho notícias de que Ricardo continua desenvolvendo oficinas de gratidão, ministrando palestras sobre resiliência e superação. Não faço aqui apologia ao crime, longe disso, mas reitero que a força do ACREDITAR pode salvar vidas, trazer esperança dentro e fora das prisões.

Ricardo, onde quer que esteja, saiba que estou cumprindo agora o combinado, escrevendo esta história para que muitos também possam oferecer repertório, trabalhar *soft skills* e acreditar em crianças e adolescentes que estão em situação de risco, mas que, um dia, poderão ser futuros gerentes, diretores ou –quem sabe – educadores das salas de aula, não de celas de aula.

Mas como exercitar essa *soft skill*?

É simples e possível: coloque em prática o "crer para ver!" Acredite! Sempre!

Referências

COVEY, Stephen R. *Os 7 hábitos das pessoas altamente eficazes*. São Paulo: Editora Best Seller, 2001.

EGER, Edith Eva. *A bailarina de Auschwitz*. Rio de Janeiro, Sextante, 2019.

FRANKL, Viktor. *Em busca de sentido: um psicólogo no campo de concentração*. Petrópolis: Vozes, 1991.

19

ENTUSIASMO

Neste capítulo reflito sobre o poder do entusiasmo como *soft skill* para transformar pessoas e impulsionar trajetórias profissionais a partir de planos de ação. Compreender o real significado dessa palavra permite ver o copo mais cheio do que vazio – e isso muda tudo nas escolhas que fazemos.

SERGIO POVOA

Graduado em Administração pela UGF (Universidade Gama Filho), possui MBAs em Recursos Humanos, pela Fundação Getulio Vargas (FGV), e Executivo, pela Fundação Dom Cabral. Conta com mais de 25 anos de experiência no mercado, já tendo ocupado cargos de gestão e diretoria em companhias como Grupo Pão de Açúcar, J. Macedo, GE, Unilever, Netshoes e OLX Brasil, além de ser *coach* e mentor Endeavor. O executivo acumula, ainda, *expertise* em projetos estratégicos de transformação cultural.

Sergio Povoa

Contatos
sergio@kundur.com.br
LinkedIn: https://www.linkedin.com/in/sergio-povoa-6a1444/
Facebook: https://www.facebook.com/sergio.povoa.16
Instagram: https://www.instagram.com/sergiopov/

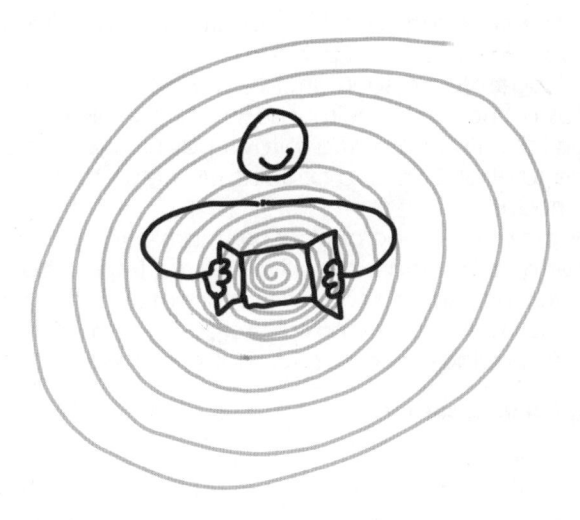

Uma força que move carreiras

O que faz seus olhos brilharem? Essa sensação difícil de descrever está presente em nossas vidas em momentos variados.

Pode ser o desejo de fazer uma viagem ou então o interesse por um projeto profissional. Seja qual for o motivo, essa não é uma percepção construída artificialmente; ela pode ser natural, comum em pessoas dispostas à experimentação do novo, mas também pode ser desenvolvida como uma *soft skill* quando direcionada para carreiras.

Afinal, quando os nossos olhos brilham diante de oportunidades que queremos agarrar, as chances de felicidade – e, consequentemente, de êxito – aumentam.

O objetivo deste capítulo é falar sobre entusiasmo, uma sensação difícil de descrever, mas fácil de sentir. Quando reflito sobre o assunto, as primeiras palavras que surgem à mente são: paixão, alegria, emoção, prazer, euforia e tudo aquilo que possa elevar o nosso estado de espírito positivamente.

Entretanto, é mais do que isso. Gosto de compreender o entusiasmo de maneira mais ampla e ativa. Para mim, esse é um estado que vai além da felicidade por si só e pode ser um importante agente de transformação em todos os aspectos da vida, desde que conectado a objetivos, porque de nada adianta ser um entusiasta de algo e permanecer imóvel.

Um exemplo interessante nesse sentido são os empreendedores. Quem tem uma ideia na cabeça e consegue tirá-la do papel entende a importância de unir uma coisa à outra. Todas as empresas nascem de um sonho que precisa ser lapidado, validado e posto à prova em várias circunstâncias.

Por trás de um bom projeto, alimentado pela satisfação de fazer acontecer, está a necessidade de elaborar um plano de ação e colocá-lo em prática, etapa por etapa, utilizando a vontade de alcançar um objetivo como combustível para seguir em frente. Para isso, é preciso uma boa dose de transpiração e, é claro, de inspiração.

Basta uma viagem à nossa infância para entender do que estou falando. Quantos de nós conseguimos seguir as carreiras que imaginamos aos 9 ou 10 anos? Entusiasmo não faltava para ir às ruas treinar para ser um jogador de futebol, simular o trabalho de cientista ou se imaginar na passarela da moda.

Só que o tempo passa, as percepções mudam e transformam os projetos, mesmo aqueles que pareciam definitivos para o futuro. Isso acontece justamente porque o entusiasmo não funciona como uma promessa vazia ou uma vontade que independe do nosso esforço. Ele está diretamente conectado à nossa capacidade de agir, seja qual for a direção que escolhemos.

Entusiasmo aplicado à carreira

Ao longo da minha carreira, vivenciei muitas situações em que entendi o real valor do entusiasmo além da palavra. Para quem não conhece a minha trajetória, um breve resumo: venho de família pobre, assim como muitos brasileiros, e tracei um caminho pouco habitual até alcançar cargos executivos na área de Recursos Humanos, passando por vários setores.

Aos 18 anos, comecei a trabalhar como faxineiro e, desde então, fui aproveitando as oportunidades que apareciam para ampliar o repertório e aprender coisas novas. Como se a vida fosse uma escada, fui subindo os degraus, um por um, à medida que identificava chances de aprendizado – tanto pessoal quanto profissionalmente.

Uma característica importante quando me debruço sobre esse tema é a resiliência. Entendo que a capacidade de lidar com adversidades é uma das principais *soft skills* do nosso tempo, e ela tem tudo a ver com entusiasmo.

Por exemplo, imagine que um novo projeto dentro da empresa tenha surgido por iniciativa de um dos colaboradores do time. É de se esperar que a pessoa responsável pela ideia esteja empolgada com a possibilidade de vê-la avançar, mas isso não significa que o projeto, de fato, sairá do papel. No mundo dinâmico em que vivemos, as prioridades das empresas mudam rapidamente conforme as necessidades que se apresentam. Portanto, se, no meio do caminho, a liderança resolver interromper as atividades, o que será daquele entusiasmo inicial?

A minha recomendação aos profissionais é que a vontade de fazer acontecer não esteja ligada a eventos específicos, mas sim ao contexto macro. No exemplo que citei, é compreensível que o sentimento de frustração se abata sobre aqueles que pensaram no negócio, tiveram ideias e projetaram expectativas. Por outro lado, é possível ver também o "copo meio cheio" e buscar entender as razões pelas quais as coisas às vezes não dão certo. Mais importante do que perseguir vitórias o tempo todo, é compreender fracassos e erros e tirar aprendizados que possam ser aplicados para promover o entusiasmo de evoluir profissionalmente.

Lembro-me de uma ocasião específica em minha carreira que me marcou. Na década de 1990, atuava como desenvolvedor de sistemas e vi um anúncio de revista sobre algo inovador à época: uma empresa na qual os profissionais não "batiam ponto". Percebi a oportunidade de implementar a ideia onde trabalhava e criei uma solução viável, mas enfrentei dificuldades até para conseguir falar a respeito.

A primeira pessoa que procurei, meu chefe, disse que não via espaço para isso; após novas tentativas, ele permitiu que eu mostrasse o projeto ao gerente da fábrica, que residia em outra cidade. Fui até lá conversar pessoalmente, mas ele também me desencorajou de imediato. Com entusiasmo pelo projeto, apresentei argumentos construtivos sobre ganhos de produtividade e de confiança entre líder e liderados; enfim, consegui rodar um teste. Deu certo, e o sistema acabou sendo implementado em todas as unidades da empresa pelo Brasil.

Essa história me leva a um ponto crucial na aplicação do entusiasmo na carreira. Todo profissional deve ter em mente que está a serviço de uma empresa e que, portanto, precisa trazer resultados para que o negócio avance.

Ou seja, nesse contexto, o entusiasmo não deve ser apenas individual; ele deve visar aos objetivos da companhia, o que pode ser demonstrado em diferentes cenários. Seja na criação de um novo sistema, como fiz no passado; seja nas sugestões de ideias que melhorem o fluxo de comunicação; seja em melhorias no serviço ou produto que é oferecido ao cliente. Contribuir importa – e muito. Vale lembrar que nem só de ideias disruptivas vivem as empresas. Acredito no poder de pequenos movimentos capazes de ajustar os processos em busca de melhores resultados. Sempre com responsabilidade compartilhada entre os profissionais e as lideranças.

Em outra ocasião de minha trajetória profissional, guardo um exemplo positivo no qual o entusiasmo foi provocado de "cima para baixo". Eu atuava como gestor de Recursos Humanos em uma empresa quando meu chefe apresentou um projeto inovador e diferente do que fazíamos. A paixão dele pela ideia era tão grande que embarquei imediatamente na missão de ajudá-lo a concretizar o projeto, mesmo sem saber se daria certo.

Durante a reunião, busquei entender o porquê daquela iniciativa, conversamos sobre visão de mercado, estudamos os dados do setor e, então, ficou claro que não era uma promessa vazia. Tratava-se de uma ideia criativa e bem fundamentada que precisava de pessoas genuinamente interessadas em "colocar a mão na massa" e dar os primeiros passos.

Essa última lembrança reforça um ponto relevante para a conscientização do tema aqui proposto, que é o senso crítico. No meu entendimento, ser um profissional entusiasmado não significa estar 100% otimista e achar que, no final, tudo vai dar certo. Pelo contrário. Assim como o exemplo que dei sobre projetos que "nascem" e "morrem" no ambiente corporativo, **entusiasmo significa ter a capacidade de entender os altos e baixos e aceitar mudanças de curso com as quais, muitas vezes, não concordamos. Em outras palavras, é sair da reclamação para a ação e identificar** formas alternativas para contornar contratempos e fazer do *feedback* um trampolim para a carreira.

Tudo isso diz respeito a um componente essencial e que importa cada vez mais no mundo fluido que vivemos: a inteligência emocional. Isso porque o nosso desempenho profissional está conectado a outras áreas da vida. Portanto, quanto mais equilíbrio houver, mais calibrada será a percepção acerca do entusiasmo e a forma como ele será aplicado no dia a dia.

Afinal, para se movimentar, é preciso sair do lugar. Para isso, é preciso ter uma motivação claramente definida. Esse é o termômetro que regula a capacidade de se engajar em novos projetos, assumir compromissos e buscar entregas diferentes daquelas que estamos acostumados a fazer.

Não existe caminho curto ou fácil: a carreira geralmente só deslancha quando há interesse e ação; do contrário, a tendência é que ela ande de lado. Mesmo pessoas talentosas podem enfrentar dificuldades de crescimento profissional quando não empenham os devidos esforços para "subir os degraus" nas escadas das empresas.

Por isso, costumo dizer que não basta gostar do que faz e ser bom em determinada atividade. É fundamental colocar suor em todo o processo de desenvolvimento e, tão importante quanto a dedicação, é perceber as situações com um olhar mais construtivo a partir do aprendizado contínuo.

Responsabilidade compartilhada

O universo do entusiasmo é instigante, porque, inevitavelmente, ele percorre uma mão de duas vias: a do profissional e a da empresa. Por um lado, como defendi ao longo do texto, espera-se que as pessoas tenham comportamentos proativos e encontrem soluções eficientes e conectadas com o negócio da organização para pensar e fazer diferente. Por outro lado, as organizações também têm a sua parcela de responsabilidade na criação e no fomento de ambientes inclusivos e que permitam o fluxo saudável de ideias, com incentivo à colaboração.

Como líder, acredito muito no poder da autonomia dentro das equipes, claro que com a devida responsabilidade. Pela minha experiência, times com liberdade para trabalhar são mais estimulados a olhar os problemas por outros ângulos e, a partir dessa experiência, conseguir tirar "coelhos da cartola".

Esse é um pensamento alinhado com o processo de atração e engajamento de talentos, uma necessidade latente em empresas de setores variados. Nos departamentos de RH, a mensagem está cada vez mais clara: **de nada adianta contratar profissionais qualificados se eles não são incentivados a realizar entregas de alta performance, com desafios à altura de suas competências.**

Mentalidade *data driven*

Foi assim comigo e vai ser também com você. Ao longo da carreira, todos nós recebemos muitas negativas para opiniões e ideias trazidas em reuniões, nas conversas despretensiosas na hora do cafezinho e nas propostas formalmente apresentadas aos nossos líderes. Em vez de se apegar à recusa, proponho um exercício para mudar a mentalidade e passar a enxergar o "não" como incentivo para tentar viabilizar o "sim".

Com isso, a ideia não é recomendar que as pessoas insistam a qualquer custo em suas convicções. O objetivo é buscar entender os porquês de *feedbacks* negativos para saber como reagir a eles de maneira positiva. Creio que essa pode ser uma forma poderosa de incentivar o entusiasmo no ambiente corporativo.

Tipos de "não" que podem levar a aprendizados:

"Não funciona"

Da mesma forma que o meu gestor não tinha interesse em modernizar o sistema de ponto na empresa, pode ser que o seu chefe não enxergue o valor de sua ideia. O importante, em situações como essa, é entender o motivo da negativa e interpretar se ela pode ser rebatida com dados, fatos e argumentos que defendem a sua tese. Por exemplo, os ganhos de produtividade com a adoção de determinado sistema.

"Não gostei"

Pode acontecer de opiniões pessoais se sobressaírem aos interesses da empresa, mas esse não costuma ser o padrão em organizações competitivas. Se isso ocorrer, converse com mais pessoas, amadureça a ideia e avalie se é possível implementá-la a partir de caminhos alternativos. Hoje há empresas em que a linha de comunicação é aberta com o CEO. Se mesmo assim o projeto não caminhar, mude de estratégia e invista tempo e energia em outras coisas.

"Não fazia sentido naquele momento"

Nem sempre as empresas estão preparadas para implementar novas ideias. Nesse caso, compete ao gestor explicar os motivos para a recusa pontual e cabe ao profissional entender que o timing não é adequado, o que pode ser um incentivo para buscar outras ideias que possam se conectar melhor à realidade da organização.

A importância de fazer escolhas

Planejar, agir, avaliar, corrigir. O crescimento profissional depende de uma constante evolução alinhada aos desafios que surgem em cada fase que vivemos. Entretanto, essa não é uma estrada simples de percorrer. Cada carreira tem as próprias curvas, mas o horizonte costuma ser parecido: no final, todos queremos olhar para trás e aprovar o caminho que foi trilhado.

O entusiasmo vem, sobretudo, da nossa capacidade de fazer escolhas para atingir objetivos – sejam eles quais forem. E é essa força que impulsiona a transformação profissional e que move carreiras.

Desejo sucesso na sua trajetória.

Um grande abraço!

20

AUTOCONFIANÇA

Se você me perguntasse em 1985 se eu conhecia o real significado dessa palavra, contaria involuntariamente uma grande mentira. Somente a vivência dessa *soft skill* pôde me mostrar (e demonstrar) a importância da autoconfiança na vida pessoal e profissional do indivíduo.

O sentimento legítimo da autoconfiança assegura o sucesso!

UILSON FERNANDES

Uilson Fernandes

Sou um brasileiro de 55 anos, filho de Dona Maria e esposo da Cléo. Descobri que minha missão neste mundo é ajudar as pessoas. Nascido em uma família simples, educado em escolas públicas com meus três irmãos, incentivado a começar a trabalhar desde muito cedo, pude perceber, muitos anos depois, que aquilo era somente um pano de fundo para que eu pudesse valorizar a família, a honestidade, o respeito, os valores, entre tantas outras coisas que o dinheiro não compra. Sou *headhunter*, palestrante, empresário e profissional de RH que, após 28 anos de trabalho, criou um grupo no LinkedIn denominado *Brasil: Vagas Executivas*, com enorme sucesso. Dois anos depois, essa iniciativa deu origem à empresa BVE – Desenvolvimento Profissional, visando oferecer soluções na relação entre empresas e profissionais.

Contatos
www.brasilvagasexecutivas.com.br
uilson@brasilvagasexecutivas.com.br
LinkedIn: https://www.linkedin.com/in/uilsonfernandes/
11 5071 0290 / 11 99221 3030

Autoconfiança é o que mesmo?

Vamos conhecer e, principalmente, entender por que ouvimos e falamos tanto a respeito de autoconfiança, mas, de verdade, sabemos pouco a respeito dessa palavra e seus muitos significados.

Há várias menções na história sobre autoconfiança, mas gosto muito de um estudo feito por Alain de Botton, no qual ele fala sobre Sócrates na Grécia Antiga. Ele teria sido o primeiro filósofo a estudar e abordar o tema. Tinha uma ideia clara de que "(...) devemos criar confiança em nossas próprias ideias, sem nos influenciarmos demais pelas opiniões alheias".

Percebam que, já naquela época, uma pessoa se diferenciava do comum quando acreditava em suas próprias ideias.

E você deve estar se perguntando: "Então, é só eu ter minhas próprias ideias e tomar minhas próprias decisões que minha autoconfiança será melhor?". Mas eu lhe respondo, categoricamente: Não!

No dicionário Michaelis, encontramos a seguinte definição: "autoconfiança é confiança em si mesmo". Simples assim, entretanto, para uma perfeita compreensão do seu significado, vou trazer uma segunda explicação um pouco mais objetiva que consta na Wikipedia.org: "autoconfiança é a convicção de que uma pessoa tem de ser capaz de fazer ou realizar alguma coisa".

Com essas duas informações, podemos compreender que, desde Sócrates, a humanidade estuda esse tema e, ao longo do tempo, aumentamos enormemente nosso conhecimento a respeito dele.

O entendimento comum de autoconfiança é que a educação é a base fundamental para a vida, logo o alicerce para se ter autoconfiança. A ausência da educação – ou mesmo falhas no processo de educação – aumenta a possibilidade de desenvolver ignorância sobre todos os conteúdos. Outro ponto convergente é a insegurança que um indivíduo possui. Se eu não entendo sobre determinado assunto, automaticamente, me sinto inseguro para responder ou fazer. Portanto, a ignorância e a insegurança são fatores determinantes para que uma pessoa não tenha autoconfiança em suas ações.

Assim, podemos compreender que a autoconfiança é fruto do conhecimento.

Quero fazer um desafio. Responda às cinco questões a seguir com SIM ou NÃO, analisando atentamente as perguntas:

1ª Sou um dos melhores profissionais naquilo que eu faço?
( ) Sim   ( ) Não
2ª Quando sou informado que alguém quer falar comigo, penso coisas ruins?
( ) Sim   ( ) Não
3ª Se estou junto a outras pessoas, gosto mais de ficar ouvindo do que falando?
( ) Sim   ( ) Não
4ª Geralmente, penso demais antes de tomar uma ação ou decisão?
( ) Sim   ( )Não
5ª Quando tenho que escolher entre uma coisa ou outra, fico indeciso?
( ) Sim   ( ) Não

Com esse simples exercício, que não tem certo ou errado, meu objetivo é fazer com que você reflita sobre suas atitudes. É fato que aqueles que responderam SIM a todas as perguntas estão mais propensos a ter um alto nível de confiança; ao contrário, aqueles que responderam a todas com NÃO estão precisando desenvolver o nível de convicção em si mesmo.

Trabalhando a minha autoconfiança

Você deve estar se questionando: "e como eu faço para aumentar a confiança em mim mesmo, isto é, ser mais autoconfiante?".

A primeira resposta e a mais dolorosa é que não existe uma pílula que possa provocar isso da noite para o dia. Lógico, isso você já sabe. Entretanto, tenho ótimas notícias para quem, verdadeiramente, quer atingir um nível melhor em sua autoconfiança.

Trabalho com desenvolvimento pessoal há mais de 20 anos e encontrei inúmeros colaboradores ao longo da minha trajetória que desconheciam a importância das *soft skills*. Profissionais de sucesso que, na primeira barreira enfrentada, se enchiam de insegurança e dúvidas caminhando mais fortemente para o negativo e, por que não dizer, para o caos.

Meu primeiro relato foi quando se encerrou meu vínculo de trabalho com uma grande multinacional. Depois de 22 anos de atuação e uma carreira de sucesso que se iniciou como assistente administrativo de pessoal chegando até a gerente de Recursos Humanos de uma divisão de negócios, me vi do outro lado da mesa buscando um novo desafio. Claro que não tinha um currículo pronto, lógico que não conhecia o mercado, óbvio que não sabia nem por onde começar.

Foi nesse momento que comecei a contar com outras pessoas que estavam dispostas a me ajudar. Uma consultoria profissional, amigos que atuavam na mesma área, pessoas que não conhecia que, sem cerimônias ou cobranças, me estenderam a mão e me ajudaram.

1ª Lição: esteja aberto para receber ajuda e agradeça muito por ela. Você ampliará seu conhecimento e passará a confiar mais em si mesmo.

Nesse instante, passei a acreditar mais em mim. Passei a ler mais sobre recolocação, carreira e as *soft skills*. Notei que, tão importante quanto saber fazer, é estar certo de como fazer, quando fazer e por que fazer. Percebi também que *networking* é vital para uma pessoa, e que a rede de contatos que encanta é aquela que você se oferece ao "outro" não cobrando nada em troca.

2ª Lição: aumentar seu conhecimento sobre você mesmo e sobre as pessoas que o cercam provoca uma energia capaz de elevar sua confiança no presente e no futuro.

Em um determinado momento, é claro que minhas ideias, minhas ações, minhas estratégias foram postas à prova. Quem disse que o universo gira ao meu redor? É lógico que não! Nem tudo deu certo, nem tudo deu resultado positivo. Entretanto, foi nessa hora que os livros, as notícias, os amigos e a consultoria fizeram a diferença. Ampliar as ações, aumentar a vontade e atuar com maior determinação foram imprescindíveis para que minha confiança não fosse abalada e sim fortalecida para alcançar a meta à qual eu me dedicava.

3ª Lição: o conhecimento abre horizontes e liberta você do perigo da insegurança e da possibilidade de desistir. Quanto mais você aprende, mais amplia sua autoconfiança.

E assim, como não poderia deixar de ser, alcancei um novo desafio, maior do que aquele que possuía na empresa anterior.

Um segundo exemplo que responde melhor ainda à pergunta sobre o tema foi o processo de transição de carreira de um profissional de média gerência. Pedro (nome fictício) estava à beira do colapso. Quando nos conhecemos, ele já duvidava da capacidade dele de executar suas *hard skills*, não acreditava na sua capacidade de liderança nem sequer apresentava forças para continuar a buscar sua meta de um novo emprego.

O primeiro passo era trazer de volta a autoconfiança de Pedro. Como? Relembrando e colocando no papel tudo o que ele já havia realizado, desenvolvido, criado, gerenciado, liderado etc., fazendo-o enxergar que há uma relação extensa de vitórias obtidas. Na segunda reunião, buscamos, então, informações no mercado para saber o que um profissional da área/segmento dele tinha que conhecer. E qual não foi a surpresa daquele profissional quando descobriu uma avalanche de outras ações que o mercado valorizava e que ele já conhecia, mas que, de alguma maneira, tinha experimentado e executado.

4ª Lição: não confie na sua memória. Faça uma lista de tudo o que você conhece (*hard skills* e *soft skills*) e das suas realizações com o objetivo de demonstrar a si mesmo todo o seu conhecimento já conquistado.

Claro, com base nisso, percebemos que o que Pedro devia aprender era se "vender", profissionalmente falando. Precisa conhecer como as empresas estão buscando talentos no mercado, quais as ferramentas, plataformas, consultorias etc., o que está se valorizando (metodologias, sistemas, padrões, valores etc.). Muitas coisas ele já sabia, mas não tinha se dado conta de que estava esquecendo ou colocando suas energias em coisas banais e sem importância.

5ª Lição: foco no seu objetivo. Correções de rumo poderão acontecer e serão, até mesmo, comuns, mas confie na sua capacidade, qualificação, experiência e mãos à obra.

Pedro iniciou uma maratona. Considerando que estava preparado, que havia estudado o mercado que desejava e sabia alguns dos caminhos a percorrer, abriu o *excel* e criou o arquivo "Planejamento para um novo emprego". Começou a se perguntar: "quem são as pessoas que preciso fazer contato por telefone ou por *e-mail*? Quais posso contatar pelo LinkedIn? Quais empresas considero principais? Quais empresas tenho grande interesse? Quais não quero? Que consultorias e *headhunters* preciso me apresentar?". E outras importantes questões que ele mesmo, isso, ele mesmo, tem de responder.

6ª Lição: planejamento e foco no seu objetivo. Não se preocupe demais com o que as pessoas acham ou coisas assim. Filtre os *insights* e *feedbacks* recebidos pela sua ótica e não pela dos outros. Veja que, quanto mais sua autoconfiança cresce, menos importa o que os outros pensam ou acham.

Dia após dia, semana após semana, mês após mês, sem esmorecer, Pedro se preparou e se dedicava a aprender alguma coisa que não conhecia com profundidade. Com os amigos, ouviu com maestria assimilando o que lhe interessava e deixando esquecer o que era apenas "papo". Como estudava assuntos importantes e temas atuais, passou a participar mais das conversas e a demonstrar sua capacidade de se reinventar, outra importante *soft skills* nos dias atuais. Iniciava seu dia consultando sua planilha e dedicava muitas horas ao planejamento definido.

Como aconteceu com Pedro, nós podemos aprender a ter mais confiança em nós mesmos, em nosso dia a dia. Com sabedoria e força de vontade, podemos descobrir o que nos faz sentido.

O ciclo da autoconfiança

Nós, seres humanos, gostamos de estar do lado vencedor. Em tudo. Nesse aspecto, inclui as pessoas com grande autoconfiança. Quem não prefere estar com as pessoas de sucesso, com grande conhecimento? Qual empresa não almeja contar com um profissional que estuda e entrega sua atividade com excelência? Qual filho não se sente orgulhoso de saber que seu pai estuda e batalha muito para estar onde está?

A autoconfiança não tem limite. Cada vez que você amplia seu conhecimento e aprende como fazer uso da informação junto àqueles que o cercam, expande sua autoconfiança. É um círculo virtuoso que faz bem a você, à família e à sociedade de um modo geral.

Conclusão

A autoconfiança é uma das *soft skills* que considero basilar para aprender e desenvolver outras importantes habilidades.

Desde Sócrates, muitos filósofos e estudiosos deixaram uma grande contribuição para que, hoje, possamos usar e ampliar nossos conhecimentos a respeito.

Deixo aqui um breve relato do que a autoconfiança trouxe para meu dia a dia e para o de pessoas que me proponho a apoiar em todos os momentos. Recomendo a leitura de outras *soft skills* abordadas neste livro, a exemplo de: "Como lidar com as incertezas" e "Entusiasmo", que o ajudarão a perceber a importância de ser íntegro e estar munido de muitas informações e experiências. Elas fazem e farão a diferença no seu momento atual.

Leia muito, saiba ouvir e entender o que pessoas notadamente qualificadas estão falando, processe as informações e formule suas conclusões. Não se deixe levar pelo pensamento dos outros. A opinião de cada um é importante, mas o que vale em sua vida é a sua.

Não poderia terminar essa abordagem sem mencionar a relevância de um bom planejamento pessoal envolvendo aprendizado contínuo, dedicação, comprometimento e execução. Aprenda e compartilhe seu saber. Faça multiplicar seu conhecimento com todos ao seu redor. Ajude as pessoas a serem felizes.

Vamos em frente!

Referências

AUTOCONFIANÇA. In: Wikipédia: a enciclopédia livre, 2020.

BOTTON, Alain de. *The Architecture of Happiness*. Editora Vintage International, 2008.

MICHAELIS moderno dicionário da língua portuguesa. São Paulo: Melhoramentos. Disponível em:<http://michaelis.uol.com.br/moderno/portugues/index.php>. Acesso em: 20 out. de 2021.

21

ADAPTAÇÃO CULTURAL

As raízes das palavras *adaptação* e *cultura* vêm do latim *adaptare* e *colere*, ou seja, ajustar, tornar capaz, encaixar, adequar; cuidar, cultivar e crescer. Com foco na essência desses vocábulos, faremos uma reflexão sobre a *soft skill* adaptação cultural, nos diversos âmbitos em que a interculturalidade se faz presente, desde uma simples transferência de área até uma mudança de país num expatrio.

CRIS LANZOTI

A experiência de mais de dez anos vivendo fora do Brasil despertou um interesse genuíno em auxiliar na harmonização de pessoas em contextos internacionais. Formada em Comunicação Social, atuo transversalmente na adaptação cultural por intermédio de seus diversos canais, como a cidadania, o idioma, a arte, o turismo, a culinária, as diferenças sociais etc. Sou mãe do Filippo, da Camilla e do Fabrizio, dos *pets* Briciola e do Félix. Esposa do Nicolas, com quem construí a nossa família que tanto me realiza.

Cris Lanzoti

Contatos
LinkedIn: https://bit.ly/3jIYvWU
Instagram: @crislanzoti

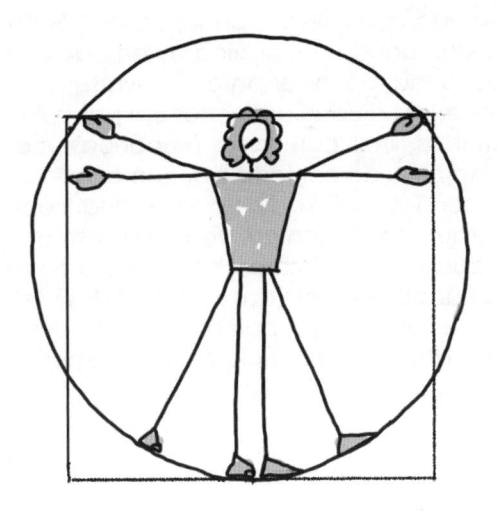

A adaptação cultural é uma daquelas experiências que nos conduzem a uma profunda evolução interior, mas ao mesmo tempo, por causa das suas possíveis desconexões e novas conexões, pode comportar grandes esforços psicológicos nas suas diversas fases de introdução ao ambiente cultural; ela incide diretamente no fato de romper com as próprias origens. Nesse momento da adaptação, a análise filosófica do Homem Vitruviano (1490), famoso desenho de Leonardo da Vinci, para mim é emblemática, pois é aí que acontece o que podemos chamar de uma expansão, muitas vezes árdua, do homem para o universo.

O esforço e o tempo que levamos nesse processo estão diretamente ligados à nossa flexibilidade e a da empresa ou país onde desejamos permanecer com seus códigos e valores. Em um mundo em que as transformações são cada vez mais velozes, adaptar-se aos cenários é essencial. Um colaborador flexível, embora tenha seu ponto de vista, ouve as opiniões dos demais colegas e, com equilíbrio, lida com elas e coopera na busca pelas soluções. E isso vale também para o sucesso de uma adaptação cultural, que não está necessariamente ligado à vida profissional, mas estreitamente relacionado aos obstáculos que ela comporta.

Essa inclusão passa transversalmente por várias áreas: o domínio do idioma – que pode ser fator determinante principalmente no caso de um expatrio –, a religião, a alimentação, os costumes, o código social etc. Negligenciar esses aspectos pode significar desacelerar ou interromper a integração com o novo meio.

Convido vocês a saborearem o tema *adaptabilidade* focado no mundo corporativo no volume 1 desta série. Aqui, focaremos o ponto de vista do expatrio, lembrando que as mesmas ideias sempre podem ser adotadas em qualquer um dos âmbitos.

Depois de três mudanças internacionais, de ter três filhos – um no Brasil e dois na Itália – estou pondo em prática a vontade que sempre tive de poder, de alguma forma, devolver para o universo a minha experiência e – quem sabe – com ela ajudar, ao menos um pouquinho, alguém.

Não foi fácil criar os filhos com essas mudanças, mas hoje creio que valeu a pena sair da zona de conforto e enfrentar adaptações e readaptações. No fundo, acho que não adianta se esconder em uma cabana no meio do nada, porque a vida sempre vem ao nosso encontro e o poder diário de adaptação torna-se imprescindível para torná-la mais leve. A questão é: como se adaptar diante das adversidades? Selecionei, de acordo com a minha vivência, as principais ações que devem ser levadas em consideração, caso desejem se aventurar nessa experiência.

Raízes

> *Não sou brasileiro. Não sou estrangeiro. Eu não sou de nenhum lugar. Sou de lugar nenhum.*
> TITÃS

O expatriado, quando começa a internalizar a outra cultura, passa por uma espécie de metamorfose, pois não se sente nem do seu país de origem nem do que reside. Nessas idas e vindas pelo mundo, pude compartilhar esse sentimento com outros expatriados e posso dizer que é algo bastante comum, pois por mais que um estrangeiro possa estar inserido em uma cultura, em algum momento, se deparará com um assunto em que não sabe o que estão falando, ou não tem a mesma percepção a respeito, simplesmente pelo fato de não ter nascido ali e/ou vivido aquela circunstância. O mesmo ocorre quando voltamos ao Brasil, depois de algum tempo, pensando que podemos continuar o nosso percurso a partir do momento em que o deixamos. Doce ilusão! Assim como nossas experiências transformaram nossas vidas, as circunstâncias em que a deixamos também são outras. Parece óbvio, mas muitos cometem o engano de pensar que encontrarão tudo como era antes.

De qualquer forma, para se sentir seguro, ter consciência das próprias raízes é, na minha visão, a base maior para se adaptar sem perder a própria identidade.

***Onboarding* e aceitação**

Outra *soft skill* fundamental na adaptação cultural é a da aceitação. Em italiano, essa palavra é usada mais no sentido de acolher e receber. De fato, a recepção de um departamento público, por exemplo, se chama *accettazione*. O ato de bem receber agiliza a inserção do recém-contratado ou cidadão a um novo contexto. Em gestão de pessoas, isso nada mais é que um *onboarding*, processo empregado a partir da década de 1970 e que utiliza diversas estratégias em um programa de integração para compreensão dos objetivos da corporação. Creio que, se cada sociedade descrevesse com antecedência como funciona a sua cultura e seus valores, os objetivos seriam alcançados mais facilmente. No âmbito pessoal, posso dar o exemplo do meu marido que, no seu contato diário por trabalho com chineses, pode observar diversas vezes a dificuldade culturalmente enraizada deles em dizer não. Certa vez ele presenciou a seguinte situação: uma colega de trabalho convidou outra colega chinesa para jantar. Esta, em vez de dizer não, pois hoje tenho um compromisso, que é o que faríamos, argumentou que comeu muito no café da tarde. A que fez o convite teve que interpretar que ela não estaria com fome na hora do jantar e concluir que isso significava um não.

Choque cultural

> *Le cose belle della vita non sono le nostre certezze, le cose belle della vita sono i nostri cambiamenti.*
> Extraído do filme *Passione Sinistra*

Quando me transferi para Itália pela primeira vez, fui sem a necessária familiaridade com a cultura. Sim, porque por mais que possamos ser descendentes daquele país – inclusive temos muitos italianos residindo em todo o Brasil – não tem jeito, sentimos a diferença na pele. Pense que, assim como no Brasil, do norte ao sul da Itália existem comportamentos e culturas distintas e mesmo quem é italiano nota isso. Inclusive existe certa rincha, no bom sentido, entre os *terroni*, aqueles que vivem no sul da Itália e os *polentoni*, que moram no norte, onde a economia é mais desenvolvida. Existem até filmes, principalmente comédias, que descrevem essa faceta.

Naquela época, eu estava grávida de seis meses e tinha um filho de um ano e três meses que começava a andar. Foi um momento delicado com um nível considerável de choque cultural. Logo minha filha nasceu e foi um enorme contraste ter um filho no Brasil e, um ano e meio depois, ter outro na Itália. Deparei-me com diferenças gritantes, desde o pré-natal até o parto e o pós-parto. O Brasil é mais aberto à modernidade nesse sentido, enquanto a Itália é mais tradicionalista, mas tudo tem seus prós e contras. Então, o que recomendo para quem quer diminuir o impacto cultural da experiência de viver no exterior e se harmonizar é buscar ao máximo as peculiaridades e informações a respeito do país, focando na integração das diferenças de maneira acolhedora e empática. Por outro lado, ficou claro que a verdadeira consciência é adquirida no dia a dia.

Idioma

Quanto mais domínio se tem do idioma antes de se transferir, melhor, pois ajudará a dispor de uma convivência ativa com pessoas do país. O que ajudou muito nessa integração foi ter filhos pequenos na escola italiana. Nós éramos a única família de brasileiros do colégio e fizemos um ciclo de amizades muito importante. Foi essa convivência que trouxe a possibilidade de adquirir a verdadeira língua corrente do país, pois essa só pode ser aprendida a partir da necessidade que dela temos para viver. Fiz alguns cursos, mas foi a prática que me deu a fluência e a sensibilidade necessárias, mas até chegar a um bom nível, passei por alguns sufocos. No dia do parto, foi uma coisa realmente traumática, porque aqui os médicos não estão acostumados a fazer cesariana e eu ainda não falava muito bem italiano. Além de outros contratempos, na hora de tomar a anestesia, eu não sabia como me posicionar e a anestesista fazia mímicas. Com o nervoso, eu não entendia o que ela queria. Para que a anestesia, que é perigosa, fosse injetada de forma segura, recordo que a médica dizia *"ferma"*; *"spingi"*. Sabia que *"ferma"* era para ficar parada, mas o que poderia significar *"spingere"*? Lembrei que eu vi essa palavra escrita na parte de dentro da porta do elevador e deduzi que seu significado fosse empurrar, mas como poderia empurrar estando parada? Foi uma confusão total, mas no final consegui tomar a bendita anestesia.

Momentos difíceis

A vontade de desistir aparece muitas vezes, porém é comum que as pessoas voltem à sua terra natal e, depois de pouco tempo, retornem ao país onde estavam radicados, principalmente por terem uma grande dificuldade em se readaptar. Isso também aconteceu comigo, mas posso dizer que hoje vivo bem aqui e lá.

Recentemente vivi um dos piores momentos que um ser humano pode vir a passar na vida: perdi meus pais, com o agravante de estarmos vivendo uma pandemia. Nunca pensei que pudesse ser em uma situação como essa. Procurava me agarrar a qualquer coisa que pudesse para me conformar. Uma amiga me disse que eles viveram 81 e 85 anos em saúde, criaram três filhos que estão bem e cumpriram sua missão. Sim, isso é verdade. Embora, a perda de entes queridos, assim tão primordiais, seja devastadora, talvez o segredo seja confiar nos ciclos. Tudo é cíclico: a natureza, com suas estações do ano; a própria água tem um ciclo... Gosto de pensar que a vida é como um rio que segue o seu percurso para depois cair no oceano e evaporar para voltar a fazer parte do plano superior. Depois virar chuva e recomeçar o ciclo.

Na intensa busca por informações a respeito dos meus antepassados, conheci muitos familiares espalhados pelo mundo e consegui reconstruir a trajetória dos meus bisavôs, quando chegaram ao Brasil: o porto em que desembarcaram, a cidade que seguiram e viveram até o fim da vida. Meu bisavô viveu até os 89 anos. Também fiz minha árvore genealógica, com todos os demais sobrenomes das mulheres da família, as profissões que tiveram e até os endereços dos meus trisavôs e tataravôs. Fui inclusive visitar a cidade dos meus bisavós. Ir até lá e andar pelas ruas por onde eles passaram, ver as paisagens que viram, o rio de onde eles retiravam a água para sobreviver me fez ter a noção ainda maior desses ciclos que temos que viver, dos caminhos a percorrer e confiar ainda mais na lei maior do ciclo da vida. Minha intenção é continuar e seguir até os pentavós, hexavós, octavós... Quem sabe até onde conseguirei chegar!

Chegar? Acho que chegar nunca se chega, apenas se evolui em cada ciclo. Estou feliz em poder participar desse movimento histórico, no qual as pessoas começam a dar maior importância às soft skills; de uma coisa tenho certeza: meus pais, assim como todos os nossos antepassados, querem que vivamos bem a nossa vez, para que possamos evoluir e para ter um mundo cada vez melhor. E se eu evaporar só um pouquinho mais evoluída do que eu cheguei aqui, já vai ter valido a pena!

Viver fora do Brasil é:

- Muitas vezes, não conseguir estar presente nos momentos mais difíceis, como os de doença ou coisa pior;
- Ver seus sobrinhos e filhos dos seus amigos crescerem por fotos;
- Sentir muitas saudades e querer estar junto aos seus familiares e amigos pessoalmente;
- Ter um grau de expectativa altíssimo para fazer aquele churrasco ou almoço com seus amigos;
- É saber qual o verdadeiro valor de estar no Brasil e aproveitar ao máximo a companhia da sua mãe divertida, o papo-cabeça do seu pai e a feijoada da sua tia, pensando em quanto você é sortuda;
- É ver seus filhos querendo o chamego dos avós, a sopinha e a comidinha da vovó, as biribinhas que a vovó compra só para ver os netinhos felizes.

Mas é também:

- Estar em lugar seguro;
- Deixar seus filhos pré-adolescentes saírem sozinhos pela sua cidade sem preocupação;
- Dar possibilidade aos seus filhos de serem fluentes, com facilidade em outros idiomas desde pequenos;
- Não conviver com diferenças de classe social drásticas;
- Dar uma melhor qualidade de vida à sua família;
- É poder viajar e conhecer muitos países diferentes aproveitando a facilidade de deslocamento que a Europa lhe proporciona, conhecendo diversas culturas;
- É, apesar de todas as dificuldades, não se sentir "de lugar nenhum", mas se sentir uma cidadã do mundo e feliz.

Algumas dicas para o sucesso da sua adaptação cultural valem a pena serem lembradas:

- Valorize suas raízes. Nenhuma relação que o obrigue a ser diferente e ir contra a sua essência deve ser mantida;
- Aceite o que você não pode mudar. Este é o passo para se abrir às mudanças;
- Informe-se a respeito da cultura da empresa ou país onde vai viver. Lembre-se: o que para uma cultura é ofensivo, para a outra pode ser normal;
- Aprenda o idioma da melhor forma possível antes de se mudar, mas tenha consciência de que a língua faz parte de um aprendizado constante;
- Saiba que momentos difíceis surgirão, mas tenha confiança no ciclo da vida.

Referência

PRESSFIELD Steven. *Como superar seus limites internos: aprenda a vencer seus bloqueios e suas batalhas interiores de criatividade*. Tradução Gilson César de Sousa. São Paulo: Pensamento-Cultrix, 2021.

22

COMPAIXÃO

Sim, compaixão é uma habilidade e, embora todos tenhamos aquele desejo intrínseco de ajudar, nem sempre o fazemos da melhor forma. Ao final deste capítulo, você compreenderá a diferença entre compaixão e outros sentimentos e saberá como vivenciar essa *soft skill* de maneira mais efetiva. Para os executivos e líderes, este texto certamente trará benefícios de estimular a compaixão em sua equipe.

SILENE RODRIGUES

Silene Rodrigues

Assistente social com pós-graduação em Economia e Gestão das Relações de Trabalho. Certificada em *Brain-Based Coaching* (*Neurocoaching*) pelo Neuroleadership Institute e em *The Foundations of Happiness at Work* pela Universidade da Califórnia. Atualmente, tem se dedicado aos estudos de temas como *mindfulness*, resiliência, *stress*, empatia e inteligência emocional no trabalho. Possui mais de 25 anos de experiência em Gestão de Recursos Humanos, atuando em empresas multinacionais, a exemplo da Nike e Sephora. Incentiva a diversidade no meio corporativo e nas relações pessoais como forma de desenvolvimento de pessoas e negócios visando a um ambiente mais saudável e a um mundo melhor. É mentora de meninas que desejam ingressar no mercado de trabalho e de mulheres que ambicionam alavancar suas carreiras. Apaixonada pelas relações humanas no ambiente de trabalho é uma *Lifelong Learner* nessa área.

Contatos
sisirodrigues67@gmail.com
LinkedIn: inkedin.com/in/silene-rodrigues-193561

Substantivo feminino

Sentimento de pesar, de tristeza, causado pela tragédia alheia e que desperta a vontade de ajudar, de confortar quem dela padece.

Segundo o *Greater Good Science Institute*, compaixão tem o significado literal de "sofrer juntos". Trata-se, então, de um sentimento que surge quando percebemos o sofrimento de outrem e que nos motiva a trazer alívio para aquela dor.

Por essa ótica, não seria difícil confundir compaixão com empatia ou altruísmo. Embora essas habilidades estejam relacionadas e, muitas vezes, coexistam, há diferenças marcantes entre elas.

A empatia, de maneira simplista, pode ser descrita como a habilidade de colocar-se no lugar do outro e sentir a sua dor sob a perspectiva dele (saiba mais no primeiro volume de *Soft Skills – Competências essenciais para os novos tempos*). O altruísmo está relacionado à abnegação e à filantropia. A compaixão, no que lhe concerne, pode envolver uma reação empática e um comportamento altruísta, mas ela é primordialmente caracterizada por uma resposta emocional diante do sofrimento alheio de qualquer natureza e resulta num impulso, vontade, necessidade autêntica de ajudar a aliviar essa dor.

Também não seria incomum confundir compaixão com piedade, sentimento que se caracteriza pela condição de superioridade daquele que sente em relação àquele que sofre e evoca sentimento de culpa e pena em nós. A compaixão, entretanto, é uma habilidade socioemocional.

As situações que causam mal-estar, dor e sofrimento estão presentes na vida de todos e podem ser entendidas como aspectos naturais e inevitáveis da condição humana. Como seres singulares, encaramos as vicissitudes da vida de maneira diversa, e um fato que dispara o gatilho da dor para alguns pode não ser tão impactante para outros. Não obstante, eventos como a perda ou doença de um familiar, o fim de um relacionamento romântico, uma doença física ou mental, dificuldades financeiras, invariavelmente desencadeiam aflição e afetam todas as dimensões da vida.

O processo interpessoal de compaixão

É interessante entender a compaixão como um processo interpessoal que inclui três ações distintas:

1. **Perceber o sofrimento:** ter consciência de que há sofrimento real ou potencial, o que requer atenção e interesse genuíno pelo outro.
2. **Sentir empatia e ir além:** conectar-se emocionalmente a alguém que está sofrendo e ser capaz de imaginar-se no lugar daquela pessoa, sentindo-se compelido a agir para aliviar aquele penar. É esse o elemento que liga a consciência à resposta.
3. **Responder compassivamente:** agir intencionalmente em resposta ao sofrimento para diminuir, abrandar ou torná-lo suportável.

Praticando a compaixão

Em minha jornada como assistente social, tive a oportunidade de atuar como voluntária em uma instituição por vários anos. Assim que cheguei, percebi o grande número de famílias atendidas pelos diversos serviços que a casa oferecia, mas especialmente pela cesta básica que era doada mensalmente. Muitas dessas pessoas dependiam daquela entidade há décadas e, durante esse tempo todo de atendimento social, não tinham visto sua vida mudar para melhor.

Depois de algumas visitas domiciliares, conclui que algumas famílias deveriam ser descredenciadas e que a essência do atendimento social deveria ser radicalmente alterada.

A princípio foi um choque para a diretoria da instituição que oferecia todo o apoio aos carentes, mas não tinha conseguido impactar estruturalmente a vida deles.

O que me fazia ter certeza de que minhas recomendações estavam corretas era que, além de sentir empatia por aquelas mulheres e crianças, que viviam em péssimas condições, eu me sentia compelida a fazer algo que mudasse aquela situação radicalmente. Era um sentimento que em nada se confundia com vontade de praticar caridade. O que me impulsionava era trabalhar num projeto de educação e profissionalização que empoderasse aquelas mães de família e oferecesse uma nova perspectiva de futuro para seus filhos.

Foi assim que vi várias famílias mudando o curso de seu destino, como uma mulher grávida que já tinha três filhos, vivia um casamento abusivo com um marido desempregado e alcoólatra.

Acompanhei aquela mãe e seus filhos durante muito tempo, vi aquelas crianças tornarem-se adolescentes, enfatizei a importância do estudo e do trabalho, apoiei a mulher na busca por um emprego, orientei sobre seus direitos como esposa e a quem recorrer em caso de violência doméstica.

Muito tempo havia se passado quando eu a reencontrei. Seus filhos tinham concluído a faculdade, tinham uma boa colocação profissional. Ela continuava trabalhando e até o relacionamento com o marido tinha se transformado. Deu-me um forte abraço e rapidamente me contou como estava feliz, realizada, e quanto a família se lembrava de mim e da minha influência positiva.

A satisfação que senti naquele dia foi indescritível. Uma sensação de realização e prazer, um gostinho de "quero mais" que, aliás, pode ser explicado pela neurociência.

Em estudo realizado pelos neurocientistas James Rilling e Gregory Berns, da Emory University, os participantes tiveram sua atividade cerebral registrada enquanto ajudavam alguém. O ato de auxiliar outra pessoa desencadeou atividades nas mesmas partes do cérebro que são ativadas quando recebemos recompensas ou experimentamos prazer. Significa dizer que realizar um desejo pessoal ou apoiar outra pessoa nos traz a mesma sensação – ou ainda maior – de gratificação e prazer que teríamos se fôssemos nós mesmos a receber aquela ação.

Outras mudanças fisiológicas podem ser percebidas, entre elas, a diminuição da frequência cardíaca, a sensação de calma e aproximação e aumento na produção de oxitocina, hormônio ligado à sensação de prazer e bem-estar. É possível concluir que a compaixão pode se autoperpetuar, pois essa percepção prazerosa leva a mais comportamentos compassivos. Compaixão leva à compaixão.

A compaixão e o trabalho

O ambiente de trabalho é diretamente impactado pelas adversidades da vida cotidiana e por eventos estressores, muitas vezes, originados ali mesmo naquele meio. Independentemente de serem fatores internos ou externos, repercutem nas relações de trabalho, gerando ambientes tóxicos, baixa produtividade e engajamento, alta rotatividade, acidentes de trabalho etc., que trazem consequências danosas para os indivíduos e as organizações.

Ao longo de mais de 25 anos de carreira em Recursos Humanos, acompanhei inúmeras manifestações de aflição de funcionários, por questões puramente pessoais e que tiveram sérias consequências nas relações de trabalho.

Nada se compara ao sofrimento imposto pela pandemia de Covid-19. Lá se vão dezoito meses desde que o Brasil partiu para o enfrentamento da doença. Pela primeira vez na história, as empresas fecharam as portas e mandaram seus funcionários para casa.

Minha primeira preocupação era manter os colaboradores ativos, mesmo aqueles que se viram privados do trabalho. Não foi difícil ajudar o pessoal do escritório a organizar uma rotina diária de atividades em casa, mas essa é apenas uma pequena parcela de nosso time.

O varejo físico depende do contato físico com o cliente. Com as lojas fechadas, as pessoas não conseguem desempenhar suas tarefas. Ainda assim era fundamental manter todos ativos e engajados, e foi por intermédio de treinamentos presenciais convertidos para o ambiente digital que começamos.

Essa foi a parte fácil, pois ter que equilibrar os interesses sociais e econômicos em meio a tanta incerteza foi um pouco mais complicado. Ajudou-me muito trabalhar numa organização que, além de valorizar as pessoas, recebeu total apoio da matriz.

Foi assim que aquele ímpeto de agir para abrandar o pesar tomou conta de mim e dos demais diretores da empresa.

O que fizemos? Bem, trabalhamos como equipe para entender o contexto e tentar prever o que estava por vir, já sabendo que as vendas cairiam drasticamente.

Em RH, preparamos todos os protocolos de segurança que seriam implementados quando pudéssemos reabrir as lojas. Creio que a compaixão nunca foi tão importante para um projeto, nos colocar no lugar dos funcionários, contribuiu para a criação de um guia muito completo, com as principais perguntas e respostas. Treinamos os gerentes e líderes das lojas e produzimos materiais educativos.

Em parceria com o pessoal de Operações e Facilities, adquirimos equipamentos de segurança e redesenhamos os ambientes de trabalho (lojas e escritório).

Eu ficava imaginando como todos deveriam estar com medo. Queria transmitir positividade, mas era importante ser realista também. Recomendei que os gestores iniciassem suas reuniões perguntando se os presentes estavam bem e saudáveis. Era importante que as pessoas se sentissem acolhidas. Além disso, trabalhei na quebra do paradigma presenteísmo-produtividade. Falei sobre como deveríamos passar a encarar com naturalidade quando, durante uma reunião virtual, um animal de estimação passasse em frente à câmera, um ruído estridente viesse da casa ao lado, os filhos chamassem pelos pais, o entregador tocasse a campainha. Distrações como essas, que não existiam antes da pandemia, passavam a ser parte do dia a dia do trabalho e requeria compreensão, respeito e colaboração.

As pessoas que adoeceram receberam mensagens dos principais executivos e telefonemas dos gestores imediatos, desejando melhoras e perguntando se precisavam de algo. Alguns perderam entes queridos. Então, enviamos condolências e um regalo para trazer algum conforto.

Mesmo aqueles que não foram acometidos pelo coronavírus, estavam mais sujeitos a doenças mentais como ansiedade, depressão e síndrome de *burnout*. Por isso, além da assistência médica e psicológica, atuamos na educação sobre saúde mental, oferecemos práticas de yoga e *mindfulness* e incentivamos rodas de conversa.

À medida que as situações iam surgindo, eu pensava em como minimizar a dor. Felizmente, nunca estive sozinha. Meus pares, meus chefes, meu time, todos estamos juntos nessa jornada.

Mas, afinal, quais são os ganhos em encorajar esses comportamentos compassivos dentro da organização?

Para quem está em dor ou sofrimento

1. Sentir que não está só e que não é julgado fortalece sua resiliência;
2. O apoio emocional, a compreensão e a flexibilidade nas condições de trabalho aceleram a sua recuperação;
3. Com tudo isso, a pessoa passa a experimentar emoções positivas.

Para os demais colaboradores

1. Adquirem mais confiança em relação à empresa;
2. Sentem-se inspirados a praticar a compaixão;
3. Tornam-se mais abertos a pedir ajuda e compartilhar.

Para a organização

1. Maior engajamento, criatividade, produtividade e, consequentemente, maior rentabilidade;
2. Efeitos positivos na reputação da marca, que podem recrutar novos consumidores;
3. Funcionários mais satisfeitos e prontos a oferecer melhor atendimento aos clientes, que demonstrarão maior fidelidade.

Cultivando a compaixão no ambiente de trabalho

A compaixão nas organizações contribui para a construção de um círculo virtuoso, visto que cria um ambiente positivo, gera maior satisfação dos colaboradores e leva à felicidade no trabalho.

Comportamentos compassivos entre colegas de trabalho são sinônimo de cooperação, liberam criatividade e facilitam a inovação. Os valores da empresa são mais facilmente compartilhados.

Mas não precisamos esperar a próxima pandemia para começar a introduzir os princípios da compaixão no mundo corporativo.

Felizmente, há ações de baixo custo e de fácil implementação que favoreçam um ambiente positivo. São elas:

1. Rituais de interação que permitam que os colegas se conheçam melhor e consigam identificar os sinais de sofrimento precocemente;

2. Espaços físicos, estruturas e rotinas de comunicação que viabilizem relações interpessoais mais próximas e mais frequentes, garantindo o companheirismo entre os integrantes do time;
3. Substituição das excessivas mensagens eletrônicas por contatos pessoais, que facilitam o entendimento e solução dos problemas;
4. Sessões de *Team Building*, fora do ambiente corporativo, que enfatizem não somente as questões do negócio, mas que também estimulem a construção de relações pessoais de alta qualidade;
5. Programas de conscientização para o desenvolvimento do perceber, sentir e responder à dor alheia.

Finalmente, se por muito tempo a compaixão no local de trabalho não passava de um ideal, em tempos tão turbulentos quanto o que vivemos agora essa habilidade se tornou indispensável.

Todos nós, executivos, líderes, colegas de trabalho, devemos nos preocupar verdadeiramente uns com os outros, oferecendo mais atenção, gentileza e apoio.

Referências

GREATER GOOD MAGAZINE. *Compassion Definition*. Disponível em: <https://greatergood.berkeley.edu/topic/compassion/definition>. Acesso em: 20 out. de 2021.

KELTNER, Dacher. The Compassion Instinct. *Greater Good Science Magazine*, 2004.

LILIUS, Jacoba; KANOV, Jason; DUTTON, Jane; WORLINE, Monica; MAITLIS, Sally. *Compassion Revealed: What We Know About Compassion at Work (and Where We Need to Know More)*. The Oxford Handbook of Positive Organizational Scholarship, 2011.

23

PRESENÇA

Neste capítulo, enfatizo a importância da PRESENÇA. Neste mundo, que muda cada vez mais rápido e sem manual de instrução, VIVER aqui e agora é "o" grande desafio: o caminho para uma vida pessoal e profissional de plenitude e sucesso.

WELLINGTON NOGUEIRA

Ator, palhaço e empreendedor social. Fundador da organização Doutores da Alegria. *Fellow4Good* do Institute For the Future. Palestrante. Formado pela American Musical and Dramatic Academy, NY. *Fellow* Ashoka – Social Changemaker. Docente da pós-graduação em Educação Lúdica ISE – Vera Cruz (2004-2011) e da pós-graduação em Suicidologia e Saúde Mental da USCS (2020). Professor School of Life.

Wellington Nogueira

Contatos
www.wellingtonnogueira.com.br
well@wellingtonnogueira.com.br
Instagram: @inteligencia_ludica

Olá!

Obrigado por começar a ler este capítulo!

Para celebrar sua presença aqui, iniciarei fazendo a pergunta que Caetano Veloso imortalizou, na canção "Sozinho", de Peninha:

"Onde está você, AGORA?"

Antes de responder, por gentileza, sente-se confortavelmente, mantendo a coluna ereta e faça uma inspiração profunda; segure o ar por três segundos, contando mentalmente, sem pressa, um, dois, três! Exale o ar pela boca, devagar, para prestar atenção ao trajeto, e perceba como seu corpo reage. Repare se, ao expirar, pontos de tensão nos ombros ou no pescoço ficam mais relaxados.

Repita para ter certeza do que está adquirindo: consciência de sua presença, relaxamento e conexão com o presente. Simples assim. E muito potente!

Dizem os mestres "yogues" que nenhum homem deveria aprender a fazer nada sem antes dominar o potencial da respiração consciente. O que acha?

Escolhi escrever sobre essa habilidade suave, a PRESENÇA, porque observo que o grande desafio do ser humano contemporâneo é habitar, conscientemente, o aqui e o agora.

Num mundo barulhento, que muda cada vez mais rápido, sem manual de instrução, com crescente número de estímulos e distrações, que disputam nossa atenção, agressivamente, a cada segundo, manter o foco torna-se o "13º Trabalho de Hércules": Estar presente aqui e agora!

Aceleramos para bater nossas metas, fazendo malabarismos pelas nossas entregas: comparecer aos compromissos pontualmente, receber nosso pagamento, melhorar de vida, cultivar boa saúde e aparência, liderar, criar uma família, sonhar e... Ufa!

Se tentarmos tirar uma foto desse ser humano contemporâneo, corremos o risco de captar um **borrão**, porque este ser não **habita** a maior certeza que existe: o Presente. Funcionar no "**modo borrão**" é sustentável? Se fosse, não estaríamos lidando com o crescente aumento de problemas que afetam a saúde mental de pessoas em diferentes faixas etárias e classes sociais, originados a partir das desconexões entre vida – principalmente urbana – família, propósito e trabalho. A boa notícia? Isso tem jeito.

Por isso, este capítulo foi iniciado com três respirações conscientes: o simples ato, que é um primeiro acesso ao estado de **Presença**. Quanto mais praticar, mais fácil acessar.

Pausa para você fazer mais 3 respirações conscientes antes de prosseguir.

> *A vida é agora. Nunca houve um momento em que sua vida não foi AGORA, e nunca haverá.*
> (ECKHART TOLLE, O Poder do Agora)

Existem duas maneiras de conviver com essa velocidade: misturando-se a ela e se perder em sua rapidez OU acessando o estado de **presença** por meio da respiração consciente – e, assim, direcionar seu foco e atenção para **olhar** a realidade acelerada **olhos nos olhos**: complexidade para complexidade. Um ser humano que acessa sua presença não se apequena. Pelo contrário, amplia o acesso à força criativa e transformadora que leva consigo.

E faz uso dessa potência para manifestar seu legado no mundo.

Assim, celebramos nossa singularidade, ampliamos nossa consciência e alcançamos o propósito da vida.

A busca pela presença

Sou ator e palhaço, ofícios em que a PRESENÇA é essencialmente necessária, para garantir autenticidade na encenação.

Durante os ensaios de uma peça teatral, quando o diretor está dirigindo uma cena, ele está sempre observando os artistas e dizendo: "Respira"; ou "Fica aqui, no momento..." para ajudá-los a encontrar a verdade na atuação.

É essa Presença que permite à plateia ser *voyeur* de um momento real que ocorre no palco, como se estivesse ocorrendo na intimidade das quatro paredes de um quarto.

É o que chamamos também de "Magia do Teatro".

É possível viver essa magia em nossas vidas?

Sim, quando abrimos o espaço para estarmos inteiros, como num beijo apaixonado. Não é preciso fazer esforço, simplesmente... Entregar-se à ação!

Viver o momento presente é viver plenitude fazendo o mínimo de esforço.

Além de fazer bem à saúde física e mental, no estado de presença, aprendemos a **diminuir o volume da voz na cabeça que rumina mentalmente o passado** – que não volta – ou se preocupa incessantemente com o futuro, que ainda não chegou.

Se liga

A primeira ação ao nascermos é uma respiração; como adultos, cada respiração consciente que fazemos é a confirmação de nossa "estreia" no planeta Terra; quando morremos de causas naturais, o último movimento é o da expiração. Entre uma inspiração e uma expiração, vivemos uma existência.

Boa notícia: é simples. Diferente de fácil!
Definindo SIMPLES: se jogar na ação, sem medo de errar ou acertar.
Definindo FÁCIL: é clamar por obstáculos do tipo "é difícil!", "não consigo!"
Outra notícia melhor ainda:

> *O presente é o ponto no qual o tempo toca a eternidade.*
> C.S. LEWIS

"Compreender tudo só com a cabeça" nos rouba do Presente.

Compartilho o momento que entendi e vivenciei, com a mente e o corpo, o estado de presença. Essa história ocorreu no Queens Hospital, de Nova York, onde atuei como "*Clown Doctor*" em 1989 e 1990, durante o verão, como integrante da *Big Apple Circus Clown Care Unit*, organização pioneira a levar palhaços profissionais, dos palcos e dos circos, para os hospitais.

Naquela segunda-feira, eu ia ser avaliado pelos meus primeiros seis meses de trabalho, atuando com minha coordenadora, Laine Barton, também conhecida como "Doutora EBDBD", e, apesar de estar levemente ansioso, Laine foi uma artista que me ensinou muito, sempre. Trabalharíamos por um dia, das 10h às 15h e, ao final, ela me daria o *feedback*. A manhã estava indo muito bem, estávamos conectados como dupla, obtendo boas reações das crianças, até que chegamos à enfermaria de Oncologia Pediátrica e troquei um rápido olhar com um jovem de 16 anos, alto e de porte atlético, que, ao nos ver chegando, simplesmente revirou os olhos como quem diz "Era só o que me faltava! Uma dupla de palhaços!"

Pensei comigo mesmo: "Não está fácil para ele hoje... Mas vamos ver se mudamos essa história".

Falamos com a enfermeira responsável e iniciamos as visitas um a um, e o jovem atleta foi nosso último paciente do dia. Ele estava recebendo quimioterapia naquele momento. Pedimos licença para nos aproximarmos, e ele, sério, permitiu. Nós nos apresentamos e eu falei:

— Eu queria muito ter trazido um presente para você, mas como não tive tempo de comprar, eu lhe dou um dinheirinho, e você escolhe algo que gosta! Pode ser?

— Ok, ele respondeu, com algum interesse.

Entreguei a ele uma "micronota" de U$ 100 dólares, do tamanho de um selo e disse:

— É só um dinheirinho... Mas, em suas mãos, tenho certeza de que vai se tornar um dinheirão!

E, nesse exato momento, eu tirava uma nota gigante de U$100 dólares da minha "maleta médica".

Até aquele encontro, literalmente, cem por cento dos adultos e crianças com quem eu tinha feito essa "gag" – é o nome que damos a esse tipo de piada – reagiram com uma sonora gargalhada. Essa era minha "gag" infalível... Até aquele momento!

O menino segurou a micronota de cem dólares e me olhou nos olhos, bem sério. Silêncio constrangedor. Ele, finalmente, me falou:

— Sabe o que é pior? É que você não é nem engraçado...

O chão, literalmente, sumiu embaixo dos meus pés. Ali vivi o momento PRESENTE: o tempo começou a "passar bem mais devagar", em câmera bem lenta e eu olhava para o jovem paciente, agora com atenção total, enxergando cada detalhe de seu olhar inquietante; eu parecia "ouvir o silêncio", era como se existisse somente eu e o menino... Nada mais! Respirei fundo e... naquela fração de segundo, que pareceu uma eternidade, a cena toda do nosso encontro "repassou" em minha mente, e eu me senti completamente envergonhado, porque vi cada erro que cometi:

— Cheguei com uma ideia pronta;
— Não acolhi o menino com a minha mente vazia, sem expectativas;
— Não me abri para entender sua necessidade, só pensava em fazer a cena que tinha em mente;
— Acreditei que tinha o poder de "mudar o astral" do jovem rapaz;
— Eu estava completamente envergonhado...

Tive vontade de chorar... De verdade!

Eu, o palhaço que vinha para alegrar, ia chorar de vergonha.

Instintivamente, baixei minha cabeça para não chorar na frente dele e, só então, me dei conta, que... EU ESTAVA VESTIDO DE PALHAÇO!

Respirei fundo e comecei a chorar... Como um palhaço! Em tom de lamúria, falei:

— Mais um emprego que eu vou perder porque eu faço TUDO errado!

E comecei a "chorar copiosamente", como só um palhaço chora. O menino, pego de surpresa, riu! Minha parceira – e, é por isso que sempre trabalhamos em dupla, porque um SEMPRE apoia o outro o tempo todo – imediatamente, respondeu enérgica:

— Você não faz tudo errado! Você faz TUDO e mais um pouco ERRADO!

O menino riu mais! E Laine continuou:

— Você é tão egoísta que quer fazer tudo errado sozinho e não deixar nada pra ninguém!

Rindo mais, o menino confirmou:

— É, ele é assim mesmo!!!

Eu, então, comecei a me lamuriar, mais melodramaticamente ainda:

— Eu sou uma porcariaaaaa... Eu faço TUDO e mais um pouco errado SEMPRE! Buááá...

E o menino me interrompeu, como quem dá um conselho:

— Palhacinho... Menos! Me escuta aqui: pior do que palhacinho que não é engraçado, é palhacinho que chora!

Parei de chorar na hora! Olhei para ele e disse:

— É?
— É!, – respondeu ele. E complementou:
— Vai pra sua casa, cria um truquezinho melhor, volta aqui e me mostra... Se for bom, eu vou rir; se não for bom, eu vou mandar você de volta pra casa até me aparecer com algo que seja engraçado, pode ser?
— É mesmo? Puxa, que legal! Pode ser, sim! Obrigado!!!!" – respondi entusiasmado.
Nos despedimos, saímos da enfermaria, e Laine me parou no corredor e perguntou:
— Você se deu conta do que ocorreu ali dentro?
— Não!
— Você viu como esse menino de 16 anos parece um adulto? Viu como ele é atlético, forte e provavelmente joga pela escola... Estaria se formando no ensino médio agora e se divertindo com os amigos, namorando, curtindo a vida, se preparando para a faculdade... Mas, enquanto muitos estão fazendo isso, ele está tomando quimioterapia, vomitando, com dores pelo corpo, careca... Como você se sentiria no lugar dele?
— Uma m... – respondi, tentando entender o raciocínio de Laine.
— Exatamente! Ele queria saber se você queria mesmo entender como ELE estava se sentindo... Então, ele jogou você "na m..." e você aceitou! Ali, você estava inteiro, vivendo o momento presente, vulnerável, com verdade... Assim, entendeu como é viver um pouquinho do que ele sofre. A partir disso, ele viu que podia confiar em você e se abrir.
— Uau! – exclamei eu, surpreso.
Não fazia ideia de tudo isso... Até hoje sou grato à Laine e ao jovem paciente, por essa lição.
Eu cheguei com uma história pronta, que tinha, até então, sido muito eficaz com todos os outros pacientes e achei que, com ele, seria o mesmo. Só que não...
E ele me "arrancou" da encenação e me trouxe para o momento presente, com verdade.
Na correria, estamos sempre esbaforidos, correndo entre o passado e o futuro; na **presença**, somos atentos ao que o momento demanda e respondemos prontamente, com verdade.
Por fim, não existem fórmulas, mas sim caminhos a seguir e, no caso da Presença, o aprendizado a partir das práticas de:
— Respiração consciente;
— Meditação;
— *Mindfulness*.
Para acessar a "mente vazia, sem expectativas" e integrá-la às ações do dia a dia, vivendo a "mente vazia em movimento".
Tenha muita paciência e acolhimento com você mesmo nesse aprendizado e lembre que ninguém saiu andando do ventre materno. Para saber caminhar, aprendemos a cair, para, então, conseguirmos nos equilibrar, andar e correr.

Praticar a Presença é sustentável, nos permite estar atentos e conscientes, com autenticidade. Não é um ato de esforço, mas de Consciência, cuidado e confiança em VOCÊ!

Em, simplesmente, ser. Mais nada!

Referências

LEWIS, C. S. *Cartas do diabo ao seu aprendiz*. São Paulo: Thomas Nelson Brasil, 2017.

TOLLE, E. *O poder do agora: um guia para a iluminação espiritual*. Rio de Janeiro: Sextante, 2000.

24

MENTALIDADE DIGITAL

Embora o futuro seja incerto e ambíguo com mudanças tão rápidas, a mentalidade digital é a chave para abrir a porta do mundo digital.

ALEJANDRA CORTÉS DÍAZ

Alejandra Cortés Díaz

Alegre, apaixonada pela Colômbia, onde nasceu, e pelo Brasil, onde mora há 16 anos.

Apaixonada pelo funcionamento da mente, desenvolvimento das pessoas pelo autoconhecimento e temas de mentalidade digital. Apoiadora de iniciativas de diversidade e inclusão, entre elas a igualdade de gênero e iniciativas antirracistas. Formada em Ciências Contábeis pela Universidad Nacional de Colombia, com MBA em Gestão Empresarial pela Fundação Getulio Vargas no Brasil, curso da Ciência de Dados e *Big Data* pela MIT x PRO. Com experiência de 23 anos em companhia multinacional alemã, vivências em ambientes interculturais e diversos, é treinadora certificada pelo Instituto Geração Soul no Brasil. Adora aprender, desaprender e aprender, porque acredita que, dessa forma, se vive a vida mais leve e feliz. Vive para contribuir para um mundo melhor e para seus grandes amores: Juan Carlos, Consul, Carol, Juan e Gabrielito.

Contatos
ale.codi.2010@gmail.com
LinkedIn: www.linkedin.com/in/alecodi

Sábado à tarde, o irmão chega em casa. Estamos em quarentena por causa do confinamento imposto pela covid-19. E qual é o plano da tarde? Assistir a algum filme ou série. Ele pega o controle, sintoniza na Netflix e acessa o perfil da irmã para iniciar a procura do filme do gosto dele. Se isso acontece em sua casa, não deixe e vou lhe explicar o porquê.

O grande sucesso da Netflix, além de oferecer conteúdos audiovisuais por meio de uma plataforma em línea ou serviço de vídeo sob demanda, é seu sistema de recomendação personalizado.

No ano 2000, essa empresa introduziu o sistema de recomendação personalizado com base na avaliação de de 1 a 5 estrelas de cada filme. Em 2006, organizou um concurso chamado *Netflix Prize*, com o prêmio de um milhão de dólares para quem melhorasse seu sistema de recomendação em pelo menos 10%. Ela liberou um conjunto de dados de como os usuários haviam avaliado alguns filmes, o objetivo era prever as pontuações ocultas (a Netflix ocultou dados para avaliar os sistemas de recomendação das equipes que participavam).

Após três anos, a equipe *BellKor's Pragmatic Chaos*, integrada por investigadores de AT&T, logrou o objetivo. Foi a equipe que conseguiu, com maior exatidão, prever as informações que estavam ocultas e entregou a fórmula (mais conhecida como algoritmos) para prever esses dados. E por que foi tão importante? Porque é assim que a Netflix cativa seus usuários. Por meio da base de dados de filmes ou séries assistidos pelo perfil, avaliações, semelhanças com outros perfis e outras fórmulas estatísticas, a Netflix consegue prever o perfil que você vai gostar, isto é, o chamado sistema de recomendação personalizado. Por isso, se o irmão tem outro gosto, o sistema de recomendação será alterado.

Hoje vemos como a Netflix também está participando de produções de obras audiovisuais desde a criação, aquisição do produto até sua difusão. E por que tanto sucesso? Uma plataforma que até 2020 tinha 183 milhões de usuários possui agora uma grande base de dados com as informações de cada perfil de usuário, localização, histórico do que procura, hora e data que assiste, tempo que vê um produto, gênero, diretores, atrizes etc., o que permite à Netflix criar produtos na medida do perfil dos usuários garantindo o sucesso, porque sabe que os usuários vão gostar, mesmo que ainda não se apercebam disso. Sim, a Netflix sabe primeiro que você!

E aí que podemos pensar que um milhão de dólares foi um investimento baixo para o nível de resultado que trouxe para a companhia, que segue investindo em melhorar seu modelo.

A Netflix e outras companhias como Spotify e Amazon utilizam o mesmo conceito. Não saem testando no mercado o novo produto, pois já oferecem o produto com as características que sabem que serão aceitas. Imagine a economia de tempo e dinheiro!

Se você costuma comprar na Amazon, a partir de sua navegação no *site* e compra, ela coleta seus gostos por meio dos itens visualizados, tempo investido lendo as resenhas dos produtos, quanto gasta e quando, se acessa o *site* à noite, no fim de semana, datas que costuma visitá-lo, se é comprador compulsivo, perfil do produto (preço, cor, relevância, categoria). Com essa base de dados, ela pode oferecer o produto que você está procurando e até conceder um desconto uns dias antes da data que costuma entrar e visitar o *site*, e, é claro, no produto que sabe que é da categoria que pesquisa e tudo de forma personalizada.

Já parou para pensar como é que falam que algo é tendência no Twitter, por exemplo? Como sabem qual palavra é a mais mencionada? Com uma média de 456.000 *tweets* por minuto, por meio de ferramentas que revisam todos os comentários, em questões de segundos se pode descobrir qual é o mais citado e o que é tendência no dia. Pense no impacto disso na sociedade, na política, no *marketing* de produtos etc.

Nos últimos 20 anos, as novas tecnologias têm surgido de forma de nos tirar o fôlego, a exemplo das ferramentas para nos comunicar como *zoom*, *slack*, bancos digitais como Nubank. Eu poderia continuar enumerando empresas, aplicativos, *startups* (grupo de pessoas iniciando uma empresa que trabalha em ideias diferentes, muito ligadas a tecnologias), todos criando novas maneiras de se relacionar, automatizando atividades rotineiras e não rotineiras. Quem já imaginou que uma criança de 5 anos estaria se formando com aulas *on-line*?

Você hoje poderia conceber sua vida sem internet? Ou voltando a uma loja para alugar um filme? O mundo digital está ao nosso entorno. Nosso cotidiano em muitos aspectos já é dominado pela tecnologia e no futuro será ainda mais assim.

Eu lhe faço uma pergunta. Toca o telefone e ninguém atende. O que pode ter acontecido? Se sua resposta foi: "Não tem ninguém em casa", posso pensar que você cresceu na época em que não existiam os aparelhos celulares. Se sua resposta foi o celular está sem carga ou não o escutou, acredito que seja mais jovem e, para você, a resposta "ninguém está em casa" não faz sentido, porque o telefone celular quase sempre está ao lado.

Independentemente da resposta, se você cresceu ou não na era dos celulares, aprendemos a mexer com ele, note que as crianças parecem que já nascem com *chip*. Por paixão, por gosto ou por necessidade, entramos no mundo digital.

Com todas essas mudanças tecnológicas, você, caro leitor, acha que podemos seguir com a mesma mentalidade de antes? Claro que não! Não podemos pensar que, com todas as mudanças ao nosso entorno, que têm alterado nossa forma de comunicação, de fazer as coisas, que têm transformado nosso comportamento, possamos continuar com a mesma mentalidade. Seja qual for seu papel, sua indústria, sua experiência, o mundo digital está aí, e tentar desconhecê-lo é dar um tiro no pé.

Sendo o mercado da tecnologia um dos que mais crescem pelo mundo, gerando milhões de oportunidades tanto de carreira como de negócio, se preparar para encarar os novos desafios, principalmente profissionais, é fundamental para desenvolver a mentalidade digital.

O que é a mentalidade digital?

Em primeiro lugar, vamos entender o que é mentalidade. É um conjunto de ideias que caracterizam a personalidade de uma pessoa e que influenciam nas escolhas pessoais e profissionais de cada um. Pessoas de mente aberta são aquelas que têm disposição de escutar novas propostas, incluídas as que vão contra os próprios critérios. Quem possui a mentalidade empreendedora pode ser entendida como uma pessoa que conduz seu comportamento para atividades e resultados, aceitando as mudanças assim como também como as incertezas. É importante ressaltar que nossa mentalidade não é estática. Ela se renova constantemente. Portanto, se você se considera alguém que gostaria de ter mentalidade digital, saiba que ela pode ser desenvolvida como os demais tipos de mentalidade.

Quando falamos de mentalidade digital, o que chega à sua mente? Para alguns, é saber programar em *Phyton*, conhecer *Cloud computing, DevOps, Big Data*, Inteligência Artificial; para outros, o primeiro pensamento pode ser: "nem sei mexer bem com o *WhatsApp*" ou "não tenho Instagram". Porém, mentalidade digital, mais que saber programar ou operar um sistema, tem a ver com nosso pensamento. O significado que para mim explica melhor é o que foi definido pela *Harvard Business Publishing*[1] que diz *"ter uma mentalidade digital significa estar constantemente em busca de maneiras de introduzir a tecnologia digital ao seu papel, sua equipe e sua organização"*. Então, tem mais a ver com pessoas do que com tecnologia.

---

1 *Harvard Business Publishing* foi fundada em 1994 como uma subsidiária sem fins lucrativos totalmente pertencente à Universidade de Harvard, reportando-se diretamente à Harvard *Business School*. Sua missão é melhorar a prática de gestão em um mundo em mudança.

Em suma, não é preciso ser um cientista de dados ou programador de algoritmos para estar ligado ao mundo digital. Basta ter a consciência das tecnologias atuais e como podem impactar as organizações, no dia a dia de forma positiva, trazendo novas eficiências, produtividade, novos modelos de negócios, novas oportunidades.

Para alguns, pode significar melhorar um processo operacional rotineiro para que seja mais eficiente e produtivo. Para uma pessoa que trabalha em recursos humanos, pode ser ter um *onboarding* para novos funcionários personalizado *on-line*. Para alguém que atua na contabilidade, pode ser extrair as informações de vários *e-mails* e construir uma tabela de modo automático para alimentar o sistema. Para outras, significa construir relatórios que podem se atualizar automaticamente. Para uma empresa pode ser oferecer novas experiências para fidelizar os clientes e, assim, um sem-número de possibilidades. Imagine em seu dia a dia o que poderia melhorar com a tecnologia e impulsionar sua carreira.

Por que é importante a mentalidade digital?

Se ainda está com dúvidas da importância da mentalidade digital, seguem algumas conclusões do informe sobre o futuro dos empregos, publicado em outubro de 2020, pelo Fórum Econômico Mundial.

Segundo o informe:

- Até 2025, 85 milhões de empregos no mundo deixaram de existir pela automatização, mas 97 milhões de novos empregos se criaram, principalmente em inteligência artificial e *big data*;
- 50% da força de trabalho do mundo precisa se requalificar em algum nível até 2025 para atender às expectativas do mercado. Quer dizer que a metade de nós precisará voltar a se capacitar até essa data;
- Acelerado pela pandemia, 50% dos empregadores a nível mundial aceleraram a automatização do trabalho. Quer dizer que alguns trabalhos que se perderam durante a pandemia não voltaram.

Como diz Renan Hannouche, jovem empresário pernambucano, fundador da comunidade *Gravidade Zero* e, para mim, uma das maiores referências de empreendedorismo de impacto no Brasil diz: "se você pode descrever o que você faz, em breve uma máquina poderá fazer por você. Melhor exemplo: eu ligo o computador, abro as planilhas, coloco as informações de cada formulário, todos os dias". E ele continua: "para não ser substituído pela máquina, preciso me comportar como ser humano e não como máquina". E aí está nosso diferencial".

Seja você que trabalha numa empresa ou um empreendedor, a tecnologia está transformando nossas vidas a cada dia. Ela faz com que empregados, empregadores, empreendedores entreguem soluções para os problemas que surgem, obrigando a todos nós a suprir as demandas da sociedade. Ou nos adaptamos e nós atualizamos ou ficaremos fora do mercado logo, logo.

Como desenvolver a mentalidade digital?

Nos últimos anos, tenho focado meus esforços em estudar e entender o mundo digital por uma perspectiva de *mindset*, de atitudes e ações das pessoas. Participo de grupos, a fim de desenvolver habilidades digitais, e, ao lado de minha equipe, desenvolvemos algumas iniciativas bem interessantes com alto impacto em eficiência e produtividade. Também observo como outras equipes desenvolvem novas ferramentas, novos canais com os clientes, se aliando com outras empresas, pesquisando tendências. E, sendo muito curiosa no tema, minha conclusão é que a principal mudança que precisamos fazer é da mentalidade. É como ir do velho mundo para novo mundo; para fazer essa trilha, precisamos de algumas habilidades para chegar a esse novo mundo. Quais seriam essas habilidades? Para mim, são as seguintes:

- **Desapegar:** para o que sempre funcionou, se desapegar da maneira como sempre se faz as coisas; Já pensou? Como diz Robin Sharma, "os medos que não enfrentamos se tornam nossos limites";
- **Aprender, desaprender e reaprender:** nossa formação, nossos estudos e experiências nos trouxeram os resultados que temos hoje. As coisas estão mudando rapidamente e não podemos ficar tranquilos com o que sabemos até hoje. A educação é algo que não acaba;
- **Curiosidade:** é preciso estar abertos a explorar novas leituras, novas informações, novos espaços, se jogar ao desconhecido;
- **Acolher a imaginação:** "a melhor maneira de prever o futuro é criando você mesmo". (DRUCKER, P.);
- **Adaptabilidade:** o mundo pode cambiar muito rápido e isso nos força a sermos capazes de renovarmos e construirmos um entorno de constante evolução;
- **Empatia**: escutar ativamente e entender o outro.

Como Frankiewicz e Charmorro-Premuzic escreveram:

> Embora o futuro seja mais ambivalente e incerto do que nunca, estamos confiantes de que uma aposta muito forte no futuro é focar em requalificação e *upskilling* de pessoas para que elas estejam mais bem equipadas para se adaptar à mudança. Ajudar a construir uma mentalidade digital é um bom lugar para começar.

Convido você a refletir como hoje está encarando toda essa mudança que estamos vivendo e como está se preparando para o futuro.

Ótima jornada!

Referências

LEWIS, Abbey. *Digital Intelligence Series Part two*. Adopting a digital mindset. Harvard Business Publishing, 2020. Disponível em: <https://www.harvardbusiness.org.digital digital Intelligence Series Part Two: Adopting a Digital Mindset>. Acesso em: 01 jun. de 2021

WORLD ECONOMIC FORUM. *The future of jobs Report 2020*. Disponível em: <https://www.weforum.org/reports/the-future-of-jobs-report-2020/in-full/infographics-e4e69e4de7>. Acesso em: 20 maio de 2021.

25

VIVENDO A TECNOLOGIA

Neste capítulo, compartilho o que aprendi para desenvolver uma relação com a tecnologia, algo que me ajudou a viver melhor e, ao mesmo tempo, a me adequar ao mercado de trabalho em constante mudança. É possível conviver de forma harmônica com a tecnologia. Curiosidade, autoconhecimento e senso crítico são as grandes ferramentas para criar essa aliança.

WALLACE RODRIGUES

Mineiro e apaixonado por desenvolvimento pessoal e profissional. Engenheiro de Telecom pelo INATEL desde dezembro de 1994, entusiasmado por tecnologias para o desenvolvimento de negócios no mercado de TI e Telecom. Com especialização em infraestrutura de TI/Telecom e em segurança da informação e proteção de dados. É membro da Associação Nacional dos Profissionais de Privacidade de Dados (ANPPD®) e colunista especialista da revista RT360.

Wallace Rodrigues

Contatos
wallace.wanderley@gmail.com
LinkedIn: https://www.linkedin.com/in/wallacerw
11 98169 5407

Tecnologias, fascínio, constatações

Todo tipo de tecnologia exerce papel fundamental no desenvolvimento. Basta observar na história da civilização que cada evolução tecnológica gerou grandes saltos na qualidade de vida e nos negócios. Hoje estamos na era da informação vivendo a jornada de transformação digital. Avanços que estão ocorrendo com tanta rapidez que fica difícil acompanhar. Para algumas pessoas, esse volume de informação gera insegurança. Quero mostrar para você que é possível conviver com a tecnologia se integrando a esse mundo dinâmico.

Mesmo que não seja da área da tecnologia, acredito que minha trajetória possa servir para ajudá-lo a entender como as tecnologias podem ser úteis para o seu desenvolvimento pessoal e profissional. Apesar das mudanças constantes que a tecnologia traz, é possível se preparar para estar mais receptivo e com a mente aberta para o novo, se adaptando e se familiarizando com maior rapidez e sinergia com esse mundo tecnológico.

Iniciei minha aventura no mundo das tecnologias na minha adolescência, pelos idos dos anos 1980. Aficionado pelos seus mistérios, principalmente no que se refere à futurologia, às ciências da computação e às viagens espaciais. Esse gosto foi crescendo à medida que consumia livros de Arthur C. Clarke, Isaac Asimov e via o mundo dos computadores pessoais tomando conta da rotina da sociedade.

Esse caminho resultou na minha formação em Engenharia de Telecomunicações, o que me permitiu trabalhar com tecnologias de ponta. Acompanhei o desenvolvimento das primeiras implantações de sistemas celulares no Brasil, trabalhei em projetos de lançamento de milhares de quilômetros em fibras ópticas para a ampliação das tecnologias no país e me envolvi com a rede mundial de computadores desde os primeiros provedores de acesso à internet brasileira.

Tinha tanta urgência em saber tudo o que estava acontecendo no mundo da tecnologia, nas áreas de Telecom e redes, que ficava horas pesquisando sobre esses assuntos em publicações estrangeiras. Afinal, eu não poderia ficar para trás nas novidades.

Essa fixação por novidades me ajudou em um dado período, mas, com o passar dos anos, o volume de informação aumentou de forma vertiginosa e não conseguia mais acompanhar tudo. Uma angústia por não me manter atualizado tomou conta de mim e isso começou a me atrapalhar. Dei-me conta de que estava praticamente dependente de novidades e tinha sentimentos adversos se eu ficasse fora das redes por algum tempo. Era como se estivesse perdendo alguma coisa muito importante ou vital.

Recentemente descobri que, na época, eu tinha FOMO (Fear Of Missing Out – Medo de Perder ou Medo de Ficar de Fora), uma nova forma de distúrbio emocional que causa angústia e até abstinência se o indivíduo ficar sem conexão com a rede. Felizmente, o meu caso foi bastante brando e fui capaz de administrar bem a situação.

A partir dessa descoberta, decidi que deveria encarar a tecnologia de forma diferente, afinal sempre acreditei que os avanços dela estão disponíveis para ajudar e não o contrário. Percebi que não somente eu, um engenheiro, estava nessa condição. Muitos colegas de diversas áreas se sentiam assustados com o volume de informação e, em alguns casos, eles simplesmente negavam a tecnologia.

Em virtude do meu condicionamento acadêmico, compreendo bem as novidades tecnológicas, mas como sentia medo de perder informações e ficar desatualizado, quase criei bloqueios para esse tipo de assunto. Decidi que encararia a tecnologia não só como ferramenta para trabalho, pois era necessário encontrar maneiras de utilizá-la para viver melhor. No final das contas, o volume de informações sobre tecnologia naquele período não estava necessariamente me ajudando profissionalmente.

Resistência e *mindset*

Nosso cérebro é programado para nos manter longe de situações de perigo, nos condicionando a viver de forma constante sem grandes mudanças, afinal "em time que está ganhando não se mexe". Então, nosso cérebro se sente "confortável" em manter a rotina utilizando as mesmas ferramentas para cumprirmos nossas obrigações.

Mas como evolução tecnológica traz muitos ganhos de qualidade e produtividade, as empresas tendem, de tempos em tempos, a mudar seus sistemas de trabalho, implementando novas ferramentas, equipamentos etc.

Já passei por várias implantações de novos sistemas, como CRM (customer relationship manager), aplicativos etc., e basta mencionar que o sistema vai mudar e, pronto, o caos está instalado entre os colaboradores.

Essa resistência a novos procedimentos nada mais é do que o seu cérebro dizendo para você que existe perigo vindo por aí, simplesmente porque ele quer que mantenha sua rotina antiga que estava dando certo. Em algumas pessoas, isso ocorre de modo mais forte, causando bloqueios, criando barreiras que podem se tornar intransponíveis.

Voltando ao meu caso, quando percebi que estava sofrendo forte ansiedade por não ter condições de acompanhar todas as informações e novidades sobre tecnologia, tive que adequar meu modo de pensar (mindset) sobre quais tipos de informações realmente seriam necessárias.

Para casos de bloqueios e resistências às novidades de tecnologias, também é necessário adequar o seu mindset desenvolvendo a curiosidade e buscando o lado prático da tecnologia que trará maior facilidade para desempenhar as suas funções.

Para você que sempre se questiona se realmente necessita daquela nova função do sistema de sua empresa e prefere continuar em sua planilha excel preenchida manualmente, basta dar uma chance para seu cérebro se acostumar com aquela nova forma de alcançar determinado resultado. Na maioria das vezes, o início é doloroso, pois contrariará seu costume, mas, se você se permitir a ter uma experiência agradável, a situação muda.

Sempre procurei fazer as coisas por mim mesmo, montando planilhas elaboradas para atingir os mesmos resultados que as ferramentas das empresas entregavam, mas entendi que isso tomava muito tempo e que meus resultados nem sempre acompanhavam as expectativas. Tornei-me mais receptivo às mudanças, "abri a mente", dei tempo para me acostumar e assimilar as vantagens sobre os sistemas defasados. Com isso, transformando a obrigação em hábito.

O poder do hábito, livro de Charles Duhigg, explica que a mente humana necessita de recompensas para que um hábito seja criado. Por isso, sempre encontro algum benefício que aquela determinada tecnologia possa me trazer, que melhore a minha experiência de utilização e que seja compensador para meu cérebro. Na maioria das vezes, essas vantagens estão ligadas à rapidez nos resultados, liberando tempo para que eu possa me dedicar a coisas mais prazerosas.

Viver a tecnologia

As tecnologias estão por toda a parte e elas já facilitam realmente a nossa vida. Os exemplos são muitos, desde cartões por aproximação a aplicativos de controle financeiro, redes sociais, celulares, computadores.

Para o mercado de trabalho, basta tornarmos a forma de aprendizagem mais prazerosa, instigando nossa curiosidade.

No meu caso, para desenvolver a capacidade de criar aliança com a tecnologia, precisei desenvolver algumas soft skills.

Parar, pensar, me entender, olhar para dentro no sentido de organização e perceber quais são as minhas reais necessidades pessoais e profissionais. Tudo isso me permitiu ver que não importa que tipo de tecnologia seja criada. O que vale mesmo é como encarar as novidades que chegam, aguçando a percepção para saber o impacto dessa tecnologia em minha função na empresa em que atuo ou no negócio que esteja trabalhando.

Assim desenvolvi melhor um senso crítico para detectar as tecnologias que resolvem as necessidades da minha função e do negócio.

Na prática, das habilidades comportamentais que desenvolvi ao longo de minha vida, o autoconhecimento é um dos mais relevantes. Foi questão de entender que eu deveria ter um método para aprender de forma mais leve e dinâmica.

Motivado pela vontade de elaborar um trabalho, com maior qualidade, fui despertando a curiosidade para buscar meios e ferramentas para desempenhar melhor as minhas tarefas.

Foi quando imprimi foco em ferramentas práticas como organizadores pessoais, que me permitiam executar as funções de forma ordenada e que me liberaram tempo para trabalho e família. Daí a coisa foi evoluindo para métodos e planejamento de praticamente tudo. Esse tema é bem explorado no capítulo Organização, no Soft Skills Volume 2.

Sem perceber, eu estava treinando meu cérebro a ordenar os pensamentos e ações, o que me deixou mais livre criando uma aliança com as tecnologias que estavam ao meu redor.

Eu me dei conta de que não era necessário, para função que executava, ser o desenvolvedor daquela tecnologia, bastava ser o conhecedor de muitas e especialista em algumas.

O exercício desse senso crítico e dessa autonomia facilitaram muito as definições e tomadas de decisões sobre cada assunto. O senso crítico e organização me permitiram pensar mais livremente, "fora da caixa", sem amarras, desenvolvendo uma experiência mais agradável na utilização das novas ferramentas que iam surgindo. Dessa forma, sofrendo menos, pois sabia o que fazer e quando fazer diminuindo drasticamente a ansiedade.

Não importa a quantidade de informações que temos sobre uma tecnologia. O que realmente interessa é ter a percepção de saber fazer as perguntas certas para encaixar essas tecnologias no dia a dia, tomando o cuidado de checar de onde as informações estão vindo.

Nessa jornada, a capacidade de adaptação a mudanças é uma soft skill fundamental. Adaptação à mudança não significa aceitar tudo que acontece conosco. Está mais para rever o que deu errado, planejar novamente usando essa experiência e aprendizado como ferramenta. A capacidade de adequação ao novo requer também essa postura mais agregadora para extrair os pontos positivos com um estado emocional mais positivo.

O essencial é entender que toda tecnologia existe para solucionar algum problema e para empregá-la não é necessário ser expert, salvo para as áreas correlatas. Liste quais problemas a tecnologia resolve. Assim você estará pronto para que ela seja incorporada à sua vida, e não o contrário.

A jornada para desenvolver uma relação com a tecnologia que possa ajudá-lo a viver melhor e, ao mesmo tempo, a se adequar ao mercado de trabalho em constante mudança passa, no meu ponto de vista, pelos seguintes passos:

- A tecnologia não é sua inimiga, ela vem para ajudar;
- Pesquise sua carreira e veja quais tecnologias são aliadas e desenvolva um plano para entender os impactos em sua vida profissional e pessoal;
- Treine seu cérebro para trabalhar a seu favor nas inevitáveis atualizações tecnológicas que ocorrem ao seu redor (empresas, negócios etc.). Encontre um incentivo para entender qual é o benefício dessa tecnologia;
- Verifique o impacto de sua função no negócio da empresa, assim você terá relevância e a capacidade de perceber quais tecnologias serão suas aliadas;
- Entenda que alterações vão acontecer e você deve controlar a ansiedade, buscando um olhar positivo;
- Desenvolva a curiosidade e o senso crítico. Você vai ver que, quanto mais exercitar, mais sua relação com as novidades será agradável;
- Tente se conectar com as novidades de seu campo de atuação. Assim você estará mais preparado para as situações de mudança de funções decorrentes das atualizações de tecnologias;
- A prática traz o sucesso, esse ciclo deve ser revisto e medido sempre, assim você transforma em hábito.

Conclusão

O crescimento pessoal depende de habilidades em tecnologia, mas algumas não estão atreladas ao conhecimento puramente técnico (hard skills) e à nossa experiência. Ao lado das transformações tecnológicas, é exigido que os profissionais, além de ágeis, saibam trabalhar em equipe, sejam criativos, invistam nas tendências para seguir as mudanças, estejam prontos a se alinhar às ideias e aos objetivos da empresa e, sobretudo, que exerçam a inteligência emocional, isto é, aprendam a controlar emoções não apropriadas, agindo com ética, empatia e equilíbrio.

Por isso, para viver a tecnologia, antes de tudo, temos que ser humanos com características puramente nossas, com planejamento, curiosidade, otimismo, compartilhando os conhecimentos e demonstrando resiliência. O amadurecimento dessas habilidades mostra que não é a tecnologia que define sua vida.

> *Seja curioso. Leia muito. Experimente coisas novas. Eu acho que muito do que as pessoas chamam de inteligência apenas se resume a curiosidade.*
> AARON SWARTZ
> (Programador estadunidense, escritor, articulador político e ativista na internet.)

Sucesso, saúde e prosperidade para você!

Referência

DUHIGG, Charles. *O poder do hábito: por que fazemos o que fazemos na vida e nos negócios*. Tradução de Rafael Mantovani. Rio de Janeiro: Objetiva, 2012.

26

GESTÃO DA EXPERIÊNCIA

Neste capítulo, trago minha visão sobre a importância da gestão consciente das experiências que vivemos e proporcionamos e os impactos extraordinários que essa *soft skill* pode ter na sua vida.
Meu convite é para você embarcar nesta jornada de reflexão e aprendizado sobre como as experiências impactam nossas
emoções e, consequentemente, nossas decisões.

BRUNO ANDRADE

Bruno Andrade

Entusiasta, professor e executivo de Gestão de Pessoas com a missão de ajudar indivíduos e organizações a se relacionarem melhor, gerando impactos significativos e transformações de valor. Durante metade de minha vida, tenho me dedicado aos temas de pessoas e, nessa jornada, já ocupei posição de gestão em Recursos Humanos, liderei soluções de consultorias multinacionais e, recentemente, ajudo empresas em suas estratégias posicionando o indivíduo no centro e abraçando a tecnologia. Sou um filho muito grato aos meus pais, Lucia e Maurício, e divido minha vida com meu marido, Roger, e minha filha peluda e de quatro patas, Chandon.

Contatos
bvma79@hotmail.com
LinkedIn: Bruno Andrade
Instagram: @brunoandr79
11 99150 0062

Experiências extraordinárias

Na minha trajetória, aprendi que profundas mudanças podem acontecer quando atravessamos experiências marcantes. Além disso, estudos indicam que elas geram emoções, moldam percepções e impactam comportamentos e decisões. Imagine o poder de tomar consciência e trabalhar com intenção sobre diferentes experiências!

Ano de 2014, fim de ano no Rio de Janeiro, decidi ir a um encontro que havia começado virtualmente, semanas antes. Estava solteiro e sem muita expectativa, mas fui conhecer um brasileiro que vivia no Canadá e estava no Brasil.

Combinamos o encontro em frente ao Hotel Copacabana Palace, que inspirava segurança para o contexto. Tudo ia bem até que meu *"date"* passou mal. Ele não conseguia ficar na mesa do restaurante, pois ia ao banheiro a cada 5 minutos. Pensei: "onde fui me meter?". Resultado: passei metade do encontro ajudando-o a se hidratar, ao mesmo tempo que contatava seus amigos para garantir que ele retornaria em segurança, já que a situação parecia fora do controle. Essa pessoa tornou-se meu marido e, no verão de 2021, celebramos 7 anos.

Em meados de 2017, aceitei o desafio de liderar o lançamento de um produto na área de RH em uma consultoria multinacional. Minha responsabilidade era regional, e uma das viagens era para a Colômbia. Ao desembarcar em Bogotá, fui para a emergência de um hospital com muitas dores no pescoço e cabeça. O diagnóstico: princípio de *burnout*. No dia seguinte, faria a abertura de um evento para 300 pessoas e conheceria a presidente da consultoria para a região andina. Enquanto aguardava para ser atendido, imagine minha surpresa ao vê-la entrando na sala de espera. Acompanhou-me na consulta, exames, aplicação da medicação até eu receber alta. Após pedir dezenas de desculpas, me recordo claramente de uma frase dita olho no olho: "Bruno, antes de sermos executivos, somos seres humanos. O importante é você ficar bem". Trago comigo a convicção de que liderança com humanidade é a verdadeira definição de poder e de geração de valor.

Após dois anos, recebi uma mensagem pelo LinkedIn, gentil e com um elogio pela minha trajetória profissional. Nela, havia um convite para uma vaga de líder de Estratégia de *Employee Experience* em uma empresa de tecnologia para RH. De tão humana a mensagem, até fiquei desconfiado. Achei que poderia ser um engano, mas respondi e combinei a conversa com aquela pessoa que me fez sentir orgulhoso de minha trajetória.

O diálogo evoluiu bem, com perguntas assertivas, sem perder o tom gentil da primeira mensagem. Todas as demais entrevistas mais pareciam troca de ideias, compartilhamento de visão e expectativa de uma parceria futura. Além disso, o cuidado e empatia no acompanhamento do processo foram muito presentes.

Conclusão: após alguns meses, aceitei a vaga e estou há 2 anos como diretor nessa empresa, fazendo parte de um time liderado por aquela pessoa da primeira mensagem, que é o vice-presidente global de estratégia da organização.

O que há em comum nas três situações? Experiências de impacto que geram emoções e resultam em decisões. Na primeira, ao agir com empatia com um desconhecido, acabamos nos casando. A segunda, ao perceber a atitude de uma alta executiva, reforcei a crença de que liderança se faz com humanidade. Já na terceira, me brilhou os olhos todo o cuidado na relação com um candidato, a importância da minha experiência era notória e acabei aceitando a proposta desafiadora no universo da tecnologia.

Quero convidá-lo a refletir sob essa lógica: experiências geram emoções, emoções impactam decisões.

A filosofia nos conta que a experiência é qualquer conhecimento obtido por meio dos sentidos. Outra clássica definição diz que é o conjunto de eventos na vida de uma pessoa que influencia diretamente seu amadurecimento.

Convido você a conhecer o poder da *soft skill* Gestão de Experiências, como desenvolver o senso crítico, trazê-la para a consciência e agir com intenção nas inúmeras experiências que trocamos.

Gestão da experiência veio para ficar

Estamos vivenciando a era da experiência.

Temos aprendido com a tecnologia (confira no capítulo da *soft skill Vivendo a Tecnologia*) que a facilidade de usar um aplicativo, o impacto visual de uma tela e a velocidade de resposta de uma plataforma são determinantes para nosso comportamento como usuário. Isso é o que chamamos de UX (*User Experience*) ou experiência do usuário.

Segundo a empresa de desenvolvimento de *softwares* RubyGarage, 75% dos internautas julgam um *site* pela aparência e, pasmem: um botão bem colocado e combinado com um bom texto tem 380 vezes mais cliques.

Sob o ponto de vista de *marketing* e atendimento ao consumidor, temos comprovações de que um cliente que vive uma jornada satisfatória em seu processo de compra, tem mais chances de recomendar aquela empresa, concluir a transação e de repetir a experiência. Essa é a disciplina de CX (*Customer Experience*) ou experiência do cliente.

De acordo com a Microsoft, 96% das pessoas declaram que a qualidade do atendimento é decisiva na fidelidade à marca. Além disso, 7 em cada 10 consumidores exigem que o agente saiba quem é o cliente, que produto comprou e quais problemas ou questões relataram. Na pauta de Gestão de Pessoas, não é diferente. O interesse na gestão de experiências tem aumentado a cada dia.

Segundo dados da *Forrester Consulting*, 78% dos *Chief People Officers* entendem que a gestão de experiências é fator crítico para o sucesso do negócio. Outro estudo com 250 líderes de Recursos Humanos, conduzido pela empresa norte-americana de *software* Qualtrics, apontou que 71% das organizações estão desenvolvendo estratégias para acompanhar e agir na experiência de suas pessoas, visando impactar a jornada de candidatos e funcionários.

Faz parte dessa estratégia a definição dos momentos que importam, a escuta contínua da experiência em pontos críticos e execução de ações de melhorias. Essas ações transformacionais podem ser de nível transacional (processos e recursos) e relacional (conexão das pessoas com a empresa, colegas e liderança). Chamamos essa prática de EX (*Employee Experience*).

O MIT (*Massachusetts Institute of Technology*), na publicação *Building Business Value with Employee Experience*, afirma que equipes que vivem melhores experiências são duas vezes mais inovadoras e duplicam o índice de satisfação de seus clientes (NPS). Já a consultoria *Gartner* diz que funcionários que vivem melhores experiências têm 56% mais chance de defender a reputação de sua empresa.

É importante reforçar que experiências pressupõem interações humanas, criação de desejos e formação de percepções.

O Instituto de Gestão de Experiências (XM *Institute*) da Qualtrics confirma que a experiência é o que realmente acontece durante uma interação. Já a expectativa é o que uma pessoa espera que aconteça. Ou seja: quanto mais positivo e próximo da expectativa for a experiência, mais positiva será a emoção gerada. Quando estamos sob efeito dessa emoção, escolhemos como nos comportar e nossas decisões podem ser influenciadas pelas emoções positivas e negativas em proporções equivalentes.

Gestão da experiência como uma *soft skill*: por onde começar?

Gestão é uma ação intencional para alcance de objetivos. *Soft skill* é uma competência comportamental que pode ser desenvolvida e praticada. Ela consiste na capacidade de agir intencionalmente nas experiências visando a um determinado objetivo.

Barbara Fredrickson, autora do best-seller *Positividade*, destaca em sua pesquisa que, quando uma pessoa experimenta emoções positivas, sua mente se abre para novas possibilidades. Por outro lado, emoções negativas levam ao bloqueio mental para novas ideias, soluções e construção de relacionamentos.

> *Assim como os lírios d'água se retraem quando a luz do sol diminui, o mesmo acontece com nossas mentes quando carecem de emoções positivas.*
> (FREDRICKSON, 2009, p.55).

Deixo aqui uma referência para os capítulos das *soft skills* Engajamento e Encantamento, também proponho um passo a passo para que você inicie sua habilidade de capturar, avaliar os *insights* e agir na gestão de experiências.

1. Facilite o caminho até sua consciência

Reflita sobre experiências marcantes em sua vida e responda:

- O que aconteceu? Quem estava envolvido?
- Que emoções sentiu? Que percepções criou ou reforçou? A quais conclusões chegou?
- Que ações, comportamentos, tomada de decisão ou até mudanças de crenças percebeu a partir das conclusões que chegou e das emoções que sentiu?

Esse exercício é o primeiro passo para sua tomada de consciência.

2. Defina seu propósito

Escolha uma situação na qual a experiência pode fazer muita diferença em seu trabalho, sua família ou um evento que está por vir.

Declare seu objetivo com essa experiência. Pergunte: o que quero mudar? Em que áreas essa experiência poderia ajudar? Qual o propósito dessa mudança? Por exemplo: quero minha equipe mais engajada. Busco aumentar minhas vendas. Gostaria de melhorar a imagem de meus serviços. Como professor, periodicamente, me pergunto sobre a experiência de aprendizagem que estou proporcionando. Que momentos são mais marcantes para os alunos? Que combinação entre metodologia, casos práticos e acompanhamento após as aulas geram o maior impacto, interesse genuíno e transformação nos estudantes?

> Pessoas não compram o que você faz, eles compram o porquê você faz. O que você faz apenas comprova o que você acredita.
> (SINEK, 2009).

3. Desenhe a jornada de experiência

A partir dos objetivos claros, desenhe a jornada de experiência: que momentos mais impactantes no dia a dia de minha equipe eu posso influenciar? Que estágios meus clientes atuais ou desejados atravessam para adquirir meu produto ou serviço?

Um modelo clássico dos projetos de *Employee Experience* é a jornada de ciclo de vida dos funcionários.

Experiência como candidatos: que experiência vivem ao buscar trabalho em determinada empresa?

Experiência no *onboarding* ou integração: como são recebidos, qualidade da comunicação, o acompanhamento, o treinamento?

Experiência de diversidade, equidade e inclusão: como proporcionar senso de pertencimento, incluir seus pontos de vista, forma de tratamento?

Experiência com a liderança: proximidade com gestores, transparência, reconhecimento.

4. Sofistique sua escuta

Jornada definida: é hora de escutar e sair do "achismo".

Para cada ponto de contato com seu cliente ou colaborador, você deve mapear: o que ele espera dessa interação? Qual é a experiência ideal? A partir daí, crie perguntas para identificar as lacunas de expectativa *versus* experiência vivida.

Lembre-se de que a escuta ativa possui 3 princípios: **empatia** (acessar o universo da outra pessoa), **perguntas investigativas** e **validação do entendimento**.

Use e abuse desse recurso, beba da fonte de metodologias de pesquisa e da tecnologia. Você poderá escalar seu processo de escuta e criar canais contínuos para obter informações concretas.

5. Parta para a ação

Estudo conduzido pela Qualtrics[1] aponta que 92% das pessoas sentem que *feedbacks* contínuos são essenciais, porém apenas 7% percebem a ação acontecer. Além disso, dentro do grupo que avaliou negativamente as ações, apenas 49% pretendem permanecer na empresa por muito tempo. Ou seja, se não for para agir, não pesquise.

---

1 Qualtrics: www.qualtrics.com

Proponho duas ações efetivas:

- Transparência com a comunicação. Se quer mudar experiências e tem apoio nesse processo, você deve uma satisfação sobre o que está fazendo. Compartilhe os próximos passos, mantenha o diálogo para melhorar as experiências;
- Execute ações de melhoria significativas. Não precisam ser complexas. A maioria delas pode ser alcançada com uma nova postura, com a inclusão de um ritual de relacionamento mais contínuo, por exemplo: sessões de *feedback* ou demonstrações de empatia com o cliente (verbalizando interesse pelo seu problema).

Kim Scott, autora de *A Candura Radical*, afirma que grandes líderes combinam dois elementos fundamentais: se importam genuinamente com as pessoas (candura), mas são assertivos nos *feedbacks* para promover crescimento e aprendizagem (radical). Belo exemplo de ação transformadora para gestão de experiências.

Lembre-se de que cada um de nós tem a oportunidade de gerar impacto positivo. Fazendo nossa parte, o impacto torna-se exponencial.

Boa jornada!

Referências

BERSIN, Josh. *HR Technology 2021: The Definitive Guide*. US: Pfeiffer, 2020.

DAVID, Susan. *Agilidade emocional*. MT: Cultrix, 2018.

FREDRICKSON, Barbara. *Positividade*. Brasil: Rocco Editora, 2009.

GRANT, Adam. *Think Again*. CA: Viking, 2021.

MORGAN, Jacob. *Employee Experience Advantage*. New Jersey: Wiley Publishers, 2017.

MORGAN, Jacob. *The Future Leader*. New Jersey: Wiley Publishers, 2020.

ROCK, David. *Your Brain at Work*. NY: Harper Business, 2016.

SALVADOR, Antônio; CASTELLO, Daniel. *Transformação Digital*. São Paulo: Ateliê de Conteúdo, 2020.

SCOTT, Kim. *Radical Candor*. NY: St. Martin`s Press, 2019.

WHITTER, Ben. *Employee Experience*. UK: Kogan Page, 2019.

WHITTER, Ben. *Human Experience at Work*. UK: Kogan Page, 2021.

27

ENCANTAMENTO

Em um mundo extremamente competitivo e com clientes cada vez mais exigentes, destacam-se, no mercado, as empresas que procuram ir além das expectativas para encantar seus clientes. Não é mais sobre apenas servir, é necessário encantar. Para entender mais sobre essa *soft skill* de encantamento, este capítulo traz alguns *cases* de uma das empresas de maior sucesso no quesito encantamento: a Disney.

JULIANA OLIVEIRA

Juliana Oliveira

Diretora do *Seeds of Dreams Institute*, sediada em Orlando, Flórida, que oferece treinamentos com foco em excelência em serviços e atendimento, abordando os temas: Guestologia, a arte de encantamento ao cliente – modelo Disney, Clientologia e Psicologia Positiva. Formada em *Business Studies with Marketing* pela *University of* West London, na Inglaterra. MBA em Gestão Empresarial pela FGV e pós-graduação em Psicologia Positiva pela PUC-RS. Atuou em empresas multinacionais de tecnologia, mídia, recrutamento e educação, durante seus 10 anos vivendo na Inglaterra. Apaixonada pela história, cultura e filosofia Disney de encantamento ao cliente, conhece a fundo a vida de Walt e Roy Disney, fundadores da empresa, visitando várias cidades nos Estados Unidos que foram de grande importância em suas vidas e na criação desse império no campo do entretenimento.

Contatos
LinkedIn: Juliana Oliveira
Instagram: @julianaseedsofdreams

Hoje os consumidores buscam mais que um produto ou preço, eles querem uma experiência que, de fato, encante, que tenha um diferencial.
Uma experiência encantadora gera momentos WOW, uma mistura de surpresa e satisfação que o cliente não esquece facilmente.

Nos 11 anos em que atuo na área comercial, sempre tive contato direto com clientes e outras áreas da empresa, para ter certeza de que esses momentos fossem impecáveis.

Em todos os cargos que assumi, a exigência para entregar um serviço de alta qualidade sempre foi muito grande, então, o assunto "encantamento" se tornou rotina em meu trabalho.

Assim como para muitos, minha relação com a Disney vem desde pequenininha. Cresci com seus filmes, personagens e tive também como mentor meu tio, Claudemir Oliveira, que foi executivo na The Walt Disney Company por 15 anos.

Juntei essa paixão com meu conhecimento em trabalhar diretamente com a experiência do cliente e aprendi, na prática, o que é encantar.

Em minhas visitas aos parques de Orlando, Califórnia e Paris, nos treinamentos *in loco* nos Estados Unidos refazendo os passos de Walt e Roy Disney por várias cidades, percebi que existe uma atenção tremenda aos detalhes: colaboradores muito bem treinados e apaixonados pelo que fazem e cientes de como tudo funciona, tudo em perfeita harmonia e tendo o cliente sempre como foco principal.

A Disney é um exemplo puro do que é realmente encantar.

Encantamento como *soft skill*

O encantamento significa ir além das expectativas do cliente: entregar mais do que ele espera, sempre buscar soluções e não apenas servir por servir, mas ter paixão em fazê-lo. Ou seja, além de buscar pessoas que gostam de servir, as empresas precisam encontrar colaboradores que querem e têm a habilidade de encantar.

Quem deixa de agir dessa maneira abre espaço para a concorrência. O consumidor não tolera mais um serviço ou atendimento mediano. O básico todos podem fazer, mas o que realmente agrega valor ao seu produto ou serviço?

Experiências encantadoras criam memórias. Recordações que os clientes levarão para sempre, lembranças que os levarão a voltar para o seu negócio. Mas para que toda essa magia aconteça, você precisa de colaboradores com habilidades de encantamento, que gostem de pessoas, que saibam como servir e que superem o *job description*, para deslumbrar o cliente.

Porém, para atrair esse tipo de talento, com essa *soft skill*, a empresa deve adotar uma cultura com foco no cliente interno e externo, pois, sem isso, dificilmente contratará as pessoas certas.

A *soft skill* encantamento dos *cast members* Disney

Não é à toa que muitas empresas, de variados setores, querem descobrir e aprender como a Disney encanta seus clientes. A empresa é referência mundial em qualidade e excelência em serviços e sabe encantar como ninguém.

A Disney é muito bem-sucedida no que faz, pois a preocupação vem desde a contratação e o aculturamento do novo colaborador até a incorporação de um propósito comum muito claro: "Nós criamos felicidade ao oferecer o que há de melhor em entretenimento para todas as pessoas, de todas as idades, de todo o mundo".

Seus colaboradores são chamados de *cast members*, membros do elenco, no grande *show* que a empresa entrega. O termo é originário do cinema, de onde veio Walt Disney.

Todo novo colaborador, de todos os níveis da divisão Parks & Resorts, passa pelo treinamento *"Traditions"*, no qual aprende o jeito Disney de ser, com histórias e legado do seu criador e toma contato com as práticas da empresa.

O foco principal é, primeiramente, compartilhar seu objetivo, que é criar felicidade. A Disney acredita que, explicando seu propósito comum, capacita cada integrante de seu elenco desde o início para começar a fornecer um serviço excepcional aos convidados.

Para ela, quanto mais capacitados os colaboradores se sentem, mais engajados eles tendem a ser nos aspectos técnicos e na qualidade do serviço que prestam.

Seus *cast members* são considerados o coração de toda a operação.

Há pesquisas que indicam que os convidados, como a Disney chama clientes, retornam pelas pessoas, pelos colaboradores, e não somente pelas atrações em si. A magia é criada por meio do que chamamos de *high-touch* (pessoas) e *high-tech* (tecnologia). Essa combinação gera encantamento.

Com um foco extremo no cliente, tendo sempre em mente o propósito e contratando as pessoas certas, a empresa sabe exatamente como criar uma experiência inesquecível, repleta de momentos WOW.

Você acha que, se a Disney tivesse parques lindos, atrações cheias de *storytelling* e com tecnologia de ponta, mas mantivesse em seu quadro colaboradores mal-humorados, teria o mesmo sucesso? É evidente que não. Pelo contrário. Eles são incansáveis em sua busca por excelência e pensam em absolutamente todos os detalhes da experiência do cliente. Porque, se não tiver as pessoas com a atitude e habilidades certas, de nada adianta criar um dos lugares mais lindos do mundo. Reitero: sem colaboradores engajados no propósito, não existe sucesso.

Qualquer pessoa que entre para trabalhar na empresa sabe logo de início que está ali para alegrar os convidados e criar uma experiência ímpar. Se você não gosta de gente, já sabe que está no lugar errado e que o encantamento ainda não é uma *soft skill* que domina.

Encantar é ter vontade de criar momentos memoráveis e especiais para o público que você está servindo. É atender e entregar acima das expectativas.

A Disney é uma empresa que encoraja isso.

Seu ex-CEO, Bob Iger, responsável pelas maiores aquisições já feitas pela empresa até os dias de hoje (Pixar, Marvel, Lucasfilm e Fox) diz: "As pessoas vêm aqui com algumas expectativas, mas nós queremos **exceder** essas expectativas".

Essa afirmação dá o tom do que é esperado dos seus colaboradores.

Os *cast members* são preparados para entregar muito além do que diz a sua função, muito além de apenas servir. Eles são treinados para encantar, criar momentos inesquecíveis, independentemente da sua posição principal. É por isso que acredito fortemente que as pessoas que tiverem essa *soft skill* de encantamento sempre se destacarão no mercado de hoje e do futuro, no qual a exigência do cliente é cada vez maior e o foco na criação de uma experiência única e memorável é indispensável.

O conceito "Take 5" da Disney

Esse conceito da Disney pode nos dizer muito sobre como essa *soft skill* de encantamento é trabalhada em seus *cast members*.

O termo "Take 5" significa tirar alguns minutos fora do seu *script* para encantar os *guests*, ou seja, os convidados. Como outros termos na linguagem da empresa, esse também vem do cinema. Em geral, é quando o diretor dá alguns minutos de descanso ao elenco.

A Disney incentiva os *cast members* a procurarem oportunidades "Take 5". Para a empresa, essa ação não só visa à individualização do momento com o cliente, mas todos aqueles segundos e minutos, repetidos inúmeras vezes ao dia, resultam em melhores relações com os *guests*.

Imagine só 77.000 *cast members* (número de colaboradores em Walt Disney World Resort antes da pandemia) dedicando alguns minutos para individualizar o atendimento ao cliente, oferecendo uma experiência como essa. As chances de se encantar mais e mais clientes aumentam muito.

Tenho um exemplo de "Take 5" que ocorreu comigo, durante uma visita à Disneyland Paris.

Estava em frente ao castelo, enquanto minha tia tirava uma foto. No dia, eu estava usando um casaco vermelho e fazia muito frio. Um *cast member*, que estava ali ao lado, colocando as faixas para a parada que começaria, também com um casaco vermelho, se aproximou de mim e, com muito humor, disse: "Olha só, estamos combinando!". Conversamos rapidamente, mas o suficiente para me encantar.

Ele não tinha obrigação de ir lá falar comigo, ou de buscar contato comigo, mas foi, tirou alguns minutos fora de seu *script* e me deixou com uma impressão maravilhosa, apenas com alguns segundos de interação brincando sobre o meu casaco e elogiando minha camiseta do Mickey.

São vários os exemplos de "Take 5" que acontecem na Disney. Deixo aqui alguns deles:

- Abaixar para pedir um autógrafo para alguma garotinha vestida de princesa pelo parque;
- As governantas que deixam as pelúcias nos quartos com um controle remoto assistindo à televisão, alegrando as crianças quando retornam dos parques;
- Ver um casal e se oferecer para tirar uma foto em frente ao castelo;
- Acompanhar um senhor ou senhora até o banheiro, em vez de apenas mostrar onde fica;
- Substituir um sorvete derramado para uma criança.

O conceito encoraja colaboradores a buscarem interações com o cliente, quando muitas empresas querem evitar esse contato.

O "Take 5" permite que os *cast members* se esforcem para criar felicidade para todos os convidados. A magia está na autenticidade e na espontaneidade da ação, por isso reforço que é necessário ter pessoas que queiram encantar.

O resultado é a geração de uma enorme conexão emocional com a marca, com a experiência e que, como consequência, contribui para a fidelização do cliente.

Processos para o desenvolvimento do encantamento

Uma frase muito comum na Disney é: "A Disney não faz magia. É o processo que faz a magia acontecer".

Para tanto, a Disney usa estes três pilares: pessoas, cenários e processos. Absolutamente tudo que ela faz para encantar o cliente tem um processo por trás.

Além de contratar pessoas com a *soft skill* de encantamento, é importante fornecer os processos adequados para que elas coloquem essa habilidade em prática e entendam, de fato, como os processos podem ajudar.

Case "Estacionamento parques Disney"

Nos estacionamentos de seus parques, há um *cast member* que fica ali acompanhando a chegada dos carros e indicando em que fila os *guests* devem estacionar. Conforme as fileiras vão enchendo, eles anotam o horário que fecharam aquela fileira e vão fazendo isso com cada uma delas. Cada seção do estacionamento pertence a um personagem diferente: estacionamento Mickey, Minnie e assim por diante.

Como essa ação no estacionamento encanta o cliente?

As famílias chegam eufóricas aos parques. Acreditem ou não, há gente que chega a esquecer o carro ligado no estacionamento e segue para o parque. Imaginem só então quantas pessoas não esquecem onde estacionaram seus carros. É algo que ocorre todos os dias.

Após algumas horas se divertindo no parque, o convidado percebe que deixou seu carro naquele estacionamento gigantesco e não faz a menor ideia em qual fileira parou.

Quando a família pede ajuda a um *cast member* para encontrar seu carro, ele só consegue ajudar com base nos dados preenchidos pelo colaborador que estava no estacionamento anotando todos os horários de encerramento das fileiras. Com essa providência, eles conseguem dizer aproximadamente onde o carro está estacionado para aquela família que está desesperada.

Essa família sai ou não sai encantada?

Sai com um sentimento de que a magia aconteceu. E mais: algo que poderia estragar a sua noite e a sua experiência total foi resolvido. É um sentimento de WOW.

E se esse processo de encantamento falhasse? A experiência final do cliente seria péssima.

Na Disney, eles acreditam que a última impressão é até mais importante que a primeira, pois é ela que gera "saudade", a vontade de voltar e viver tudo aquilo de novo. Por isso, a empresa quer ter certeza de que a experiência é positiva do início ao fim. Não é só questão de encantar dentro do parque, pois a vivência não termina ali. Eles pensam em todos os detalhes da jornada e experiência, até o último contato que o cliente tem com a marca. É em virtude dessa preocupação que a empresa é reconhecida mundialmente por sua excelência.

Dica de desenvolvimento dessa *soft skill*

Diante do exemplo de empresa que trouxe, seguem meus conselhos: apaixone-se ainda mais por servir e tenha em mente que o cliente de hoje quer mais, sempre mais. A concorrência aumenta dia a dia, a exigência do consumidor cada vez maior e a busca por uma experiência diferenciada só cresce. Portanto, não podemos mais perder oportunidades de encantamento.

Procure incansavelmente formas de agradar seu cliente. Analise e reanalise seus processos, veja se eles contribuem para o encantamento ou se geram frustração. Faça com que os processos ajudem no desenvolvimento dessa *soft skill*.

Elabore um mapa da jornada do cliente, reflita sobre as oportunidades de interações que existem e pontue como você pode criar momentos "Take 5". Nunca perca a oportunidade de criar conexão com o cliente.

Após a pandemia, as pessoas estarão ainda mais carentes por contato humano, buscando maior encantamento. Então, seja o profissional que se destaca no mercado por entender isso melhor do que ninguém.

Referências

COCKERELL, Lee. *Creating Magic: 10 common sense leadership strategies from a life at Disney*. Estados Unidos: Doubleday, 2008.

IGER, Bob. The Ride of a Lifetime: Lessons learned from 15 years as CEO of the Walt Disney Company. Estados Unidos: Random House, 2019.

OLIVEIRA, Claudemir. *Guestologia-Clientologia: como aplicar, em seus negócios, a cultura "high-touch" num mundo "high-tech"*. São Paulo: Seeds of Dreams Institute, 2020.

28

ENGAJAMENTO

O engajamento poderá nos conduzir a realização, satisfação e felicidade, tanto no âmbito profissional quanto no pessoal. Neste capítulo, abordaremos a jornada que nos leva a esse relevante comportamento. Vamos discorrer sobre a sua origem a partir do autoconhecimento, da busca pelo nosso propósito de vida, de nossas escolhas e renúncias até a descoberta das causas em que atuaremos.

MARCEL SPADOTO

Marcel Spadoto

Palestrante, conselheiro, mentor, professor, economista, contador, pós-graduado em Vendas & Marketing pela ESPM, com especialização em negócios pela FGV, MBA em Gestão de Pessoas pela USP e consultor empresarial. Em mais de 35 anos de carreira, foi executivo nas empresas: Alcatel-Lucent, Saint-Gobain, Siemens e atuou em integradores e distribuidores de tecnologia de expressão nacional. Participou da introdução da telefonia celular e IP no mercado brasileiro. Fez parte de *startups* importantes do mercado de seguros *on-line*. Foi diretor de várias entidades e associações, a exemplo da ABRACEM, Câmara de Comércio do Mercosul e Sucesu-SP. Atualmente é diretor da iBluezone e conselheiro da ACSP. Cerca de 15.000 pessoas foram impactadas em seus treinamentos e palestras sobre vendas, administração do tempo, atendimento, negociação, negócios, estratégia, colaboração, gestão, carreira, comunicação, *networking* e *netweaving*.

Contatos
www.ibluezone.com
marcel@ibluezone.com
11 99256 1111

Para existir o engajamento, precisamos da participação de mais de uma pessoa. Isso nos coloca na perspectiva da nossa essência humana, pois somos seres sociais.

O referido termo é muito usado em redes sociais, enfatizando a relevância de alguém e/ou do conteúdo. Quando há consumo dessas informações, dizemos que houve engajamento. Embora seja uma métrica muito importante e que deve ser buscada e atingida por todos os que estão participando das redes sociais, abordaremos um sentido que difere em relação a esse.

O comprometimento do ponto de vista do mundo corporativo é um vínculo criado pelo funcionário com as suas atividades e com a empresa. Existe o desenvolvimento de uma relação de reciprocidade e busca de resultados. Os dois lados fazem o melhor pelo outro.

No nosso dia a dia, a presença dessa *soft skill* é reconhecida facilmente, pois quando nos deparamos com pessoas engajadas em causas voluntárias, políticas, sociais e de trabalho, fica notório quanto elas acreditam, se envolvem, se comprometem e envidam todos os esforços em prol daquele ideal, seus resultados e/ou entidade que defendem.

O grande desafio das organizações é criar condições para que seus colaboradores possam vestir a camisa de determinada causa. Para tanto, um ambiente emocionalmente seguro é um dos pontos-chave para o sucesso.

Para entendermos como o engajamento se inicia e se desenvolve, temos que passar, necessariamente, pelos seguintes pontos:

- Autoconhecimento para ampliação da consciência;
- Propósito;
- Causa.

Consciência

É vital para todos nós o autoconhecimento, pois caso não nos conheçamos bem, será uma tarefa complexa aderir a alguma proposta. Em nossa essência, estão todas as respostas de que precisamos e **um exame de consciência** dará início a essa caminhada e disparará todos os pontos importantes que devemos levar em consideração para compreender quem somos verdadeiramente. A nossa autenticidade espelhará isso sempre. No primeiro volume de *Soft Skills*, foi publicado interessante capítulo sobre Autenticidade. Recomendo a leitura a todos.

O exame de consciência deverá começar pela nossa infância, passando pela adolescência e chegando à fase adulta, seguindo até o momento atual, uns com mais experiência e longevidade e outros ainda percorrendo essa jornada, não importa o "lugar" que você esteja, mas sim que você saiba "onde" se encontra e tenha uma ideia clara para "onde" está indo.

> *Até onde conseguimos discernir, o único propósito da existência humana é acender uma luz na escuridão da mera existência.*
> CARL JUNG

Uma forma de conseguir ter claro quem somos será nos ver pelos pontos da CHAVE, composta pelo conceito do CHA, que foi proposto por Scott B. Parry, e mais o acréscimo dos Valores e Entorno.

Vamos entender cada um dos pontos que a compõem.

Conhecimento

É saber. O que você sabe e acredita?

Habilidade

É saber fazer. Você põe em prática o que acredita?

Atitudes

É saber agir. As suas ações estão alinhadas com o que você acredita?

Valores

É saber quem somos. Você está satisfeito com que é e acredita?

Entorno

É saber se relacionar. Você está harmonizado com o todo?

Com essa **chave**, podemos focar nossas relações, vetorizar os pontos e sermos mais felizes e satisfeitos, pois é uma forma poderosa para termos a liberdade de sermos o mais parecido com nós mesmos, conectados com a nossa verdadeira essência, sem máscaras.

Propósito

Encontrá-lo é algo primordial para a vida de qualquer um de nós. Uma pessoa que tem um propósito é aquela que visa a um objetivo, finalidade e intuito de vida e pretende alcançar resultados relevantes, exercendo-o. Então, podemos definir propósito de vida como uma intenção ou projeto de sua trajetória, isto é, ter um propósito envolve descobrir o que você, verdadeiramente, ama e que o faz muito feliz.

Nosso propósito não é algo imutável. Podemos chegar a um determinado patamar e vamos em busca de outro objetivo para continuar caminhando.

> *Nada proporciona melhor capacidade de superação e resistência aos problemas e dificuldades em geral do que a consciência de ter uma missão a cumprir na vida.*
> VIKTOR FRANKL

Somos movidos por nossas necessidades, e elas determinarão nossas escolhas e renúncias. Se temos claro qual é o nosso propósito, vamos criando as condições para que ele seja concretizado.

Temos paradoxos e dilemas. É preciso entender o contexto de cada um e as diferenças. Com isso, saberemos como agir e realizar as melhores escolhas e renúncias. Dilemas são aquelas questões que necessitamos definir com qual delas vamos seguir, temos que optar por uma e renunciar a outra, por exemplo: escolher entre trabalhar em uma empresa alinhada com os meus valores e propósitos que possui uma remuneração abaixo de outra empresa que não está de acordo com esses valores e propósitos, mas remunera muito bem. Paradoxalmente, são questões que precisam conviver e, ao mesmo tempo, são difíceis de harmonizar, por exemplo: uma liderança precisa focar nas pessoas e nas atividades, é necessário que as duas estejam bem e harmonizadas, mas nem sempre será possível atender às necessidades das duas concomitantemente, e não podemos priorizar somente uma.

A importância do autoconhecimento e do propósito está demonstrada, mas ainda falta um elemento essencial para chegarmos ao engajamento.

Qual é a minha causa?

Em nossa caminhada, teremos desafios e obstáculos o tempo todo. Isso para a maioria de nós não se apresentará como um lindo filme, com tudo se encaixando e se complementando, parecendo muito simples contar a nossa história, que foi objeto de um planejamento mágico e/ou divino. Uma forma de parecer mais com aquele lindo filme é saber rapidamente qual era ou é a nossa causa. Com o nosso propósito claro, ficará mais fácil encaixá-lo e juntar as causas.

Quando eu era criança, sabia, no íntimo, que o meu propósito seria ajudar as pessoas, e é algo muito amplo para que me perdesse nessa busca.

Agora mais maduro e experiente, sei que o meu propósito está ligado a uma causa, que é o desenvolvimento das pessoas.

Hoje, na minha vida, seja ela em qualquer papel que eu esteja, estou sempre disponível para colaborar com os outros, apoiar seu desenvolvimento, mas sempre percebendo que o outro necessita da colaboração e a quer, entende que ela é importante para ele, assim temos o compromisso com aquela ação, dos dois lados.

Tenho colaborado com pessoas que estão buscando uma nova oportunidade profissional. Por um lado, minhas ações sempre visam orientar, aconselhar e apoiar; por outro, apresento pessoas a empresas que podem contratá-las. Com isso, posso exercer a minha causa e propósito, estando engajado com a necessidade daqueles que me procuram.

A minha trajetória foi se moldando para isso. Comecei a estudar sobre gestão de pessoas, aliando minhas décadas de experiência, porém agindo mais de forma intuitiva e empiricamente. Mudei de carreira para a consultoria. A princípio, atendia somente profissionais de vendas e agora estou estendendo essa participação para o desenvolvimento de pessoas de outras áreas, sempre ancorado em *soft skills*. O capítulo que agora eu escrevo e você lê está fortemente ligado a esse propósito de vida e à minha causa.

Qual o valor de estar engajado?

Estou totalmente envolvido em meu propósito de vida e encontrei a minha causa, me sinto em estado de *flow*, pois estou colaborando com as pessoas no seu desenvolvimento pessoal e profissional. Não sinto que esteja pressionado e com uma carga enorme de trabalho, pois o alinhamento das minhas expectativas, necessidades e jornada me livra da pressão de fazer algo que não tem nada a ver com a minha essência, propósito e causa.

Sinto-me realizado, cumprindo meu propósito, essa deveria ser a busca de todos nós.

No primeiro volume de *Soft Skills – competências essenciais para os novos tempos*, escrevi sobre *netweaving*, que é ajudar as pessoas sem esperar nada em troca, e pude descrever algumas ações e conceitos sobre o meu propósito e como a colaboração deve se dar.

Podemos exercer o nosso propósito na nossa comunidade, na nossa família e na nossa empresa, entre outros lugares, precisamos encontrar esse "lugar". A nossa atitude de buscar onde realizar é importante.

Engajamento no coletivo

Em muitas situações, o engajamento pressupõe que devemos abrir mão dos interesses e necessidades individuais, para fazer valer interesses amplos e coletivos. A nossa individualidade, de alguma forma, contrapõe-se aos interesses plurais. Geralmente a minha vontade não se sobrepõe à vontade coletiva, que sempre é mais importante, diversa e inclusiva. Enxergar as coisas com maior consciência, com perspectivas mais amplas, facilita que possamos nos engajar em grandes causas, deixando de operar somente no ego-sistema e buscando aquilo que é essencial para os ecossistemas que estamos inseridos.

O engajamento facilita:

- A obtenção de reconhecimento

O sentimento de pertencimento é primordial para as pessoas, pois isso nos humaniza e nos faz importantes no nosso meio. Ser acolhido genuinamente é algo que buscamos. Ter as nossas ações sendo efetivas e reconhecidas como vitais para os outros melhora muito a nossa autoestima e nos faz querer contribuir ainda mais. O reconhecimento e valorização do próximo mostram o caminho que deve ser trilhado e é um balizador se as pessoas estão indo pelo caminho certo.

- A emergência da transparência/autenticidade

Um valor fundamental para o engajamento será a transparência, pois não vamos conseguir trazer pessoas que queiram efetivamente contribuir para uma causa, se não houver a possibilidade de transparência entre as partes. Por isso, o exercício das relações verdadeiras é vital.

- Comunicação mais fluida e constante

Outro ponto que colabora de forma evidente para o engajamento e transparência é a comunicação, que deve ser fluida e constante. Essa prática dará a sustentação para o processo de engajamento, seu desenvolvimento e sua continuidade. O feedback assume papel relevante, pois suportará a confiança na relação entre as pessoas, sempre deixando o ambiente mais leve e crível.

Só nos engajamos de verdade com aquilo que atinge nosso coração e mente. O engajamento não estará atrelado ao pagamento que recebemos pelas nossas ações, mas sim pelo impacto que causará para todos. É um processo de motivação intrínseca e não extrínseca.

Mentores, aconselhadores e coaches possuem papel importante para o engajamento, pois interagem com as pessoas, iluminando pontos cegos, facilitam o processo de reflexão e autoconhecimento. A empresa e/ou entidade pode criar todas as condições para o engajamento, mas decisão é de foro íntimo da pessoa. Ela é livre para engajar-se ou não.

- Saúde emocional

Quando existe engajamento em propósitos compartilhados, as relações entre os pares se tornam saudáveis, são criados ambientes de respeito e camaradagem, promovendo tolerância, gratidão, empatia, perdão e respeito, que são cruciais para o desenvolvimento daquele grupo e das causas que estão sendo empreendidas.

Conclusão

Engajamento não é algo inatingível e pode ser conquistado por meio de um caminho a ser explorado por ações que precisam ser postas em prática, trazendo benefícios para quem adere à causa e para quem necessita do engajamento das pessoas. É importante gerar resultados.

Resumindo

O caminho para atingirmos o engajamento:

1. Precisamos ter consciência dos nossos motivadores intrínsecos e isso passa pelo autoconhecimento. Estimule-se sempre a conhecer mais sobre o que lhe faz brilhar os olhos;
2. Pode levar um tempo, mas não desista. Encontre seu propósito. Você sentirá os bons efeitos de se ter essa clareza. Depois disso, utilize-o como bússola para fazer as escolhas em relação às suas causas;
3. Ao escolher seus objetivos, procure compreender o que diz "o mundo de dentro", quais são as causas conectadas aos seus propósitos. Cuidado para não pegar atalhos que o distanciem do que realmente importa para você;
4. Depois, aproveite a sensação das conquistas saudáveis, íntegras e conectadas. Com certeza, sobrará energia para facilitar os processos de engajamento de outras pessoas.

O valor e os benefícios de se estar engajado

5. Promove o sentimento de pertencimento;
6. Propicia maior reconhecimento para a sua vida;
7. Estimula atitudes mais autênticas, comunicação mais fluida e constante;
8. Ambientes emocionalmente mais saudáveis, com maior empatia, acolhimento, empoderamento, inclusão e tolerância.

Tenha sempre em mente que uma vida com engajamento traz leveza e facilita o caminho para as suas conquistas e resultados.

Referências

ANTUNES, Lucedile. *Soft skills: competências essenciais para os novos tempos*. São Paulo: Literare Books International, 2020.

GOLEMAN, Daniel. *Inteligência emocional*. Rio de Janeiro: Objetiva, 1996.

PARRY, Scott. B. *The quest for competencies*. Training, 1996.

SHINODA, Ana C. *Desenvolvimento do propósito de vida de estudantes no ensino superior de administração*. São Paulo: FEA USP, 2019.

29

CONSTRUINDO SEU POSICIONAMENTO DIGITAL

Nos dias atuais, com a competitividade do mercado, não basta apenas ser bom, é preciso mostrar que é bom. Desenvolver competências, treinar habilidades e adquirir experiências profissionais não serão suficientes se você não souber se posicionar.
Neste capítulo, você vai descobrir o poder do posicionamento digital e como usá-lo a seu favor na construção da sua marca pessoal.

CAROLINA MARTINS

Carolina Martins

Carolina Martins é a influenciadora latino-americana mais seguida do LinkedIn, com mais de 1,5 milhão de seguidores. É formada em Psicologia e, depois de atuar prestando consultorias de RH para grandes empresas, passou a oferecer treinamentos e consultorias para profissionais que desejam ingressar no mercado ou trocar de emprego.

É criadora do método "Máquina de Empregos" e do "Programa Trocando de Emprego", que já somam mais de 5 mil alunos e milhares de clientes atendidos individualmente.

Pós-graduada em Comunicação em Redes Sociais, se dedica a produzir conteúdos gratuitos no intuito de democratizar a informação sobre temas como mercado de trabalho, empregabilidade e carreira.

Contatos
LinkedIn: linkedin.com/in/carolinamartinsf/
Instagram: @carolmartinsf_

Até aqui você já aprendeu sobre diversas *soft skills* tão importantes para o seu sucesso pessoal e, principalmente, profissional que, quando colocadas em prática, elevarão seus resultados no trabalho e na vida. Neste último capítulo, decidimos encerrar apresentando a você dicas de como potencializar o seu posicionamento digital para a construção da sua marca pessoal, visando demonstrar suas competências e se destacar profissionalmente.

Provavelmente, já ouviu a expressão "quem não é visto, não é lembrado". É uma boa forma de começar a pensar sobre posicionamento, que nada mais é do que o lugar que você ocupa na mente das pessoas e como se diferencia dos demais. Posicionar-se, então, significa estar visível e deixar claro quem você é e o que tem a oferecer.

Antigamente, para estar visível, era necessária a presença física, mas, nos últimos anos, com o avanço da tecnologia, isso mudou e hoje é possível estar em vários lugares ao mesmo tempo.

Com a chegada dos *smartphones*, aplicativos e redes sociais, a maneira como nos comunicamos e nos comportamos mudou muito. As empresas já perceberam esse novo padrão de conduta do consumidor e alteraram o modo como ofertam seus produtos e conduzem as etapas de vendas. Hoje o consumidor não se interessa apenas pelo produto, mas sim pela marca, pela causa e pelo impacto social. Simon Sinek, em seu livro *Golden Cyrcle*, nos ensina que as pessoas compram o porquê você faz o que faz e não o quê. O **"porquê"** de Simon Sinek corresponde ao propósito de marca. É algo central e que, quando explorado, traz vantagens pessoais.

É claro que toda essa mudança tecnológica e no mercado acarretaria uma alteração na forma como o profissional deve se comportar para ser percebido mais rapidamente pelas empresas, parceiros e clientes.

Assim como as empresas precisam estar evidentes em multiplataformas para potencializar o valor da marca e aumentar o volume de vendas, os profissionais também necessitam rever urgentemente seu posicionamento no digital para aumentar a empregabilidade e a construção da sua autoridade. Caso nunca tenha ouvido esse termo, *empregabilidade* refere-se a quanto você consegue se manter empregável. Por exemplo, se perdesse seu emprego hoje, quanto tempo demoraria para encontrar outro? Quanto menos tempo demorar, mais empregável você é.

Uma das formas mais efetivas de trabalhar a sua empregabilidade é se posicionando corretamente e aprendendo a usar a tecnologia a seu favor.

Como o posicionamento digital me trouxe até aqui

Descobri a importância de atuar de forma estratégica no posicionamento de uma maneira nada fácil. Trabalhava em uma consultoria de RH especializada em recrutamento e seleção, era apaixonada pelo que fazia e não passava pela minha cabeça sair de lá até que, de uma hora para outra, a consultoria faliu.

Durante o período que passei lá, conheci muitas pessoas que poderiam me ajudar, mas não me aproximei de nenhuma delas e nunca coloquei minhas atividades em evidência. Tive que recomeçar e senti na pele a dor do desemprego. Apesar de esse momento ter sido extremamente desafiador, também foi um grande marco na minha carreira e o ponto de partida para eu estar escrevendo para você hoje.

Compreendi que possuía um conhecimento fundamental e necessário para os profissionais: como já tinha contratado milhares de pessoas, conseguia entender o processo seletivo de forma macro. Mapeei todas as etapas da seleção, o que o recrutador espera dos candidatos e qual é a melhor maneira para ser aprovado e comecei a testar esse método com alguns familiares e amigos.

Em pouco tempo, todos eles foram tendo resultados e resolvi expandir a amostra de teste. Resgatei meu perfil "morto" no LinkedIn e encontrei várias pessoas dispostas a aprender o que eu tinha para ensinar, claro, gratuitamente. Essas pessoas que toparam o experimento também tiveram resultados e tive certeza de que tinha desenvolvido um método eficaz e que funcionava.

Apesar de ter um conhecimento necessário e resultados comprovados, ninguém sabia quem eu era e isso dificultou muito o meu início. Foi aí que percebi o significado genuíno da expressão: "quem não é visto, não é lembrado", e passei a traçar estratégias para ser vista, ocupar um lugar na mente das pessoas e deixar claro o que tinha para oferecer.

Ciente de que já não era mais indispensável estar apenas em lugares físicos para construir uma marca pessoal sólida, decidi investir no digital. Aprendi tudo sobre o LinkedIn (a maior rede profissional do mundo) e como usá-lo a meu favor, desenvolvi técnicas para escrever textos impossíveis de serem ignorados e que ressaltam minhas competências e exerci a habilidade de deixar claro o meu potencial para ocupar um lugar relevante na mente das pessoas.

Em menos de seis meses, minha agenda já estava lotada, meu perfil tinha mais de 100 mil seguidores e recebia semanalmente propostas de emprego e convites para palestras. Em resumo, o posicionamento digital me levou, em pouco tempo, onde nem eu imaginava que chegaria tão rapidamente.

Como trabalhar seu posicionamento

O primeiro passo para construir seu posicionamento é o **autoconhecimento profissional**. Responder a algumas perguntas poderá auxiliá-lo: Quem é você profissionalmente? O que faz? Por que você faz o que faz? Qual é o impacto do seu trabalho? Como pode contribuir com as pessoas?

Tendo as respostas para esses questionamentos, você precisará **definir o seu objetivo** e nessa etapa outras questões vão direcioná-lo: Quem você deseja ser profissionalmente? Por que quer se posicionar? Quem deseja atingir com seu posicionamento? Como e por quem deseja ser reconhecido? Por que o reconhecimento é importante para você? Em quanto tempo espera ser reconhecido por meio de sua postura?

Responder a essas e a outras indagações não será o fim do seu caminho, pelo contrário, será apenas o começo. Construir um posicionamento firme usando o digital como ferramenta é um trabalho que precisa de tempo para ser desenvolvido e o tempo é um dos pontos fundamentais nesse processo de construção.

Você deve ter seu objetivo em mente e sempre se lembrar de que a **direção é mais importante que a velocidade**. Por isso, não se esqueça de para onde está indo e do porquê escolheu seguir nesse caminho.

LinkedIn como ferramenta para potencializar seu posicionamento

Uma das melhores estratégias para potencializar a construção da sua marca e fortalecer o seu posicionamento é usar as redes sociais como aliadas. Pensando em trabalhar no âmbito profissional, nada é mais efetivo do que ter o LinkedIn como ferramenta.

Em 2021, essa plataforma foi considerada a maior rede profissional do mundo, sendo o Brasil o quarto país que mais a utiliza no mundo. Se a sua intenção é construir um posicionamento profissional, o LinkedIn é onde você deve estar.

Mas atenção! Estar no LinkedIn vai muito além de criar uma conta, usar uma foto padrão de braços cruzados no perfil, copiar as informações do seu currículo e se conectar aos seus amigos. Você precisa usar a rede de forma que ela entenda o seu perfil como relevante e potencialize os resultados orgânicos.

O primeiro passo é ter um **perfil bem construído** e, para isso, é essencial empregar boas palavras-chave, pois elas garantirão que você seja localizado pelos filtros de busca. Todos os campos do seu perfil devem conter palavras-chave, e você precisa colocar as informações detalhadas sobre o seu trabalho e/ou os serviços que oferece. O seu perfil servirá como guia, por isso capriche no detalhamento das suas experiências e certifique-se de atualizar sempre que houver uma nova informação.

Tendo um perfil bem construído, o próximo passo será investir em **boas conexões**, pois serão imprescindíveis na construção da sua autoridade. Muitos usuários negligenciam esse ponto e só se conectam com pessoas que conhecem. Porém, esse é um dos erros mais graves que você pode cometer na rede. Para entender melhor, a missão do LinkedIn é "conectar profissionais do mundo todo, tornando-os mais produtivos e bem-sucedidos". E, para isso a rede lhe permite ter 30 mil conexões. Cá entre nós, é difícil conhecer 30 mil pessoas, não é verdade? Esse é outro indício de que você deve se conectar com pessoas que não conhece para ter mais oportunidades.

Outro ponto crucial do LinkedIn é a **produção de conteúdo**. A plataforma impulsiona muito o perfil de produtores de conteúdos nativos, incentivando-os a continuar escrevendo. É por intermédio da produção de conteúdo que você destacará suas habilidades, competências, experiências, *cases*, resultados e seus valores para construir autoridade e ocupar um lugar de destaque na mente das pessoas. Aqui cabe sempre o alerta: o LinkedIn, embora seja uma rede social, é focado em contextos profissionais, por isso escolha bem os temas que compartilhará.

É importante que você siga esses passos na ordem que foram apresentados, pois cada um deles prepara o território para o próximo. Não é inteligente produzir conteúdo sem uma boa rede de contatos para receber esse conteúdo e, principalmente, sem ter todas as suas informações descritas no seu perfil.

Construindo sua autoridade digital

Ser reconhecido como autoridade abre muitas portas, pois chegar a um lugar onde as outras pessoas sabem quem você é possibilita que amplie sua rede de relacionamento rapidamente e sem muito esforço.

A internet democratizou bastante o processo de construção de autoridade. Hoje qualquer pessoa é capaz de se posicionar sobre determinado tema, destacar suas competências e ajudar outras pessoas para ser percebido como *expert* no assunto.

Ainda usando o LinkedIn como ferramenta, o que vai garantir que você se destaque da maioria e ganhe visibilidade é a qualidade do conteúdo que produzir. Afinal, produzir conteúdo, além de dar ao usuário alguns benefícios com o algoritmo, legitima um lugar de destaque na mente das pessoas.

Investir na produção de bons conteúdos é o elemento-chave para se tornar autoridade e se posicionar de forma estratégica no digital, mas vale lembrar que as etapas antes da produção do conteúdo serão as responsáveis por potencializar os resultados dos seus textos, por isso não as negligencie.

Para escrever bons conteúdos, é necessário se alimentar de boas informações, pois não há *outputs* sem *inputs*. Acompanhar as notícias e tendências da sua área de atuação é uma excelente forma de se manter atualizado para ter ideias de argumentos relevantes e que farão sentido aos leitores.

Sempre que for escrever um texto, tenha o leitor em mente e jamais escreva para si mesmo. Entenda quem são as suas conexões, pois receberão seus textos e concentre-se em escrever de maneira que elas se interessem pelo conteúdo.

Outro ponto a destacar é a importância de produzir conteúdos que tragam ensinamento. Pode ser uma dica, um tutorial, um dado estatístico e até uma lição de moral para que o leitor sinta que aprendeu algo de útil com o seu texto. Quanto mais você ensinar para o leitor, mais ele o perceberá como autoridade.

Sua produção de conteúdo não precisa ser unicamente baseada em textos técnicos, pelo contrário. Você pode abordar temas que evidenciem seus valores, suas crenças e levantar bandeiras das causas que apoia. Falar sobre esse tipo de conteúdo, além de gerar mais conexão com o leitor mostra que, por trás da tela, há um ser humano, e pessoas se conectam com pessoas.

A arte de escrever é mais simples do que você imagina. É uma habilidade e, como todas elas, é desenvolvida a partir de conhecimento, prática e repetição. Nesse capítulo, você teve acesso ao conhecimento necessário e agora vai precisar da prática e da repetição para desenvolver sua escrita, se posicionar de forma assertiva e construir autoridade.

Tenha seu objetivo sempre em mente e não se esqueça de que a direção é mais importante que a velocidade. O posicionamento digital, desenvolvido pela construção de autoridade, tem o poder de levá-lo a lugares incríveis. Então, mãos à obra. Agora só depende de você.

Referência

SINEK, Simon. *Comece pelo porquê: como grandes líderes inspiram pessoas e equipes a agir*. Rio de Janeiro: Sextante, 2018.

EPÍLOGO

*O que trouxe você até aqui não necessariamente o levará
daqui para a frente.*
LUCEDILE ANTUNES

LUCEDILE ANTUNES E MARCEL SPADOTO

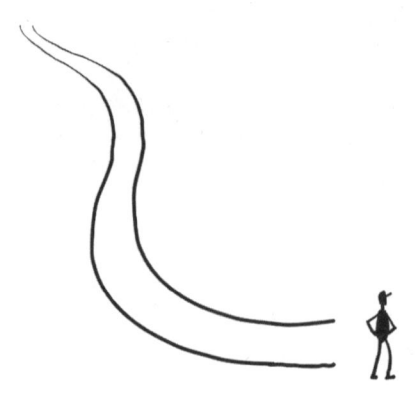

Chegamos ao final desta jornada de imersão e exploração, na qual você pôde aprender um pouco mais sobre as habilidades comportamentais. Gostaríamos de dizer que estamos felizes por isso.

Neste livro, nosso objetivo foi compartilhar nossos conhecimentos para que você possa desenvolver as suas *soft skills*. Mas este foi só o primeiro passo. Agora é hora de colocar tudo em prática!

Nossa intenção é provocar reflexões para que você possa fazer melhores escolhas, promovendo transformações na sua carreira, a partir do autoconhecimento e, consequentemente, do autodesenvolvimento.

A nova realidade

Estamos vivendo uma era de muitos avanços tecnológicos, que vão exigir novas capacidades para profissionais e empresas.

A Inteligência Artificial (IA) é uma das mais poderosas ferramentas deste século e ela irá impactar indivíduos, carreiras e os negócios de muitas empresas. Será cada vez mais comum nos depararmos com máquinas inteligentes, com capacidade de aprender, raciocinar e decidir sozinhas.

Apenas para exemplificar, segundo a International Association of Artificial Inteligence, os robôs já são capazes de compreender o contexto e extrair informações relevantes de uma conversa, planejar e otimizar, falar, interagir e responder adequadamente a um problema gerando frases e histórias, reconhecer um objeto, negociar, aprender padrões e seguir regras estabelecidas.

Vejamos alguns impactos da (IA):

Nos últimos anos, a Amazon demitiu 170 mil pessoas que trabalhavam nos armazéns nos Estados Unidos.

Segundo dados da Faculdade de Direito Duke e da Universidade de Stanford, a (IA) realiza, em 26 segundos e com 94% de assertividade, um trabalho que um advogado levaria 92 minutos para fazer e com assertividade de 85%.

Recente reportagem, publicada em 2 de janeiro de 2020 no *site* da BBC News, mostra que a (IA) é mais precisa do que os médicos, no diagnóstico de câncer de mama. O estudo apontou que, para se tornar um radiologista capaz de interpretar mamografias, é necessário mais de uma década de estudo. Com o uso da (IA), o diagnóstico é feito em segundos, uma vez que as imagens podem ser analisadas pelo algoritmo do computador.

A pandemia da Covid-19 trará um novo normal, mas o comércio *on-line* já deixou de ser uma opção secundária de compra, a educação à distância está cada vez mais presente no dia a dia das famílias, as viagens a trabalho foram substituídas por videoconferências, grandes centros de escritórios corporativos estão vazios, pois o *home office* veio para ficar. E mais: o trabalho híbrido é uma das grandes tendências e a telemedicina já é uma realidade. Enfim, o modo de viver e se relacionar está mudando bastante. Vale destacar que a saúde mental nas empresas já é pauta do RH, que agora passa a ter um papel ainda mais acolhedor e humanizado.

Um mundo em transformação nos exige muita abertura ao desconhecido, para lidar com o não vivido. E isso nos desafia a dar novos contornos a diversas *soft skills* que nos serão fortemente exigidas, muitas delas abordadas nos volumes 1 e 2 desta série.

Se pegarmos os últimos 10 anos o mundo mudou muito, imagina daqui para a frente. De acordo com o Fórum Econômico Mundial, 65% das crianças de hoje vão trabalhar em atividades que ainda nem existem.

Segundo estudos recentes da Deloitte, 80% das pessoas não têm as habilidades necessárias para 60% dos empregos dos próximos 5 anos.

Outro dado levantado pelo Fórum Econômico Mundial mostra que a projeção de aumento da taxa de automação para 2025 é de 14%, indo, portanto, de 33% para 47%.

O levantamento baseado em previsões de executivos de recursos humanos e na estratégia de 300 empresas globais, que empregam 8 milhões de trabalhadores, além de dados do LinkedIn, Coursera, ADP Research Institute e FutureFit.A I, indica que haverá uma divisão quase meio a meio entre máquinas e humanos.

Taxa de automação

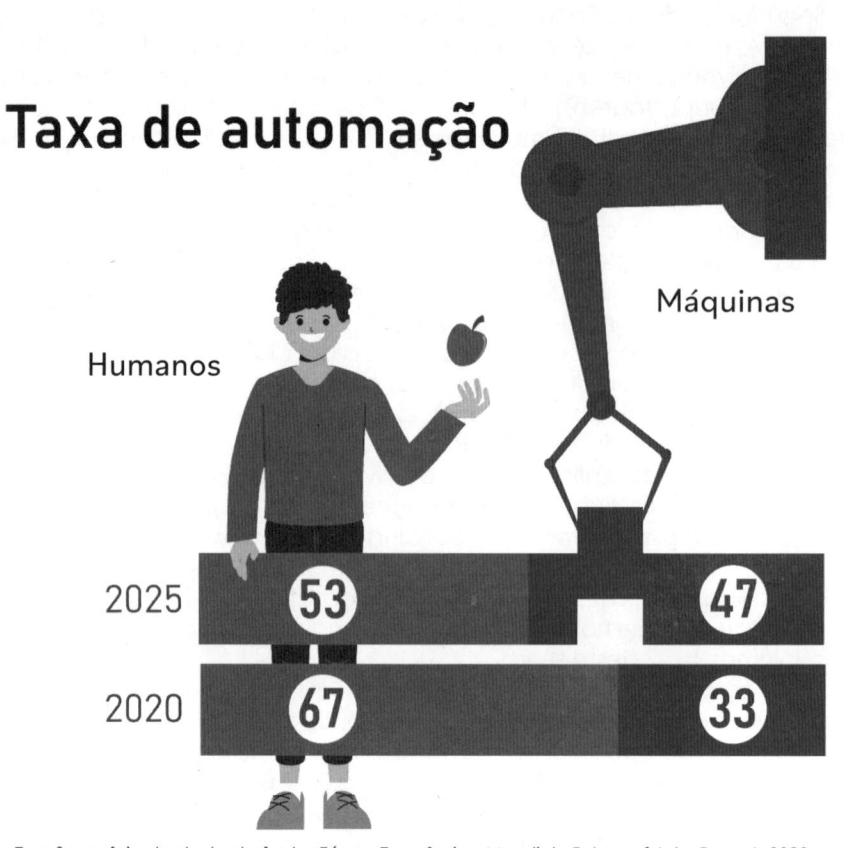

	Humanos	Máquinas
2025	53	47
2020	67	33

Essa figura foi adaptada da fonte: Fórum Econômico Mundial - Future of Jobs Report, 2020.

Tudo isso nos trará grandes facilidades para o ambiente de negócios e nos dará tempo para outras funções, o que é positivo, ajudando na produtividade e auxiliando em tarefas mais complexas.

Então, o contexto que se visualiza se relaciona a capacidade da própria humanidade em desenvolver tecnologias que substituam sua força "bruta", tanto em quantidade como qualidade, usando a tecnologia para otimização e facilitação das tarefas.

Podemos também afirmar que até a inteligência artificial mais avançada não será capaz de reproduzir o sentimento humano. Como produto da equação cognição + sentimento, acredita-se, está o propósito. As máquinas não possuem qualquer propósito intrínseco de existência. Elas são criadas tão somente para servir as pessoas dentro do plano traçado para sua concepção, pois mesmo uma inteligência artificial só opera de acordo com capacidades previamente inseridas ou permitidas, que foram programadas pelo humano.

Quem vai fazer a diferença são aqueles profissionais que desenvolverem habilidades intrinsecamente humanas, as chamadas *soft skills*, como aponta o relatório. Entender isso é essencial para se reinventar. Pensar fora da caixa agora se faz mais do que necessário.

Ser criativos nos torna disruptivos e nos permite enxergar oportunidades nos problemas. Diferentemente do que muitos pensam, a criatividade é uma habilidade que pode ser desenvolvida e aperfeiçoada. Você pode ler mais a respeito desta *soft skill* no volume 1.

A Indústria 4.0

Você já ouviu falar na Quarta Revolução Industrial? Ela é diferente de tudo o que a humanidade já experimentou. A Indústria 4.0, como também é chamada e pela qual estamos passando, muito provavelmente "transformará fundamentalmente a forma como vivemos, trabalhamos e nos relacionamos".

A Indústria 4.0 é o produto de uma profusão de tecnologias aplicadas ao ambiente de produção, nomeada por Klaus Schwab (2018), fundador e presidente executivo do Fórum Econômico Mundial, de "megatendências ligadas à conectividade". Entre elas estão: Cyber-Physical Systems (CPS), Internet of Things (IoT), Cloud Computing, Big Data, veículos autônomos, impressoras 3D, Robôs, Inteligência Artificial (IA), Nanomateriais e Nanosensores), Drones, Cidades Inteligentes, Pesquisas sobre o cérebro.

Ainda segundo Schwab, a Indústria 4.0 destaca-se pela velocidade, amplitude e profundidade e na fusão de tecnologias e na interação entre os domínios físicos, digitais e biológicos, possuindo uma amplitude muito maior, não sendo concebida apenas como uma revolução tecnológica, mas com impactos e desafios na política, na economia, nos modelos empresariais na indústria e principalmente na sociedade.

A Sociedade 5.0

Outro conceito importante é o da Sociedade 5.0, que vai muito além da busca por eficiência e produtividade com o uso da tecnologia. Observa-se que o foco não é tão somente descobrir novas formas de obtenção de maiores lucros, mas, sim, tratar outras questões vitais como a escassez de recursos na natureza, a possível e talvez inevitável entrada em colapso do meio ambiente, bem como a incapacidade da raça humana em estabelecer uma sociedade global integralmente solidária.

Na figura a seguir, podemos ver a evolução da sociedade:

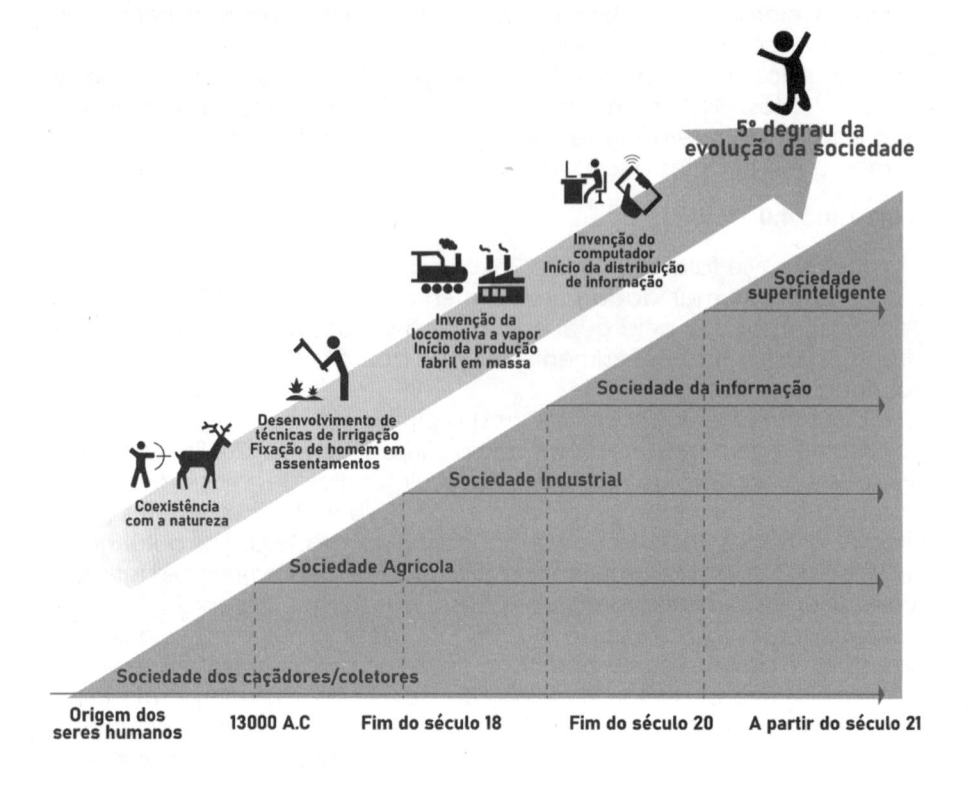

5º degrau da evolução da sociedade
Invenção do computador
Início da distribuição de informação
Sociedade superinteligente
Invenção da locomotiva a vapor
Início da produção fabril em massa
Sociedade da informação
Desenvolvimento de técnicas de irrigação
Fixação de homem em assentamentos
Sociedade Industrial
Coexistência com a natureza
Sociedade Agrícola
Sociedade dos caçadores/coletores

Origem dos seres humanos | 13000 A.C | Fim do século 18 | Fim do século 20 | A partir do século 21

O momento pede cada vez maior a responsabilidade coletiva para a criação de um futuro em que a inovação e a tecnologia estão aí para favorecer todo este cenário elevando a humanidade a novos níveis de consciência.

O futuro do trabalho

O modelo clássico de carreira e evolução profissional que você conheceu está chegando ao fim e, à medida que as inovações avançam, esse formato de carreira e vida vai se redesenhando. A carreira linear, originada do pensamento da era industrial, na qual o conceito trazido se pautava em primeiro fazer a sua obrigação e depois vem o descanso, foi traduzida por anos e anos como a mentalidade ideal de carreira, ou seja, você sai da faculdade, entra como estagiário e vai galgando novos cargos até chegar ao topo. Depois se aposenta para então poder desfrutar do que angariou.

Hoje, o modelo de carreira passa a ser muito mais integral. É pautado no pensamento da era digital, no qual você pode fazer várias coisas ao mesmo tempo. A vida não é só trabalhar ou só relaxar, mas, sim, fazer intersecções saudáveis equilibrando o trabalho com maior liberdade nas rotinas e entregando resultados, visar à saúde, à vida pessoal, aos estudos, ou seja, integrar mais as diversas áreas da vida e interesses, buscando o equilíbrio e a felicidade.

Com o aumento da expectativa de vida e da longevidade, principalmente ocasionado pelos avanços da medicina e da obstinação altamente positiva em se ter uma vida saudável, o profissional agora irá construir sua carreira de uma maneira completamente diferente, baseada nas suas habilidades pessoais e não necessariamente fundamentado na sua área de estudo e nas hard skills. Muito provavelmente ele terá de 6 a 8 carreiras na vida.

Também é um fato que a população na Terra, de um modo geral, está envelhecendo. Logo, cada vez mais serão demandados cuidadores e acompanhantes de pessoas idosas, pois o número de indivíduos que alcançará tais parâmetros tende a ser cada vez maior. Além disso, dificilmente inteligências artificiais se desenvolverão a ponto de tomarem conta e estabelecerem laços afetivos com os idosos.

Portanto, muitas profissões serão ainda mais valorizadas, principalmente as relacionadas à economia do cuidado, às ligadas à promoção do bem-estar e/ou à educação, assim como à manutenção do meio na qual as pessoas estão inseridas. Podemos citar também as atividades já clássicas, que necessitarão de diferentes especialidades, como a advocacia que muito provavelmente se especializará em danos ocasionados, de alguma forma, por robôs; os mecânicos que deverão abrir especialidade em manutenção de robôs domésticos; os terapeutas focados nos traumas advindos de fenômenos e desordens tecnológicas, entre outras.

São inúmeras as possibilidades, demandas por diferentes atividades e é um exercício até divertido imaginar quais serão as "profissões do futuro", em lugar da reflexão sobre extinção do trabalho.

Bem-vindo, profissional do futuro!

O seu novo plano de carreira

Será que você deve esperar que a empresa cuide do seu desenvolvimento? Esse é o melhor caminho? Qual a importância de ser o protagonista e assumir a responsabilidade pela sua carreira?

O seu novo plano de carreira é você mesmo quem irá criar!

Para isso muitas das *soft skills* aqui abordadas serão necessárias para agir com adaptabilidade. Aprenda sozinho, seja autodidata.

Ainda de acordo com o Fórum Econômico Mundial, 50% das pessoas precisarão de requalificação até 2025, conforme o aumento da utilização de tecnologia.

Vale destacar que o mundo hoje passa por uma transformação muito rápida, e estamos na era do aprendizado contínuo muito chamado de *lifelong learning*, do *upskilling* e do *reskilling*.

Lifelong learning, termo inglês que significa "aprendizado ao longo da vida", preconiza a educação contínua. *Upskilling* é o aprimoramento dos conhecimentos que você já possui aumentando as suas qualificações, já *reskilling* visa à a requalificação, ou seja, o aprendizado de novas habilidades, a fim de se tornar apto a realizar trabalhos diferentes.

Alvin Toffler, escritor e futurista norte-americano, autor do *best-seller A terceira onda*, nos preparou para a realidade atual quando escreveu que o analfabeto do século XXI não será aquele que não conseguir ler e escrever, mas, sim, aquele que não aprender a desaprender para reaprender.

O que trouxe você até aqui não necessariamente o levará daqui para a frente. Portanto, suas ações devem refletir suas ambições. Não importa quem você é, de onde veio e o que faz agora.

Todo dia traz a oportunidade de colocar a sua energia naquilo que deseja e transformar seus desejos em ações.

O seu novo currículo

O seu novo currículo é o conjunto de bagagem que você vem criando. As empresas irão contratar cada vez mais pelas *soft skills*, ou seja, pelas habilidades desenvolvidas ao longo da trajetória profissional e pautadas nas oportunidades criadas durante a carreira, quais foram os maiores aprendizados, os projetos dos quais o candidato participou, as transformações que ele provocou; enfim, qual foi a jornada que ele trilhou até o momento.

Portanto, hoje não é mais tão importante para as empresas o curso que você fez, ou se estudou na faculdade A, B ou C, mas, sim, quem você é, e o que pode agregar com a experiência adquirida durante a sua jornada profissional e pessoal.

Convidamos você a conhecer mais sobre si. Estas reflexões poderão fazer com que lance um olhar muito especial para o seu interior:

Quando percebe que as pessoas não gostam de você, normalmente qual é o motivo?

- De qual parte do seu currículo tem mais orgulho?
- Que desafios e obstáculos você enfrentou até aqui?
- Quais fatores da sua história fazem você ser quem é hoje?

Ganhos e perdas no desenvolvimento das *soft skills*

Ponderar ganhos e perdas ao desenvolver as suas *soft skills* é um passo importante e que antecede o seu processo de desenvolvimento pessoal.

Então, listamos a seguir alguns benefícios:

- Autoconhecimento mais profundo;
- Identificação dos seus pontos fortes e aqueles que precisa melhorar;
- Inspiração e empoderamento pessoal;
- Maiores chances de sucesso profissional e pessoal;
- Melhores relacionamentos pessoais e profissionais;
- Objetivos mais facilmente atingidos;
- Melhores resultados são alcançados;
- Motivação e engajamento.

O que você pode perder se não for em busca do desenvolvimento das suas *soft skills*?

- Chances de crescer na empresa ou na carreira;
- Oportunidades por não se sentir preparado;
- Autoestima baixa;
- Dificuldades nos relacionamentos interpessoais;
- Prejuízos no trabalho em equipe e ruídos na comunicação;
- Diminuição do engajamento e, consequentemente, queda em suas entregas e resultados.

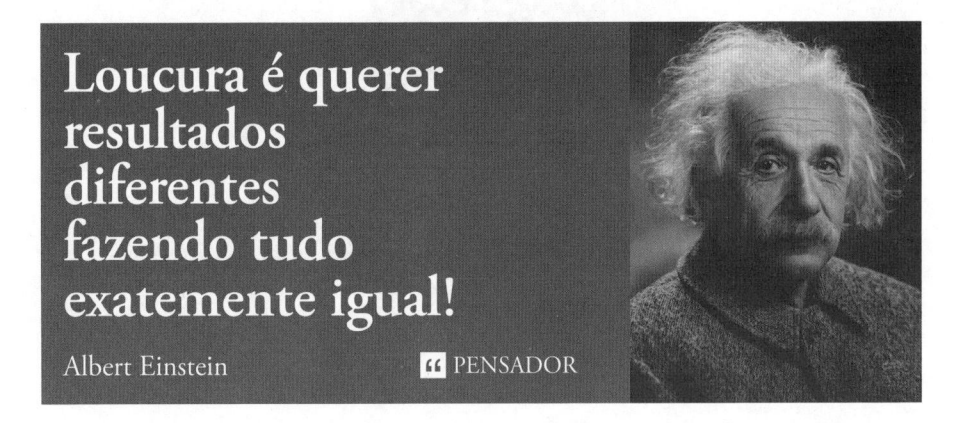

> **Loucura é querer resultados diferentes fazendo tudo exatamente igual!**
>
> Albert Einstein — PENSADOR

Seus próximos passos:

E, para finalizarmos, nós gostaríamos de saber qual foi seu maior aprendizado neste livro?

- Como você acredita que pode utilizar os conhecimentos na prática?
- Como quer estar a curto, médio e longo prazo?
- Quais *soft skills* decidiu priorizar para se desenvolver neste momento?
- O que vai indicar que você chegou lá?

Ficaremos muito contentes em receber um contato seu, para nos contar sobre as mudanças que a leitura desta obra provocou na sua vida e na vida de outras pessoas, pois, afinal de contas, todo dia é dia de aprender coisas novas de aperfeiçoar nossas habilidades, não é isso mesmo?

Queremos ouvir você. Aproxime o seu celular do QR code abaixo e nos diga como foi sua experiência com a leitura deste livro e quais *soft skills* você gostaria de ver em um próximo volume.

Um grande abraço!

Lucedile Antunes e Marcel Spadoto

Referências

ANTUNES, Lucedile. Soft skills: Competências essenciais para os novos tempos. São Paulo: Literare Books International, 2020.

BENVENUTTI, M. *Desobedeça a sua carreira pede mais*. São Paulo: Gente, 2021.

SCHWAB, KLAUS. A quarta revolução industrial; São Paulo: Edipro, 2018.

TOFFLER, A. *A terceira onda*. São Paulo: Bantam Books, 1980.

Se você ainda não leu o volume 1, não perca. Nele, abordamos as seguintes soft skills:

PENSAMENTO VISUAL
ACREDITAR
RESILIÊNCIA
FLEXIBILIDADE
AUTOCONFIANÇA
COMPAIXÃO
MENTALIDADE DIGITAL
RACIOCÍNIO E IDEAÇÃO
POSICIONAMENTO DIGITAL
VIVENDO A TECNOLOGIA
REINVENÇÃO
TOMADA DE DECISÃO
ENCANTAMENTO
STORYTELLING
GESTÃO DA EXPERIÊNCIA
ORGANIZAÇÃO E PLANEJAMENTO
AGILIDADE EMOCIONAL
ALIANÇAS E CONEXÕES
OLHAR VISIONÁRIO
EQUILÍBRIO
EXCELÊNCIA
VULNERABILIDADE E CORAGEM
LIDERANÇA ANTROPOLÓGICA
LIDERANÇA ALTRUÍSTA
LIFELONG LEARNING
PONTOS FORTES
ATENÇÃO AOS DETALHES
PERDÃO
A ARTE DE SERVIR
ENGAJAMENTO
VISÃO INTEGRAL
ENTUSIASMO
ATITUDE DE CRESCIMENTO